하버드 MBA 출신들은
어떻게 일하는가

HARVARD BUSINESS SCHOOL CONFIDENTIAL by Emily Chan

Copyright © 2009 John Wiley & Sons (Asia) Pte. Ltd.
All Rights Reserved. This translation published under license.
Korean translation copyright © 2011 I-Sang Media Publishing Co.
Korean translation rights are arranged with John Wiley & Sons (Asia) Pte Ltd
through Amo Agency, Korea.

이 책의 한국어판 저작권은 아모 에이전시를 통해 저작권자와 독점 계약한 이상미디어에 있습니다.
신 저작권법에 의해 한국 내에서 보호를 받는 저작물이므로 무단 전재와 복제를 금합니다.

하버드 MBA 출신들은 어떻게 일하는가

에밀리 챈 지음 | 이상규 옮김

이상

하버드 MBA 출신들은 어떻게 일하는가

초판 1쇄 인쇄일 2011년 9월 20일
초판 1쇄 발행일 2011년 9월 25일

지은이 에밀리 챈
펴낸이 이상규
편집인 김훈태
디자인 [★]규_01191591016
펴낸곳 이상미디어
등록일자 2008.09.30
등록번호 209-06-98501

주소 서울 성북구 하월곡동 196번지
대표전화 02-913-8888
팩스 02-913-7711
E-mail leesangbooks@gmail.com
ISBN 978-89-94478-16-6 (03320)

HARVARD
BUSINESS SCHOOL
CONFIDENTIAL

Contents

1 돈이 나를 위해 일하게 하라
월급쟁이로 인생과 꿈을 낭비하며 살 텐가? ● 11
역사상 가장 위대한 수학적 발견 ● 17
투자 소득 1 : 부동산 투자로 부자 되는 법 ● 20
투자 소득 2 : 주식 투자로 부자 되는 법 ● 32

2 협상으로 얻어낼 수 있는 모든 것
상대방이 원하는 것을 구체적으로 파악하라 ● 41
BATNA : 선택할 수 있는 최선의 대안 ● 46
게임의 틀을 역전시켜라 ● 52
마음을 다하여 경청하라 ● 54
상대방에게 황금 다리를 놓아주라 ● 56

3 3%의 커넥터와 통하였느냐
왜 네트워크인가 ● 58
커넥터가 되거나 커넥터와 연결되어라 ● 61
어디서 관계를 맺을 것인가 ● 63
어떻게 관계를 맺을 것인가 ● 65

4 사람들의 귀를 쫑긋 세우게 하는 법
HBS는 왜 케이스 수업에 집착하는가? ● 71
구조화된 논리가 진리다 ● 73

최고의 스토리텔링 비법 ● 75
농담에도 연습이 필요하다 ● 80
한 장의 그림이 천 마디 말보다 낫다 ● 82
구덩이 속에서 계속 바닥을 파지 마라 ● 100

5 당신은 결코 완벽하지 않다

우선순위를 정하라 ● 102
플랜 B의 탄생 ● 110
가정이 옳다고 단정 짓지 마라 ● 113

6 항상 최고의 사람을 얻어라

'무엇' 보다 '누가' 가 먼저다 ● 115
고용은 신중히, 해고는 결단력 있게 ● 118
슬롯머신 게임을 하지 마라 ● 121
권력 게임에서 살아남기 ● 128

7 현금이 왕이다

이익은 현금이 아니다 ● 140
매몰비용의 함정 ● 143
WHY와 SO WHAT : 묻고 또 물어라 ● 146
기업 공개 : 성배인가, 독약인가 ● 153

8 마케팅 불변의 법칙

환상적인 4P의 세계 ● 157
제품 : 최고보다는 최초? ● 158

가격 : 경쟁할 것인가, 피할 것인가 ● 160
판매촉진 : 돈을 어디에 써야 할까 ● 172
유통 : 맵은 어떤 모습인가 ● 179

9 제품보다 편익을 팔아라

사람 : 사냥꾼인가, 농부인가? ● 183
관점 : 절대 놓치지 말아야 할 것 ● 185
프로세스 : 평범함을 비범함으로 바꾸는 힘 ● 189
성과관리 : 전후 사방을 측정하라 ● 190

10 모든 일에는 프로세스가 있다

딱딱하지만 꼭 알아야 할 것 ● 193
베스트 프랙티스 원칙 ● 195
프로세스 맵핑 ● 202

11 큰 그림을 보았는가?

전략이란 무엇인가? ● 212
이 산업은 매력적인가? : 포터의 5가지 경쟁요인 프레임워크 ● 219
어떻게 실행해야 하는가? : 포터의 본원적 전략과 가치사슬 ● 223
측정할 수 있다면 실행할 수 있다 : 균형성과관리(BSC) ● 225
DIY 골격 프레임워크 : 트리 ● 230

12 빈 칸 채우기 게임

필요한 데이터는 무엇인가? ● 232
어디서 데이터를 구할 것인가? ● 235

결정적 데이터는 쉽게 구할 수 없다 ● 243
일관성과 트라이앵귤레이션(Triangulation) ● 251
정확성의 법칙 ● 254
데이터의 쓰임새와 한계를 인식하라 ● 255

13 계획보다 계획 세우기가 중요하다

스토리텔러가 되어라 ● 260
일정계획 ● 265
큰 그림 떠올리기 ● 268

14 기억해야 할 케이스(들)

면도기와 면도날 ● 270
로스 리더(Loss Leader) ● 272
사우스웨스트 항공사 ● 272
합병과 인수 ● 273
롤 업(Roll-Up) ● 276
준비, 발사, 조준 ● 277
선도자 ● 278
번들링(bundling) ● 279

15 마지막 조언

오직 편집광만이 살아 남는다 ● 281
탭댄스를 추면서 출근할 수 있는가? ● 286
우표처럼 살아라 ● 287

1

HARVARD BUSINESS SCHOOL CONFIDENTIAL

돈이 나를 위해 일하게 하라

월급쟁이로 인생과 꿈을 낭비하며 살 텐가?

"열심히 공부해서 좋은 직장에 들어가고 돈도 많이 벌어서 행복하게 살아야지." 사람들은 어릴 적부터 부모나 선생님으로부터 이런 말을 자주 듣는다. 사실 내가 스탠퍼드 대학 4학년일 때 친구들과 서로 나눴던 얘기들도 대부분 '어떻게 하면 좋은 컨설팅 회사나 투자은행에 들어갈 수 있는가'에 대한 것이었다.

단지 안정적인 삶을 원하는 것이라면, 좋은 직장을 얻는 것은 나름대로 괜찮은 선택이다. 여기서 말하는 좋은 직장이란 급여가 높고 훌륭한 경력 쌓기의 기회가 제공되는 곳이다. 그런 곳에서 열심히 일하는 사람들은 저축을 꾸준히 해서 마침내 좋은 집과 차를 마련하고 자녀들을 좋은 환경에서 교육시킬 수 있다. 물론 주택담보 대출금과 자녀들의 학자금 충당을 위해 항상 지출의 상당 부분을 할애해야 하겠지만, 그래도 어느 정도의 안락한 삶을 누릴 수 있다. 그들은 안정적인 중산층 또는 중상류 계층이 될 것이다.

그러나 대부분의 하버드 비즈니스 스쿨 HBS, Harvard Business School 학생들에게 '좋은 직장을 얻는 것'은 목표가 아니라 단지 수단에 지나지 않는다. 그들이 '좋은 직장을 얻는 것'을 궁극적 목표로 생각하지 않는 데는 몇 가지 이유가 있다.

함정1 : 부의 축적? 월급쟁이는 가장 효율적인 방법이 아니다

HBS에서는 학생들에게 두 종류의 소득, 즉 일정 소득과 투자 소득을 구별해서 가르친다. 일정 소득은 투입한 시간에 비례하여 좌우된다. 어떤 면에서 보면, 시간이라는 한정된 자원에 시간당 일정 가격을 매겨 파는 것이다. 월급은 일정 소득이다. 한 달이라는 시간을 투입하고 그 대가를 급여로 받기 때문이다. 자신이 쌓은 경험과 역량, 또는 재직기간에 따라 자신의 가치가 높아질수록, 단위 시간당 받는 급여도 더욱 올라간다. 그러나 일하지 않는 순간 급여 소득은 중단된다.

반면에 투자 소득은 투입한 시간과 비례하지 않는다. 돈을 투자하고(물론 가끔 점검하고 관리해야겠지만) 노동시간에 상관없이 지속적인 소득을 얻는 것이다. 투자 소득은 투입한 시간의 양과 직접적인 연관이 없다. 투자 소득은 시간을 판 대가가 아니기 때문이다. 부동산 임대 소득, 주식배당금, 저작권 인세, 예금이자 소득과 같은 것들이 투자 소득에 속한다. 초기에 돈을 투자하고 나면 매년 소득이 발생한다.

예를 들어보자. 작은 과일 가게를 사들인 다음 하루 12시간 동안 가게에서 과일을 팔아 돈을 번다면, 이 사람은 일정 소득자인가 아니면 투자 소득자인가? 답은 일정 소득자이다. 왜냐하면 비록 그 사람이 정해진 월급을 받는 것은 아니지만, 내일 당장 일을 하지 않으면 과일 판매는 중단되기 때문이다. 하지만 이 사람이 과일 가게를 사들이고 관리인을 고용한 다음 판매에 따른 수익을 얻는다면 그것은 투자 소득이 된다.

일정 소득은 투자 소득만 훨씬 못하다. 결국 일하는 것이 중단되면 일정 소득도 사라지기 때문이다. 그러므로 일정 소득이 더 위험하다. 또한 하루는 24시간 밖에 되지 않아 일에 투입할 수 있는 시간도 한정되어 있다. 사실 부자들은 돈뿐만 아니라 인생을 즐길 수 있는 시간적 여유도 많이 가지고 있는 사람들이다. 부를 이런 관점에서 바라보면, 의사나 변호사 같은 전문가 집단은 눈에 보이는 것만큼 진정 부유한 사람들이 아니다. 의사나 치과의사는 자신의 직업에서 투자 소득을 올릴 수 없다. 돈을 벌기 위해 그들은 계속 환자를 돌봐야 한다. 만일 1년 정도 휴식기를 갖는다면, 그 해 그들은 자신의 일에서 아무런 소득도 기대할 수 없다. 또한 전문가로서 그들이 올릴 수 있는 소득 수준에도 한계가 있다. 1년 중 일할 수 있는 날이 정해져 있고, 아무리 명성이 높아도 하루 동안 볼 수 있는 환자 수도 한정되어 있기 때문이다.

물론, 어떤 직장은 스톡옵션이나 주식을 지급하기도 한다. 이것은 자신의 일에서 일정 소득과 함께 투자 소득을 올릴 수 있음을 의미한다. 이런 조건은 매력적이지만, 대기업의 스톡옵션 중 상당량은 높은 직급의 임원들에게 주어진다는 점을 알아야 한다. 신생 회사에서 더 많은 스톡옵션을 받을 수도 있지만 결과는 장담하지 못한다. 한번은 꽤 부자인 HBS 동기를 만난 적 있는데, 그의 이야기를 소개할까 한다.

1980년대 후반, 나는 설립된 지 얼마 되지 않은 한 신생 회사에 입사했었지. 당시 회사 규모는 매우 작았어. 나는 스톡옵션을 조금 받았지만, 직급이 높은 것도 아니고 주식가치도 낮았기 때문에 그것에 대해 그다지 중요하게 생각하지 않았어. 그러고 나서 회사를 떠났지. 몇 년 후 그 회사는 상장되었고 나는 보름에 한 번 정도 신문에서 주가를 확인하곤 했어. 수 년 동안 주가는 일정 가격대에서 움직일 줄 몰랐고, 나는 한 숨을 내쉬며 큰 관심을 두지 않고 지냈지. 그러던 어느 날 앞으로도 주가 변동이 거의 없을 것 같아서 그 주식들을 팔기로 결심했지. 바로 그날 나는 그 회사가 몇 년에 걸쳐 주식 분할을 여러 번 했었고 그 결과 내 주식의 가치가 상당히 높아졌음을 알게 된 거야.

불행히도 신생 회사들이 더 많은 스톡옵션을 제공하는 이유는 높은 실패 위험을 안고 있기 때문이다. 신생 회사가 파산하면 그 회사의 스톡옵션 가치는 한낱 종잇조각에 지나지 않는다.

함정 2 : 안정적인 생활? 월급쟁이는 위험하다

직장인은 성과를 내고 일을 잘하더라도 직장을 잃을 수 있다. 불경기나 치열한 경쟁, 사내 정치, 그 밖의 수십 가지 다른 요인들에 의해 직장을 그만둘 수 있다. 우량 기업들도 불경기에는 저(低)성과자뿐만 아니라 우수한 인력을 해고해야 하는 상황에 직면한다.《이웃집 백만장자》에서 토머스 J. 스탠리Thomas J. Stanley는 733명의 미국 백만장자들을 조사한 결과를 통해 이들 중 대부분이 자신의 사업을 운영하고 있음을 밝히고 있다. 저자는 이들의 말과 생각을 종합해서, 백만장자들이 자기 사업을 하지 않고 샐러리맨으로 일할 경우의 안정성에 대해 어떤 생각을 갖고 있는지 다음과 같이 적고 있다.

(남을 위해 일하는 것은) 실제로 당신을 큰 위험에 빠뜨릴 수 있다. ……단일 수입원을 가지는 것은 수많은 상황에서 의사결정을 어떻게 해야 하는지 배울 기회도 없다. 반대로 자기 사업을 운영한다면 의사결정 능력을 완전히 체득할 수 있다. ……월급쟁이들은 부자로 성공하기 위해 자신에게 가장 (경제적) 이득이 되는 일을 하는 것이 아니라, 자신의 고용인에게 가장 이득이 되는 일을 하고 있을 뿐이다.

함정 3 : 자아실현? 월급쟁이는 항상 불만족스럽다

사내 정치, 상사의 성향, 경영 방침, 회사의 원칙은 일에 대한 만족도에 어느 정도 영향을 미친다. HBS에 다니던 시절 나의 절친한 동기는 유명 컨설팅 회사의 샌프란시스코 사무실에서 일을 했었다. 그는 컨설팅 업무 자체를 무척 좋아했다. 경영대학원을 갓 졸업한 신출내기더라도〈포춘〉선정 500대 회사의 최고 경영진들과 함께 일할 수 있기 때문에 그는 미국의 유명 컨설팅 회사에서 일하는 것이야말로 자신의 이상적인 직업이라고 항상 생각했다. 하지만 얼마 지나지 않아 그는 그 일을 싫어하게 되었다. 문제의 핵심은 컨설팅 회사의 '자유시장' 경영 방침이었는데, 이것은 프로젝트 매니저가 프로젝트를 수행할 팀원을 재량껏 선발할 수 있음을 뜻한다. 어떠한 투명성과 객관적 기준도 없이 말이다. 프로젝트 매니저는 자신이 원하는 사람을 누구든지 선택할 수 있다. 자, 상황이 어떠할지 충분히 예상되지 않는가? 경쟁은 치열했고 사람들은 모략과 비방을 일삼았으며, 주요 프로젝트에 참여하기 위해 선택권자에게 아첨을 했다. 사람들은 또한 자기 공적 과시하기에 열을 올렸다. 밤늦게까지 사무실을 어슬렁거리며 대단히 바쁜 것처럼 보이려 했고, 유행하는 농담거리를 채집하여 상사들 앞에서 재잘거리기 일쑤였다. 또 필요하다면 '인맥'을 쌓기 위한 어떤 노력도 서슴지 않았다. 내 친구는 그 컨설팅 회사를 6개월 만에 그만두었다.

　이러한 이유들 때문에 많은 HBS 졸업생들은 직업을 목적이 아닌 수단으로 생각한다. 많은 이들이 현업에서 일을 하고 있지만 그 일을 긴 안목에서 바라본다. 즉, 그들은 지금 하는 그 일을 자신이 왜 하고 있는지 알고 있다. 어떤 HBS 졸업생들은 주로 자신의 직업을 투자자금 확보를 위한 현금 창출 수단으로 여긴다. 자기 일을 좋아할 수도 있겠지만 그들의 목적은 투자자금 마련을 위해 고액연봉을 받고자 하는 것이다. 그들은 여유시간의 대부분을 투자계획을 수립하는 데 보낸다.

　또한 대부분의 HBS 출신들은 자신의 직업을 돈을 벌기 위한 수단뿐 아니라 학습 기회로 생각한다. 그들은 자신이 사업을 운영할 때(와 투자 소득을 얻을 때)를 대비하여 여러 상황들을 배우고 싶어 한다. 그들은 자신의 미래를 위해 뭔가 배울 수 있는 직장을 찾는 것이며, 필요한 것을 습득할 수 있다면 언제라도 새로운 책임을 맡을 각오가 되어 있다. 그들은 필요한 기술을 연마하고 축적하기 위해 계획을 주도면밀하게 세운다. 예를 들면, 업계 전문성, 관리 능력, 재무적 도구들, 전문적 기술과 같은 것이다. 그렇게 많은 HBS 졸업생들이 컨설팅과 매니지먼트 훈련 프로그램을 찾는 이유가 바로 여기에 있다. 만약 자신이 맡은 일에서 배울 것이 없다면, 많은 HBS 졸업생들은 이직을 결심한다. 그렇게 함으로써 새로운 능력을 습득할 수 있는 기회와 사회적 네트워크를 넓혀간다.

　게다가 근무기간과 급여 간에는 흥미로운 연관성이 있다. 만일 직장을 옮겨 새로운 책임을 떠맡게 되면, 이전보다 많은 급여를 받게 된다. 왜냐하면 새로운 일을 파악하고 학습하는 데 많은 시간이 소요되기 때문이다. 하지만 학습이 중단되면 보다 적은 급여를 받게 된다. 왜냐하면 더 이상 배울 것 없이 단지 월급을 받기 위해 일하면 되기 때문이다. 물론 그 회사에 계속 머물면서 고위 직급으로 올라가고 대체불가능한 사람이 된다면 더 많은 급여를 받을지도 모른다.

HBS 졸업생들은 또한 어디에서 일하든 스톡옵션을 추구하며, 스톡옵션의 조건에 대해서도 까다롭게 협상한다. 기본적으로 스톡옵션은 회사가 권리를 부여한 기간 내에 협의된 특정 가격(행사가격)에 자사 주식을 살 수 있는 선택권이다. 행사가격이 낮을수록, 회사가 권리를 부여한 기간이 길수록 더 좋은 조건이다. 주가가 오를 때는 스톡옵션의 가치도 높아진다. 주식으로 전환할 경우에는 배당금을 받을 수 있다(투자 소득 증대). 주식을 판다면 다른 투자처에 사용할 수 있는 상당한 자금을 마련할 수 있다.

역사상 가장 위대한 수학적 발견

돈을 바라보는 데 있어 강력하고도 독특한 관점이 있다. '돈은 나를 위해 일해 줄 고용인이다!' 이 관점은 《부자아빠 가난한 아빠》에 잘 드러나 있다. '가난한 사람들과 중산층 사람들은 돈을 위해 일한다. 하지만 부자들은 돈이 자신을 위해 일하게 한다.' '돈'을 고용했다면 일하도록 해야 한다. 즉, 가진 돈을 투자하는 것이다.

또 하나의 방법은 가지고 있는 모든 돈을 장차 큰 나무로 성장할 씨앗으로 생각하는 것이다. 이것이 바로 복리의 위력이다. 많은 사람들이 복리에 대해 이미 잘 알고 있다. 그것은 은행에 돈을 맡겨놓으면 돈이 저절로 커지는 것과 비슷하다. 사람들은 원금과 함께 이자도 은행에 예치하게 되는데, 시간이 지나면서 원금에 이자가 붙고 원금과 이자에 다시 이자 수익이 거듭된다. 그래서 수익금은 마치 씨앗이 나무로 자라나 그 나무에서 더 많은 열매와 씨앗이 열리는 것처럼 늘어나 돌아온다. 하지만 안타깝게도 예금 이율이 그다지 높지 않다는 것이 문제다.

그렇다면 종자돈을 은행 이자율보다 높은 고수익 상품에 투자할 경우 그 가치는 얼마나 커질까? 연이율 20%에 하루 1천 원씩 투자하면, 32년 만에 10억 원을 얻게 된다. 연이율 10%에 하루 1만 원씩 투자한다 해도, 35년이 채 안 되어 10억 원을 모을 수 있다. 이것이 복리의 위력이다! 알버트 아인슈타인은 복리야말로 '역사상 가장 위대한 수학적 발견'이라고 했다. 미국 건국의 아버지인 벤 프랭클린은 복리는 '납을 금으로 만드는 마법의 돌이다. 돈이 돈을 낳아 엄청난 돈을 낳는다'고 했다.

그래서 사람들은 돈을 투자하여 자신을 위해 일하게 하고 그 씨앗을 커다란 나무로 키우고 싶어 한다. 그렇다면 어떻게 투자 자금을 가능한 한 많이 확보할 수 있을까? 투자와 지출을 명확히 구별하고 지출 전에 저축을 함으로써 가능하다. 투자란 소득을 발생시키거나 발생시킬 가능성이 있음을 의미한다. 반대로 지출은 소득을 일으키지 않는다. 투자는 돈이 일하게 만드는 것이며 먼 훗날 더 많은 돈을 가져다준다. 지출은 가지고 있는 돈을 써버리는 것이다.

다음 표에서 주택은 왜 투자와 지출에 모두 해당할까? 대부분의 사람들은 자신의 집을 투자 대상으로 여긴다. 그러나 실제로 사람들은 어떻게 하고 있는가? 사람들은 투자 가치가 있는 집을 싼 가격에 구입하지 못하고 오히려 시장 가격 또는 그 이상의 값을 지불하더라도 자신의 마음에 드는 집을 구입하기 때문이다. 또 앞으로 주택 가격이 상승할 여지가 있는 지역보다는, 지나치게 값이 비싸더라도 자기가 살고 싶은 지역의 주택을 구입한다. 또 내부 인

투자	지출
채권	새 차
주식	루이비통 가방, 아르마니 셔츠 등
부동산	식품, 외식
회사 지분	영화
예술작품	휴가
주택	주택

테리어와 가구 구입에 너무 많은 비용을 지출한다. 게다가 끌어다 쓸 수 있는 모든 자금을 동원해서 집을 마련하기 때문에, 큰 가계 부채를 떠안게 된다. 그 결과 매달 갚아야 할 주택 융자금이 너무 많아 다른 곳에 투자할 여유 자금이 사라지게 된다.

반대로 내가 아는 대부분의 HBS 졸업생들은, 첫 직장을 구할 때부터 주택을 투자로 생각한다. 그들은 시장 가격보다 저렴하게 구입하여 좋은 가격에 팔 수 있을 때까지 기다렸다가 가격을 높여 되판다. 그들은 차입금을 현명하게 활용하고 주택 융자금을 상환한 후에도 다른 곳에 투자할 여유 자금을 넉넉히 확보해둔다. 그러고 나서 자금이 충분히 축적되면, 꿈에 그리던 자신의 집을 구입한다.

많은 사람들은 쓰고 남은 돈을 저축한다. 하지만 돈이 자신을 위해 일하게 하기 위해서는 소비 지출을 하기 전에 항상 먼저 투자할 몫을 저축해야 한다. 《바빌론 부자들의 돈 버는 지혜》에서 조지 S. 클레이슨 George S. Clayson은 고대인들의 주요 성공 비결 중 하나를 강조했다. '당신이 벌어들인 돈 중에서 아주 적은 부분이라도 당신이 꼭 지켜야 할 당신의 몫이다.' 그러나 많은 사람들은 단지 '쓰고 남은 것'만을 저축한다. 성공하는 사람들은 먼저 저축하고 남은 나머지로 생활을 영위한다. 이것은 큰 차이를 낳는다. 그렇게 함으로써 투자할 돈을 확보할 수 있을 뿐 아니라, 지출을 계획적으로 하게 되고, 저축한 돈은 훗날 지출 경비가 부족할 때 큰 힘이 된다.

투자 소득 1 : 부동산 투자로 부자 되는 법

만약 돈이 고용인이라면 그 고용인을 어디에 투입해서 일하게 해야 할까? 돈이 하나의 씨앗이라면, 그 씨앗들을 어디에 뿌리고 어떻게 나무로 키울 수 있을까? 투자처를 논하기 전에 먼저 투기와 투자의 차이를 분명히 알고 위험을 이해하는 것이 중요하다. 투기는 당신의 통제 범위 밖에 있는 가능성을 통해 수익을 기대하는 것이다. 도박과 복권이 여기에 속한다. 시간이 지나면 가격이 오를 것이라 생각하고 부동산을 구입하는 것도 투기에 속한다(사실 이 점은 2008년 미국 주택 시장과 금융 위기의 근본 원인 중 하나로 작용했다). 투자는 노력하고 애써서 수익을 실현하는 것을 뜻한다. 전략과 계획을 수립하고 연구와 분석을 통해 관리함으로써 기대 수익률을 높일 수 있다. 당연히 HBS에서는 투기가 아닌 투자에 초점을 둔다.

위험을 이해하는 것도 중요하다. 전지전능한 예언자처럼 미래를 알 수는 없다. 조사와 연구 분석을 모두 마치고 계획을 수립했더라도 일단 돈을 투자하고 나면 손실의 위험은 항상 있기 마련이다. '위험이 없으면 얻는 것도 없다'는 속담도 있지 않은가. HBS는 위험을 최소화하는 방법을 가르쳐주지 않는다. 잠재 수익률이 높으면 손실 위험도 비례하여 높아지는 것은 당연하다.

핵심은 위험을 최소화하는 것이 아니라 위험을 관리하는 것이다. 위험 관리는 발생 가능한 위험에 대해 이해하고 그 위험을 확실히 감수하겠다는 것을 의미하며, 잠재적 보상이 위험을 감수할 만큼 가치가 있다고 보는 것이다.

투자 소득을 올릴 수 있는 투자처는 많다. 그 중 내가 좋아하는 세 가지는 부동산, 주식, 민간 기업에 대한 지분 투자이다. HBS 졸업생들은 이 중 최소 두 가지 또는 세 가지 전부에 투자하고 있다. 여러 곳에 투자하는 것은 위험 분산을 통한 안정성과 폭넓은 수익창출 기회라는 면에서 위험관리에 도움이 된다. 위험관리를 위해, 대부분의 사람들은 단순하고 작은 투자부터 시작하여 경험이 쌓이게 되면 단계적으로 조금씩 더 복잡하고 더 큰 투자처로 옮겨간다.

여기서는 부동산과 공개 주식시장에 대해서만 논할 것이다. 민간 기업에 투자하는 것은 거래유치, 산업평가, 기업평가, 가치평가, 모니터링, 출구전략과 같은 정교한 작업들이 요구되기 때문이다. 또한 기업 투자의 수익은 상당히 크겠지만, 부동산이나 주식보다 몇 배나 더 많은 투자 자금이 필요하며 위험성도 훨씬 더 높다.

먼저 부동산을 투자처로 고려해보자. 러셀 H. 콘웰 Russell H.Conwell 는 《내 인생의 다이아몬드》라는 책에서 다이아몬드 광산을 갖는 것이 꿈인 한 남자의 이야기를 들려준다. 그는 농장을 매각한 돈으로 무익한 것을 쫓아 인생을 허비했다. 아이러니컬하게도 그로부터 농장을 구입한 남자는 농가 뒤쪽으로 흐르는 개울을 들여다보다가 물속에서 눈부시게 반짝이는 돌을 발견했다. 그 돌이 바로 다이아몬드였던 것이다. 이렇게 해서 그 유명한 광산이 발견되어 수많은 보석들이 그 광산에서 나왔다. 대량의 다이아몬드 위에 농장이 있었던 것이다.

많은 사람들이 다이아몬드를 찾아 나선 그 남자와 비슷하다. 부의 가장 훌륭한 원천(부동산)은 바로 자신의 발아래에 있는데 사람들은 잘 알아채지 못한다. 사람들은 자신의 시간과 돈, 에너지를 돈을 벌어다 줄 것 같은 무수한 일에 낭비한다. 지구상의 거대한 부자들을 보면 부동산이 투자 소득의 공통분모임을 알 수 있다. 도날드 트럼프Donald Trump, 리 카 싱Li Ka Shing과 같은 세계적인 거부들과 억만장자들은 돈을 벌기 위해 부동산을 활용했다. 물론 그들 중 상당수는 처음부터 엄청난 돈으로 시작하여 수백만 달러를 투자했다. 그러나 부동산의 묘미는 투자자 자신이 주요 개발자가 될 필요가 없다는 점이다. 소액 투자로 시작하여 점차 키워나갈 수 있다.

부동산 투자의 매력은 세 가지 핵심 요소에 기인한다. 레버리지 효과와 다양한 현금흐름 창출, 저가 매수가 바로 그것이다.

기절초풍 레버리지 효과

아르키메데스는 이렇게 말했다. "내게 거대한 지렛대만 있다면, 지구도 들어 올릴 수 있다." 투자자로서 지렛대를 이용하여 지구를 들어 올릴 필요는 없다. 다만 그것을 이용하여 투자 자본을 최대한 끌어올리면 된다. 금융에서 '레버리지leverage'는 융자를 의미한다. 돈을 대출하면 이자비용이 들기 때문에, 자금이 부족할 때만 돈을 빌리는 것으로 잘못 생각하는 사람들이 많다. HBS에서는 수중에 자금이 넉넉할 때라도 레버리지를 활용하라고 가르친다. 레버리지를 사용하면 투자 금액에 대한 수익(수익률)을 높일 수 있다. 어떤 면에서, 자금을 고용인으로 본다면, 레버리지는 다른 곳으로부터 파견 받은 인력으로서 자신을 위해 일하게 하는 것과 같다. 임시 파견에 따른 비용을 치르겠지만, 이들의 도움으로 더 큰 성과를 얻을 수 있다.

레버리지가 어떻게 수익률을 향상시키는지 예를 들어보자. 당신이 2억 원 상당의 아파트를 구입한다고 하자. 그 아파트의 가치는 1년 후 10% 상승할 것으로 기대된다. 당신은 5% 연이율에 융자를 받을 수 있다. 당신이 2억 원 모두를 자기 자금으로 지불할 수 있는 여력이 있다고 가정할 때, 당신은 전액 자기 자금으로 충당할 것인가? 융자를 받을 것인가?

계산을 해보자. 수수료나 세금을 제외하고 전액 자기 자금으로 충당한다면, 1년 후 투자 수익률은 10%가 된다. 그러나 80%를 융자받고 20%만 자기 자금으로 투자한다면, 투자 수익률은 30%가 된다(아래 표 참고).

물론 레버리지 효과는 강력한 것이지만 지난 2008년 서브프라임 모기지 사태가 증명해주듯 지나친 레버리지는 매우 위험하다. 자, 그러면 융자 없이 자기 자금으로 투자한다면 10%의 수익률을 달성하여 1천 2백만 원보다 많은 2천만 원을 벌 수 있다고 말할지도 모르겠다. 일리가 있는 말이지만, 그렇게 되면 '너무 많은 달걀을 하나의 바구니에 담는' 위험을 감수해야 한다. HBS는 시장을 분석하고 이해할 수 있는 수많은 기법들이 있지만 아무도 투명하게 모든 것을 예측할 수는 없다고 가르친다.

내가 아는 HBS 출신의 한 애널리스트는 유명한 투자은행에서 일했다. 그

매매가(10% 가치상승)	2억 2천만 원
(-) 이자비용	8백만 원
(-) 주택담보 융자상환	1억 6천만 원
(-) 자기자금 20%	4천만 원
순익	1천 2백만 원
수익률	30%(1천 2백만 원/4천만 원)

는 전 세계 펀드매니저들이 널리 읽는 분석보고서를 작성했다. 각 보고서는 특정 회사를 분석하여 그 회사 주식을 사야 할지, 계속 보유해야 할지, 팔아야 할지 의견을 제시했다. 나는 그가 했던 말을 아직도 기억한다. "저는 회사에서 일을 꽤 잘하는 편입니다. 주로 1/3은 맞히고, 1/3 정도는 빗나가는 편이고, 나머지 1/3은 예측 불가능한 변수들 때문에 틀리지도 맞지도 않지요."

시장에서 일어날 일을 정말 아무도 확실히 알 수 없다면, 당신이 해야 할 일은 무엇인가? HBS에서는 분산 투자를 가르친다. 만약 2억 원을 같은 가격대의 아파트 5채에 분산 투자할 때 각 아파트 값의 20%를 자기 자금으로, 80%를 융자로 투자한다면 2억 원 원금의 10%가 아닌 30%의 수익률을 실현하게 된다. 투자 위험도 분산되는 효과가 있다. 아파트 한 채에서 손실이 나더라도 다른 지역의 아파트에서 손실을 충당하고 수익을 실현할 수 있는 여지가 있다. 또는 부동산에만 투자하는 대신 채권, 주식, 수집품 또는 기업에 대한 직접 투자 등으로 분산시킬 수 있다.

꾸준하고 다양하게 현금흐름을 창출한다

부동산 투자가 매력적인 두 번째 이유는 다양한 투자 소득의 유입이 꾸준히 가능하기 때문이다.

- 임대 소득
- 대출상환액 감소
- 가치 상승
- 세제 감면

임대 소득에 따른 현금흐름

이 부분의 현금흐름 계산을 위해 다음 공식을 활용 한다.

순 현금흐름 = 임대 소득 − 운영비용(융자이자, 세금, 관리유지비 등) − 융자금 상환

공식에서 볼 수 있듯이 현금흐름은 직접적인 융자금 상환 기능을 한다. 융자 금액이 클수록, 상환 기간이 짧을수록, 융자금 상환이 끝날 때까지 순 현금흐름의 규모는 더 작아진다. 그렇다면 수익률 극대화를 위한 적정 융자 금액은 어떻게 알 수 있을까? 아래 공식을 활용해보자.

$$\frac{\text{순 현금흐름}}{\text{실제 투자금액}} = \textbf{투자 수익률(\%)}$$

적정 융자금을 최종 결정할 때에는 투자 수익률과 부채 위험을 모두 고려해야 한다. 대출상환액과 이자 비용이 임대 소득을 초과할 때 현금흐름은 마이너스가 된다. 특히 입주자가 들어오고 나가고 하는 동안, 임대 공백이 가끔 발생하여 소득이 없는 기간이 있다. 그럴 때에는 지난 임대 소득분이나 급여, 또는 다른 투자 소득으로 충당할 수 있어야 한다. 아시아의 여러 국가에서 많은 사람들이 자신의 현금흐름을 잘 계획하지 않아서 1997년 이후에 강제 파산을 경험했다. 그들은 자산 가치가 오르면 수익을 실현할 수 있다는 믿음으로 마이너스 현금흐름(임대 소득이 주택보증 융자금과 비용에 못 미치는)을 감수했다. 그러나 그들의 자산 가치는 1997년 이후 몇 년간 계속 하락했다. 이들 중 일부는 2001~2002년 경기침체 기간에 실업자가 되어, 은행에 월부금을 더

이상 상환할 수 없었다. 자산 가치가 너무 많이 하락해 자산을 팔더라도 대출 상환액을 갚기에 부족했기 때문에(부채가 보증 자산 가치를 넘어선 상황에 빠짐) 이들은 결국 모기지 채무 불이행자가 되기도 했고 개인 파산을 하기도 했다. 과도한 레버리지와 부실 자산은 또한 2008년 글로벌 금융 위기의 주요 원인이었다. 그러므로 수익을 늘리는 데 레버리지가 효과적이지만, 적정 대출금을 결정할 때에는 반드시 자신의 재정 상황을 살펴야 한다.

대출상환액 감소에 따른 현금흐름

시간이 흐름에 따라 대출원금 상환액이 감소하면서 순자산(부채를 차감한 자산에 대한 소유권)은 증가한다. 순자산이 증가하면 두 가지 방법으로 현금을 창출할 수 있다. 자산을 매각하거나 다시 융자를 받아 자금을 보충하는 방법이다. 자산 매각은 간단하지만, 그보다 더 나은 투자처가 없다면 매각하는 것이 최선은 아니다. 그럼 재 융자는 어떠한가? 예를 들어 20%의 자기 자금을 들여 아파트를 구입했다면 순자산은 20%가 된다. 시간이 지나면서 대출 상환액이 낮아지고 순자산은 늘어났다. 10년 후 순자산이 65%가 되었고 자산 가치 변동은 없다고 가정할 때, 그 자산 가치의 80%에 해당하는 금액만큼 새로운 융자를 받아 자금을 동원할 수 있다. 그래서 기존의 남은 대출금 35%(100%-65%)를 상환하고, 나머지 45% (80%-35%)를 다른 곳에 투자하거나 개인 소비 지출로 활용할 수 있다.

가치 평가에 따른 현금흐름

역사를 통해 살펴보면, 부동산은 오랜 기간 보유하고 있으면 그 가치는 오를 것이라는 사실은 의심의 여지가 없다. 다음 그래프는 1940년부터 2000년 사이에 보통의 주택 가격이 어떻게 변화했는지 보여준다.

어떤 전문가들은 이 점에 동의하지 않을 수도 있다. 역사적으로 '부동산 가격이 정점에 도달했다'고 단언하는 전문가들은 언제나 존재했다. 미국의 주택 가격 변화를 나타낸 다음 그래프를 보고 나서 지난 60년 동안 미국의 전문가들이 어떤 말을 했는지 살펴보자.

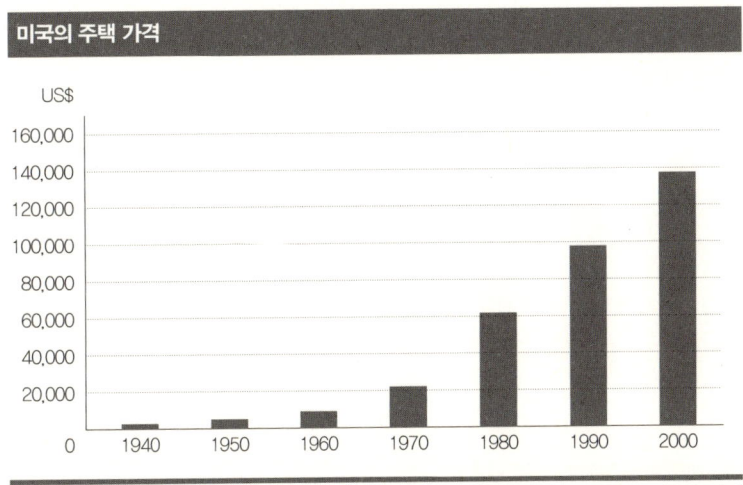

출처: 미국 정부 통계

주택가격이 고점에 도달한 것처럼 보이므로, 가격이 하락할 것이라고 예상하는 것은 타당성이 있다.　　　　　　　　　　　　　　1947. 12 〈타임Time〉

전후에 주택을 구입했다면, 시장이 정점일 때 거래를 한 것이다. 주택을 구입하면 손해 볼 일이 없다는 시절은 이제 끝났다.　　　　1948. 11 〈하우스 뷰티풀House Beautiful〉

요즘 보통의 주택 가격은 5만 달러에 근접하고 있다. 주택 전문가들은 향후 가격 상승이 그렇게 크지 않을 것으로 예측한다.　　　　　1977. 06 〈네이션즈 비즈니스Nation's Business〉

부동산으로 손쉬운 수익을 올리는 시대는 곧 끝이 날 것이다.　　1981. 01 〈머니Money〉

주택 가격이 무위험 고공행진을 하던 황금시대는 지나갔다.　　1985. 03 〈머니Money〉

주택을 살 생각이라면 주의하라. 주택 가치의 상승을 더 이상 확신할 수 없기 때문이다.
　　　　　　　　　　　　　　　　　　　　1985. 10 〈마이애미 헤럴드Miami Herald〉

대부분의 경제학자들은 주택 가치가 구입가에 세금 공제액을 합한 것보다 아주 조금만 더 상승할 뿐이며, 더 이상 매력적인 투자가 아니라는 점에 의견을 같이한다.
　　　　　　　　　　　　　　　　　　　　　　　　　　1986. 04 〈머니Money〉

재무 설계자들은 한결 같이 앞으로도 계속 주택은 좋은 투자처가 될 수 없을 것이라고 말한다.　　1993. 11 〈키플링거스 퍼스널 파이낸셜 매거진Kiplinger's Personal Financial Magazine〉

　　그러나 역사는 이들의 예측이 빗나갔음을 증명해준다. 데이터에 의하면 부동산의 가치는 중·단기적으로는 경기 사이클과 불안 요소 때문에 등락이 거듭되었지만, 장기간(10~20년 또는 그 이상)에 걸쳐서 일반적으로 상승한다는 것을 알 수 있다. 물론 2008년 미국 주택시장의 붕괴가 어떤 영향을 미칠지는 10년 정도 지켜봐야 할 것이다. 그러나 지금까지의 데이터를 보면, 2008년 중간 정도의 주택 가격이 비록 2005년과 2006년의 고점에 비해

20% 정도 하락했지만, 10년 또는 20년 전 대비해서는 여전히 더 높은 수준을 유지하고 있다.

일반적으로 그렇다는 것을 강조하고 싶다. 왜냐하면 모든 주택의 시세가 전부 다 오르는 것이 아니기 때문이다. 개인이 소유한 부동산의 가치 평가는 입지와 주변 환경, 관리상태, 구입가격, 그 밖의 다양한 요소들에 따라 크게 다를 수 있다. 어떠한 투자(투기가 아닌)를 목적으로 하든지 시장을 연구하고 이해하는 데 시간을 충분히 쏟아야 한다.

부동산은 일반적으로 두 가지 주요 요인에 의해 가치 평가가 된다. 그것은 바로 인플레이션과 수요공급이다. 경제 성장에는 사이클이 있고 디플레이션도 가끔 일어나지만, 주택 가격은 일반적으로 장기간에 걸쳐 오른다. 인플레이션으로 물가가 오르면 부동산도 오른다.

장기간에 걸친 적당한 인플레이션이 주택 시세를 오르게 하는 것이 사실이지만, 일부 사람들은 인플레이션이 높을수록 가격의 상승폭도 클 것이라고 잘못 알고 있는 경우가 있다. 그들의 논리는 다음과 같다. 인플레이션으로 인건비와 자재비가 급격히 상승하면 개발업자는 신축 물량을 줄이고 가격을 올린다. 신축 주택 가격의 상승으로 많은 주택 구입자들은 재판매 시장으로 돌아서고 기존 주택을 구입한다. 기존 주택으로 사람들이 많이 몰리면서 판매 가격은 올라간다.

그러나 이러한 고(高) 인플레이션으로 자산 가치가 큰 폭으로 상승한다는 것은 이제 더 이상 사실이 아니다. 각국의 중앙은행들이 인플레이션 통제 수단으로 이자율을 활용하고 있기 때문이다. 일반적으로 인플레이션이 너무 높아지면 중앙은행은 이자율을 올린다. 이자율이 오르면, 구매자들의 주택 구입 여력은 떨어진다. 구입할 수 있는 길이 막힌다. 반면에 낮은 인플레이션 상황은 낮은 이자율을 의미한다. 주택 대출 이자가 낮으면, 보다 많은 사람에게 구입 여력이 생긴다. 그래서 수요가 증가해 가격이 높아진다. 그러므로 낮은 인플레이션 상황에서도 부동산 가격은 계속해서 올라갈 수 있다.

세제 감면에 따른 현금흐름
여러 나라의 정부에서는 다양한 세제 감면을 통해 주택 소유를 권장한다. 각 나라마다 상이한 세제 감면을 하고 있다. 아래는 여러 나라에서 세제 감면 혜택이 주어지는 항목들이다.

- 구입비용: 선불된 대출 이자, 보험료, 에스크로(Escrow, 조건이 성립될 때까지 제 3자에게 보관해둔 조건부 날인증서) 수수료, 그 밖의 대부자가 요구하는 각종 수수료 등

- 일상적인 운영비용: 대출이자, 보험료, 공과금, 정원관리 및 청소비용, 유지보수 및 관리비(지붕 수리, 배관)

- 감가상각: 자산 소유주에게 (땅이 아닌 건물에 대해) 연간 감가상각 충당금을 제공하고 다른 소득에서 공제한다. 이 공제금을 저축하여 노후화된 시설을 교체하거나 재건축 하는 데 사용한다. 이것은 기업이 설비 장비에 대해 감가상각 처리하는 것과 유사하다.

세제 감면은 소득에 부과되는 세금을 줄여줌으로써 자산 소유주의 현금흐름을 개선시킨다. 특히 소득세 부담이 높은 국가에서는 이 혜택이 상당하다.

싸게 사서 비싸게 판다

HBS에서 배웠던 투자에 대한 중요한 개념이 있다. '팔 때보다 살 때 돈을 벌 수 있는 여지가 더 많다.' 워렌 버핏Warren Buffett도 그와 같은 사실을 지적했다. 즉 저가 매수를 통해 안정성을 여유 있게 확보하라. 그러면 시세가 예상한 만큼 오르지 않더라도, 저가 매수로 인한 충격이 크지 않다. 매도할 때 수익을 내거나 적어도 큰 손실은 피할 수 있다. 1997년 이전까지 많은 사람들이 홍콩의 부동산 시장에 수백만 달러 씩 투기를 했지만, 그 이후로 많은 이들이 파산했다. 가격은 1997년 이전까지 급격히 오르고 있어서 많은 사람들이 저가 매수 기회를 포착하려는 노력을 하지 않고 그저 시장 가격에 자산 매입을 했던 것이다. 그래서 상승세가 멈췄을 때 방어할 여지가 없었다.

부동산 투자의 매력 중 하나는 저가 매입의 기회가 있다는 점이다. 저가 매입은 세 가지 이유로 가능하다. 첫째, 매도자가 매수자와 손쉽게 연결되는 주식 시장에 비해 부동산 시장은 상대적으로 비유동적이다. '매각 의지'가 있거나 급히 매각을 해야 하는 사람이 매수자를 쉽게 찾을 수 없는 경우도 있다. 그들은 거래를 빨리 성사시킬 수만 있다면 기꺼이 가격을 낮출 수 있다(물론 동시에 그러한 비유동성은 급매도를 해야 할 때 영향을 미칠 수 있다). 둘째, 자산은 주식과 같은 것이 아니다. 각각의 자산 형태(입지, 층수, 전망, 주변환경 등)가 모두 다르기 때문에 일률적으로 가격을 매길 수 없다. 그러므로 매각하는 사람의 절박함, 시장에 대한 지식, 협상기술 수준 등에 따라 협상의 여지가 있다. 셋째, 어떤 자산 소유자들은 자신의 자산을 제대로 관리하지 못해 그들의 자산을 시장에서 요구하는 구조나 형태에 맞추지 못한다. 그래서 그러한 자산을 매수해서 개보수(페인트칠, 상하수도관 교체, 내부 구조 변경, 바닥타일 교체, 침실 추가 등)를 하면 재빨리 자산 가치를 올릴 수 있다.

결국 핵심은 급 매도물이나 관리 상태가 좋지 않은 매도 물건을 찾아 저가 매수의 기회를 포착하는 것이다. 저가 매수의 기회를 포착하여 시세보다 낮은 가격으로 매입하면, 이익 실현을 보다 더 확실하게 할 수 있다. 자산 소유주가 자산을 급하게 매도하고 싶은 이유는 다양하다. 다른 도시로의 발령, 새로운 투자 자금 확보, 부채(은행 압류 포함), 이혼, 질병 등 수많은 요소들이 있다. 어떤 자산 소유주는 시간이 없거나 관심이 없어서, 또는 현금이나 전문 지식이 없어서 자산을 잘 관리하지 못하는 경우도 있다.

레버리지, 다양한 현금흐름 창출, 저가 매수 기회는 부동산 투자의 세 가지 매력이다. 부동산 투자에는 두 가지 전략이 있다. 첫째, 단기매매 전략은 리스크가 상대적으로 높다. 단기매매에서 대부분의 수익은 가치 평가에서 실현된다. 그러므로 저가 매수 기회를 포착할 수 있어야 하고, 시장 가치를 높이기 위한 자산 업그레이드 노하우가 필요하기 때문에 단기매매를 할 때는 섬세한 진단과 구체적인 실행능력이 요구된다. 단기간 급등을 노리고 시장 가격에 매입하는 것은 위험하며, 투기에 가까운 전략이다. 둘째, 장기간 보유 전략은 비교적 덜 위험하며 다양한 현금흐름 창출을 기대할 수 있다.

투자 소득 2 : 주식 투자로 부자 되는 법

주식 투자에서는 세 가지 질문이 중요하다. 어떤 주식에, 언제 투자하고, 언제 빠질 것인가.

어떤 주식에 투자할 것인가?

HBS에는 금융투자에 대한 다양한 교육 과정들이 있다. 학생들은 기업가치 평가(물론 주식을 포함하여)에 관한 높은 수준의 개념과 기법들을 깊이 공부한다. 은행권에서 오랫동안 일했던 나의 HBS 동기는 다음과 같은 말했다.

이 모든 기법들은 유용하다. 하지만 그것을 개별 주식 종목을 고를 때 활용하고자 한다면, 내가 읽었던 데이터를 알려주고 싶다. 거대한 리서치 조직과 최첨단 컴퓨터를 갖추고 하루 20시간씩 일하는 전 세계의 가장 똑똑한 금융자산 운용가 중 75%는 주식시장 평균 이상의 일관된 수익을 내지 못한다. 나머지 25%의 대부분은 시장 평균을 유지할 뿐이다. 그들 중 극히 소수만이(워렌 버핏을 포함하여) 시장 평균을 뛰어넘는 수익을 꾸준히 실현하고 있다.

나는 이 말을 듣고 놀랐다. 나중에 그가 《소득의 다양한 흐름 Multiple streams of income》이라는 책에서 그 정보를 얻었다는 사실을 알았다. 그 책은 1990년부터 2000년까지 미국에서 전문적으로 운용되었던 6,000개 이상의 뮤추얼 펀드를 철저하게 연구 조사하여 그 중 20개만이 비용과 수수료를 제했을 때 시장 평균을 상회했다는 사실을 입증해냈다. 주위의 증권 전문가라는 사람들을 보라. 그들은 투자 종목을 고르는 데 그렇게 똑똑하면서도 왜 아직까지 백만장자가 되지 못했을까? 그들은 왜 아직도 신문 칼럼이나 분석 리포트를 쓰고 있는가?

당신이 해야 할 일은 둘 중 하나다. 우선 주위에 소수의 '워렌 버핏'이 있다면 그들이 운용하는 펀드에 투자할 수 있다. 그러나 그리 간단치 않을 수도 있다. 그 이유는 이렇다.

첫째, 과거 성과가 미래의 성과를 보장해주지 않는다. 베니 매도프Bernie Madoff와 함께 투자했던 사람들이 대가를 치르며 알게 된 것처럼, 요즘에도 여전히 과거의 실적이 좋았다고 해서 미래의 성과를 확신할 수 있는 것은 아니다. 둘째, 워렌 버핏과 그와 같은 많은 스타 투자자들은 나이가 많다. 그래서 그들이 은퇴하고 나면 그들의 펀드 운용이 크게 악화될 수 있다. 셋째, 이러한 펀드 중 일부는 접근이 용이하지 않다. 워렌 버핏의 펀드인 버크셔 헤더웨이Berkshire Hathaway는 한 주 당 높은 가격에 미국에서만 거래되고 있다.

당신이 두 번째로 할 수 있는 일은 검증된 시장 평균(S&P500 인덱스 펀드 등)에 투자하는 것이다. 대부분의 증시에는 지수를 추종하는 투자펀드가 있다. 이러한 펀드의 목적은 지수를 구성하는 모든 주식을 매수, 유지함으로써 지수와 같은 수익률을 제공하기 위함이다. 개별 종목을 골라 시장평균을 능가하는 것이 불가능한 일이 아니라면 투자해서 시장평균을 유지해도 상당한 수익을 거둘 수 있다(물론 쉽지 않은 일이다). 10년 이상 장기간에 걸쳐 미국의 S&P 500 지수는 연평균 10%의 수익률을 보이고 있다. 이 책 앞부분에서 다뤘던 복리계산을 기억한다면 낮은 수익률이 아니다. 이런 이유 때문에 많은 HBS 졸업생들이 인덱스 펀드에 투자한다. 물론, HBS 출신으로서 가지고 있는 높은 자존심 때문에 많은 이들이 여전히 투자 펀드와 개별 종목에 투자를 한다. 그들은 스스로 6,000개가 넘는 펀드 중에서 승률 높은 20개를 선별할 수 있다고 믿고 있거나 아니면 개별 종목을 고르는 데 필요한 정보를 충분히 알고 있다고 믿든지 둘 중 하나다. 그러나 적정 종목 선택에 따르는 리스크와 인덱스 펀드의 보다 큰 확실성 때문에 인덱스 펀드가 많은 사람들에게 더 나은 투자처로 인식되고 있다. 또한 인덱스 펀드는 별도의 리서치가 필요하지 않기 때문에 운용 수수료가 다른 종류의 투자 펀드보다 훨씬 낮으며, 매매회

전율(펀드 매니저가 주식을 사고파는 것, 매매 시 커미션 비용이 발생하고 국가에 따라 세금도 부과됨)도 더 낮다.

언제 매도할 것인가?

흐름상 어색할 수 있지만 '언제 매수할 것인가'를 논하기 전에 이 질문을 먼저 하는 것이 유용할 것 같다. 많은 사람들이 매매 시점을 놓고 고민한다. '무릎에서 사서 어깨에서 판다'는 전략에는 아무런 문제가 없지만, 단기간에 고점과 저점을 일관되게 정확히 맞추는 일은 극도로 어렵기 때문이다. 예를 들어, 1980년부터 1989년까지 10년 동안, S&P500 지수는 단기 등락을 거듭하면서 연 17% 이상의 수익률을 기록했다. 이 기간 동안 총 거래 일수는 2,528일이다. 10년 동안 전체 수익의 약 30% 정도가 단 10일 내에 발생한 것이었다. 당신이 '저가 매수, 고가 매도' 전략을 고수하더라도 2,528일 중에 그 10일을 놓쳐버렸다면, 당신은 10년 간의 투자 수익 중 30%를 놓치게 된다.

매일 또는 해마다 등락을 예측하는 것이 불가능한 일은 아니지만 그렇게 하는 것은 매우 어렵다. 왜냐하면 주가는 기업의 펀더멘털Business Fundamentals뿐만 아니라 투자자들의 심리상태에 의해서도 움직이기 때문이다. 증권 분석의 아버지이자 워렌 버핏의 스승으로 유명한 벤 그레이엄Ben Graham은 주식 시장을 '미스터 마켓Mr. Market'이라는 가상 인물로 의인화함으로써 이 심리적 요소를 강조했다. 버핏은 이 이야기를 자신의 투자 회사인 버크셔 헤더웨이의 1987년 연간 보고서에서 투자자들과 공유했다.

당신과 미스터 마켓은 어떤 기업의 동업자다. 미스터 마켓은 매일 당신 앞에 나타나 당신이 가진 주식을 매입할 가격과 자신의 것을 매도할 가격을 제시한다. 당신과 공동 소유인 이 회사의 사업은 안정적이고 예측 가능하게 운영되고 있지만, 미스터 마켓이 제시하는 가격은 다소 불안정하며 자주 예측 불허이다. 어떤 날은 그의 기분이 좋아 낙관적인 태도로 매우 높은 가격을 제시한다. 가령 이자율이 떨어지거나 회사가 높은 실적을 발표하거나 전쟁이 끝나거나 하면 밝은 면만 보기 때문이다. 반대로 그의 기분이 침울해져 비관적인 태도로 바뀌는 날이면 터무니없이 낮은 가격을 제시한다.

그렇다면 당신이 할 일은 무엇인가? 미스터 마켓이 낙관적일 때 낙관적으로 바뀌며, 비관적일 때 비관적으로 돌변하는 것인가? 그레이엄은 미스터 마켓이 투자자들의 심리상태에 의해 단기 주가가 비이성적으로 순식간에 등락을 반복하는 실생활의 주식시장과 유사하다고 믿었다.

그래서 우리 시대의 가장 유명한 투자가 중 한 사람인 워렌 버핏은 자신의 책과 연설에서 예측하는 것에 대한 입장을 분명히 밝혔다. '시간을 낭비하지 마라.' 경기흐름, 이자율, 시장 또는 개별 주가에 상관없이 버핏은 이러한 지표를 예측하는 것이 무의미하다고 믿는다. 하지만 버핏은 미래가 예측 불허라고 말하지 않는다. 미래에 대해 두 가지는 분명하다.

- 시장은 결국 위대한 회사를 높은 주가로 보상할 것이다. 그러나 그것이 언제 일어날지는 아무도 정확하게 모른다.
- 단기 주가는 심리적 요소와 단기 등락을 예측하려는 많은 투기꾼들 때문에 언제나 급변한다.

그러면 워렌 버핏은 어떻게 할까? 그는 위대한 회사들에 투자하고 장기간 보유한다. 그는 단기 가격 변동에는 전혀 신경 쓰지 않는다. 그는 자신이 선택한 위대한 회사들이 결국에는 보상을 해줄 것이라고 확신하기 때문에 꾸준히 기다린다. 사실 버핏은 단기 가격 하락을 위대한 회사의 주식을 자신의 포트폴리오에 더 많이 매입할 수 있는 기회로 생각한다.

  같은 접근 논리가 주식 인덱스 투자에도 적용된다. 다음 그래프는 미국 S&P 500의 장기 추세를 보여준다. 역사는 주식 인덱스가 장기간에 걸쳐 상승하고 있음을 입증해준다. 이것은 인덱스가 여러 기업의 주식들로 채워진 바스켓으로 구성되어 있어 장기간에 걸쳐 실적이 좋은 회사는 더 편입하고 실적이 나쁜 회사는 인덱스에서 제외하기 때문이다. 그러나 인덱스도 개별 종목과 마찬가지로 단기간에는 등락을 반복한다. 1950년부터 1999년에 사이에 S&P 500이 하락했던 해는 11번이었다. 즉, 대략 5년 마다 한 번씩 발생했다. 그래서 만일 이 기간 중 어떤 한 해에 주식을 매수했다면,

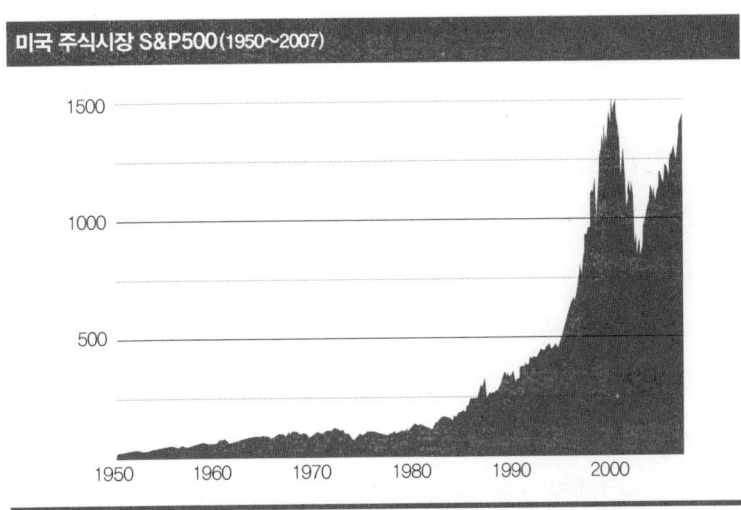
미국 주식시장 S&P500(1950~2007)

- 1년 후에 팔아라, 그러면 승률은 대략 80%다(5년 중 4년). 나쁘지 않지만 여전히 리스크는 비교적 높다.
- 5년 후에 팔아라, 그러면 승률은 85%로 증가한다.
- 10년 후에 팔아라, 그러면 승률은 95%가 된다.
- 25년 후에 팔아라, 그러면 승률은 거의 100%가 된다.

따라서 '언제 매도할 것인가'에 대한 해답은 10~25년 사이의 어느 때가 된다. 워렌 버핏은 사석에서 이렇게 말한 적이 있다. "내가 선호하는 주식의 보유기간은, ……영원하다."

언제 매수할 것인가?

장기간 보유하는 것이 핵심이라면, 매수 시점은 가능한 한 빠를수록 좋다. 매수가 빠를수록 더 오랫동안 돈이 일하게 할 수 있으며 복리로 불려나갈 수 있다. 증시를 예측하고 움직일 수 없다는 이론에 완전히 동의한다면 매수 시점은 다음 하락이 언제인지 알 수 없기 때문에 지금 이 순간이 될 것이다.

그러나 적어도 장이 떨어질 때까지 기다리려는 것이 인간의 본성이다. 지금 당장 급하게 인덱스 펀드를 매수한다면 비싸게 사는 느낌이 들 수도 있다. 매입단가 평준화Dollar cost averaging라고 불리는 (정교하지만 매우 손쉬운) 전략이 있는데, 나는 이 접근이 리스크와 불안을 잠재우는 데 매우 유용하다고 생각한다. 이 전략은 또한 대부분의 경우처럼 투자자금이 충분치 않은 사람들에게, 또는 처음 알게 되어 적은 금액으로 꾸준히 시도해보고자 하는 사람들에게 유용하다.

매입단가 평준화의 개념은 어렵지 않다. 매월 일정 금액을 선택한 인덱스에 투자한다. 가격이 오른 달은 투자한 금액으로 더 작은 주식을 매수할 것이고, 가격이 내린 달은 같은 돈으로 더 많은 주식을 매수할 것이다. 오랜 기간이 지나면, 보유 주식의 평균 매입단가는 시장의 평균 가격보다 낮아진다. 다음 표는 매입단가 평준화 전략을(매월 1백만 원을 투자한다고 가정), 가격과 상관없이 매월 같은 수량의 주식을 매수하는 전략과 비교한 것이다. 이 표는 매입단가 평준화 전략이 어떻게 주당 평균 매입가를 낮춰 더 큰 수익을 실현하는지 보여준다. 사실 최종 주당 가격이 18,000원으로 떨어져도 매입단가 평준화는 여전히 수익을 실현했을 것이다.

매입단가 평준화 전략은 40쪽 표에서 볼 수 있듯이 순간적인 주가 폭락이 가끔 발생한다면 훨씬 더 큰 수익이 가능하다. 사전에 설정된 일정 투자금으로 이 시간 동안 더 많은 주식을 매수함으로써, 주당 평균 매입가를 낮추며 주가가 회복될 때 장기적으로 수익을 증가시키기 때문이다. 그러므로 매입단가 평준화 전략을 활용할 때는 하락세 장을 잘 참아내야 한다. 강세 장만 고수한다면 이 전략의 혜택은 제한적일 수밖에 없다.

매입단가 평준화 예 1(단위 : 만 원)								
	1월	2월	3월	4월	5월	6월	합계	주당 매입단가
주당 시장가격	2.0	1.8	1.6	1.6	1.8	2.1		1,817
일정수량 매입	50	50	50	50	50	50	300	1,817
투자금액	100	90	80	80	90	105	545	
매입단가 평준화 전략 매입	50	56	63	63	56	48	334	
투자금액	100	100	100	100	100	100	600	1,798

다시 한 번 꼭 강조하고 싶은 것은 모든 투자에는 항상 리스크가 따른다는 점이다. 확실히 매입단가 평준화는 장기간에 걸친 주식 가치의 상승(또는 기껏해야 약간의 하락)을 전제하고 있다. 이 사실은 과거나 지금이나 항상 진실이었지만, 결코 회복될 수 없는 시장 조정 국면에 처할 조짐이 있는 과열 국면이나 신생 증시에는 적용되지 않을 수도 있다.

매입단가 평준화 예 2(단위 : 만 원)

	1월	2월	3월	4월	5월	6월	합계	주당 매입단가
주당 시장가격	2.0	1.8	0.5	0.5	1.8	2.1		1,817
일정수량 매입	50	50	50	50	50	50	300	1,450
투자금액	100	90	25	25	90	105	435	
매입단가 평준화 전략 매입	50	56	200	200	56	48	334	
투자금액	100	100	100	100	100	100	600	0.986

2

협상으로 얻어낼 수 있는 모든 것

HARVARD BUSINESS SCHOOL CONFIDENTIAL

상대방이 원하는 것을 구체적으로 파악하라

좋든 싫든 우리는 모두 협상가로서 인생을 헤쳐 나아가야 한다. 협상은 우리 생활의 질을 좌우하는 결정적 요소다. 정부는 국가 간 협약을 협상하며 기업은 사업 파트너와 계약조건을 협상하고 직원은 고용주와 연봉을 협상한다. 사람들은 집, 차, 심지어 길거리에서 티셔츠 하나를 구입할 때에도 협상을 한다. 아이들과 밤에 몇 시까지 깨어 있어도 되는지 협상해야 하고, 배우자와 얼마나 자주 친인척을 찾아뵐 것인지도 협상한다. 협상은 서로가 상반된 이해관계에 놓일 때 해결책을 찾기 위해 필요한 기본 도구다. HBS에서는 학생들의 협상 기술 향상에 많은 시간을 배정한다.

이 장에서는 HBS에서 배웠던 협상의 주요 개념들을 당신의 삶에 적용할 수 있을 만큼 집약적으로 살펴볼 것이다. 이 개념들은 나의 개인적인 생활과 직장생활에 매우 유용했다. 상대의 실질적 이해관계와 합의가 어려울 때 선택할 수 있는 최선의 대안을 파악하는 것은, 게임의 틀을 바꾸고 협상 내용을 조정하는 데 있어 매우 중요하다. 일단 이 단계가 준비되었다면 상대의 합의를 이끌어내기 위한 기술로 '경청하기'와 '황금의 다리'를 알려줄 것이다.

다음 이야기는 협상의 쟁점을 무엇으로 삼느냐가 얼마나 중요한지 보여준다.

수년 전에 중국이 세계무역기구(WTO) 가입 문제를 놓고 협상할 때, 개발도상국으로 가입해야 하는지, 아니면 선진국으로 가입해야 하는지가 중요 쟁점으로 떠올랐다. 중국은 개발도상국으로 가입할 것을 주장했지만 다른 나라들은 동의하지 않았다. 이 두 가지 입장은 양립 불가능한 것이어서 어느 한 쪽이 뜻을 굽혀야만 될 것처럼 보였다. 그러나 양측이 이러한 입장 이면에 있는 상대의 이해관계를 파악하자 해결안이 나올 수 있었다. 중국이 개발도상국으로 가입하고자 했던 것은, 시장개방 확대를 늦출 수 있고 특정 영역에 대해 더 많은 정부 지원금이 허용되는 혜택 조항들이 있기 때문이었다. 즉 자국의 이익을 보호하기 위해서였다. 상대측이 이러한 점을 이해하고 나자, 협상의 초점은 개발도상국이냐 선진국이냐를 논하는 대신 시장개방 속도와 정부 보조금 지원 영역으로 바뀌었다. WTO 회원국들과 중국은 개발도상국인지 또는 선진국인지에 따라 세워진 표준 조항을 고수하는 대신, 각 영역에서 중국 경제의 특수성을 고려한 별도 조항들을 만들어 합의에 도달할 수 있었다.

또 다른 예는 협상에 관한 많은 책에서 자주 인용되는 사건이다.

1978년, 이집트 대통령 사다트(Sadat)와 이스라엘 수상 베긴(Begin)이 평화조약 협상을 위해 캠프 데이비드(Camp David)에서 만났다. 그들은 국경획정 문제에 대해 합의해야 했지만, 두 나라의 입장이 상반되었기 때문에 교섭은 교착상태에 빠졌다. 양측은 두 나라 사이에 위치한 시나이(Sinai) 반도를 원했다. 국경이 어떻게 획정되어 있고 다시 획정되든지 간에 해결책은 나올 수 없어 보였다.

그러나 양측이 이러한 입장 이면에 내재되어 있는 상대의 이해관계를 구체적으로 파악하기 시작하자 해결책을 찾을 수 있었다. 이집트는 주권을 원했다. 시나이 반도는 고대 시대부터 계속 이집트에 속한 영역이기 때문이었다. 그러나 이스라엘은 시나이 반도에 대한 주권에는 관심이 없었다. 그들은 이집트 군대가 실제로 이스라엘 국경에 근접하여 주둔하는 것을 원치 않았기 때문에 시나이를 원했다. 즉 시나이 반도가 이집트 국경과 이스라엘 국경 간의 완충 지역이 되기를 원했다.

따라서 두 나라의 입장 차이는 상반된 것이었지만, 쌍방의 이해관계는 양립 불가능한 것이 아니었다. 결국 해결안이 성공적으로 도출되었다. 시나이 반도는 이집트의 완전한 주권 아래 반환되었지만, 대부분 비무장화시켜 이스라엘에게는 군사적 완충 지역이 되었다.

이 두 가지 사례를 통해 상대의 이해관계를 파악하는 것이 중요하다는 것을 알 수 있다. 협상이란 양측의 이해관계를 최대한 만족시켜 서로 윈-윈 할 수 있는 해결안을 모색해가는 과정이다. 상대의 이해관계를 제대로 알지 못하면 '포지션 협상position negotiation'으로 끝난다. 각 측이 상반된 입장(중국은 개발도상국으로 WTO 가입을 원했고 다른 회원국들은 선진국으로 가입해야 한다고 주장함)을 고수한다면 협상은 제로섬 게임zero-sum game이 되는 것이다. 제로섬 게임에서는 오직 상대가 굴복할 때에만 협상에서 이길 수 있다.

'포지션 협상'의 약점을 드러내어 자주 회자되는 유명한 일화가 있다. 존. F 케네디John F. Kennedy가 대통령이던 시절, 미국과 소비에트공화국 간의 핵실험 금지 회담에서 양측은 핵실험 금지조약을 맺자는 데 동의했다. 이것은 냉전 시대를 감안하면 상당한 진전이었다. 그러나 금지조약 이행을 확인하기 위해 양측은, 상대방 국가의 영토에 들어가 의심되는 지진 발생에 대해 조사할 수 있도록 허용하는 현지 시찰의 연간 횟수에 대해 합의해야 했다. 미국은 연간 10회 이상의 시찰을 원했지만, 소련은 고작 3회만을 고집했다. 두 나라의 입장 차이는 좁혀지지 않았고 결국 회담은 결렬되었다.

몇 년 후 협상 전문가들은 만일 양측이 자신들의 입장을 옆으로 제쳐두고, 두 나라 상호간에 수용 가능한 '시찰'이란 것이 구체적으로 무엇을 의미하는지 알아내는 노력을 했다면, 이 협약은 이루어졌을 것이라고 안타까워했다. 전문가들은 그 당시 협상가들이 '시찰'이 포괄하는 의미에 대해 한 번도 명확히 한 적이 없었음을 지적했다. 작은 규모의 시찰단이 상대방 국가에 가서 제한된 특정 시간 내에 의심되는 지진 발생에 대한 조사만 하는 것인지, 수백 명 규모의 시찰단이 오랜 기간 머물면서 자유로운 시찰을 하도록 허용하는 것인지 명확하지 않았다. 많은 협상 전문가들은 시찰 안내 지침서와 절차가 명확하게 정의되어, 금지조약의 효과적 시행과 국가적 안보라는 이해가 균형을 이룰 수 있었다면 성공적인 합의안이 도출되었을 것이라고 생각했다.

그렇다면 상대의 이해관계를 어떻게 파악할 수 있을까? '물어보고 주의 깊게 들어보라.' 답은 아주 간단하지만 실천하기란 쉽지 않다. 상대방을 잘 알고 있는 다른 사람들에게 물어보거나 유사 사례를 찾아 벤치마킹을 하라. 상대에게 직접 물어봐도 된다. 대부분의 경우 상대의 이해관계를 알아내는 것은 기밀 사항이 아니다. 상대는 오히려 자신들에게 무엇이 중요하고 무엇이 중요하지 않은지 적극적으로 얘기해줄 수 있다.

    다른 사람들에게 묻는 것 외에 자신을 상대방의 입장에 놓고 스스로 물어보라. "그들은 왜 이것을 요구하는 것일까? 왜 그들은 내가 제안한 것에 합의하지 않는 것일까? 내가 그들의 입장이라면 내가 원하는 것은, 그리고 원하지 않는 것은 무엇일까?" 여기에 대한 실마리는 마이크로소프트 사가 1996년 '브라우저 전쟁'에서 어떻게 승리했는지 살펴보면 찾을 수 있다.

    그 당시, 네스케이프 사와 마이크로소프트 사는 모두 AOL과 브라우저 파트너가 되기 위해 협상 중이었다. 네스케이프는 기술에 있어서 선두를 달리고 있었고, 마이크로소프트는 기술적인 면에서 상대적으로 뒤떨어져 있었다. 그래서 마이크로소프트는 협상의 초점을 기술에 맞추는 대신 AOL에게 훨씬 더 중요한 '매력적인 요인'을 찾아냈다. 마이크로소프트는 AOL 아이콘을 윈도우 데스크 탑 화면에 AOL과 직접적 경쟁 관계에 있는 마이크로소프트 자체 온라인 서비스인 MSN 아이콘 바로 우측에 배치할 것을 제안했다. 마이크로소프트는 기술에 대한 '빤한 관심사'에 초점을 맞추지 않고 상대의 관점에서 생각함으로써 상대방에게 훨씬 더 중요한 이득이 무엇인지 알아냈던 것이다.

    그러나 많은 상황들이 협상 가능하다고 해서 언제나 협상을 해야 함을 의미하지는 않는다. 협상하기로 선택을 했더라도 언제나 반드시 '실질적 이해관계' 접근법을 활용할 필요는 없다. 때로는 주고받기 식의 포지션 협상만으로도 충분하다. 왜냐하면 실질적 이해관계 협상은 포지션 협상보다 더 많은 시간과 노력이 필요하기 때문이다.

    실질적 이해관계를 탐색하는 데 시간과 공을 들일 가치가 있는가? 그 부분에 대해 사람마다 각양각색의 의견이 있다. 나는 정찰가제도가 확립되지 않은 개발도상국으로 휴가를 가면, 거리의 상인들과 가격 흥정하기를 즐긴다. 심지어 2~3달러 밖에 하지 않는 물건에도 값을 깎으려는 노력을 하는데, 이유는 단지 비싸게 사고 싶지 않기 때문이다. 나는 사기 당하고 싶지 않다. 그래서 들이는 내 시간과 노력이 아깝지 않은데, 나의 남편은 그런 흥정을 견디기 어려워한다. 그는 그렇게 쏟을 시간과 노력이라면 다른 곳에 더 가치 있게 쓸 수 있다고 생각하기 때문이다. 즉 협상에서 실질적 이해관계를 파악하기 위해 시간과 노력을 들이는 일이 과연 가치 있는 선택인지는 바로 자신이 결정해야 한다.

BATNA : 선택할 수 있는 최선의 대안

실질적 이해관계 접근법은 윈-윈 합의에 도달하는 데 반드시 필요하다. '선택할 수 있는 최선의 대안BATNA, Best Alternative to a Negotiated Agreement'의 중요성을 이해하는 것은 자신의 입장에서 승리를 극대화하는 데 도움이 된다. 협상에서 유리한 고지는 각 당사자가 얼마나 크고 힘이 있는지가 아닌, 어느 쪽이 최선의 대안BATNA을 가지고 있는지에 달려 있다. 협상이 결렬되거나 생각대로 되지 않을 때, 어느 쪽이 협상 없이도 취할 수 있는 더 나은 대안 카드를 보유하고 있는가?

배트나BATNA의 위력은 일상의 삶에서 찾아볼 수 있다. 공급이 수요보다 적을 때, 판매자는 강력한 배트나BATNA를 가지게 된다. 판매자가 가격에 합의하지 않으면, 대부분의 고객들은 판매자가 제시한 가격에 따를 것이다. 경기 침체로 공급이 수요보다 많을 때에는 구매자가 더 큰 힘을 가지게 된다. 그들은 원하는 가격에 살 수 없다면, 언제라도 다른 판매자로부터 구입할 수 있다. 어린 아이조차도 배트나BATNA를 이해하고 있다. 식당에서 큰소리로 울음을 터뜨리면, 그들은 직관적으로 부모가 자신의 요구를 들어줄 수밖에 없다는 것을, 그렇지 않으면 부모가 더 큰 당혹감과 불편함을 감수해야 한다는 것을 알고 있다.

배트나BATNA의 위력은 조금 더 복잡한 비즈니스 상황에서도 볼 수 있다. 1990년대 초반 영국의 위성 텔레비전 시장을 지배하기 위해 스카이 TV과 브리티시 위성방송BSB, British Satellite Broadcasting 간에 벌어진 전쟁을 들 수 있다. 두 회사가 시장에 남아 격렬한 경쟁을 계속 했다면, 양쪽 모두 패배하는 상황이 되었을 것이다. 만일 한 회사가 시장에서 퇴각하는 조건으로 상대 회사에게 대가를 요구하는 협상을 할 수 있었다면 서로 윈-윈 할 수 있을 것이다.

만약 이들이 재무적 추정치를 바탕으로 협상했다면 어떻게 되었을까?

만일 한 회사가 시장에서 퇴각하는 조건으로 상대 회사에 대가를 요구하여 그들이 협상할 수 있다면 서로 윈-윈 할 수 있을 것이다. 그러나 이 사례에서 어느 회사가 더 유력한 협상 포지션을 점할 수 있을까? 어떤 사람은 스카이 TV라고 말할 것이다.(48쪽 표 참고) BSB가 시장에서 퇴각하지 않더라도 스카이 TV는 7억 파운드의 수익을 낼 수 있기 때문이다. BSB는 스카이 TV가 시장에 존속할 경우 약 1억 8천~1억 9천 파운드의 손실을 입기 때문에 더 약한 입장에 있다. 그래서 BSB는 스카이 TV가 시장에서 퇴각하도록 협상해야 한다. 그러나 배트나BATNA를 더 주의 깊게 살펴보면 그것은 진실이 아니다.

협상이 결렬되어 두 회사 모두 위성 텔레비전 시장에 뛰어들었을 때 각 회사가 취할 수 있는 옵션을 비교해보라. 두 회사가 함께 경쟁한다면 BSB 측 입장에서는 경쟁을 하든 포기하든 1억 8천~1억 9천 파운드 손실을 겪게 되

	BSB(경쟁 선택)	BSB(포기 선택)
스카이 TV (경쟁 선택)	BSB £1억9천 손실 스카이 TV £7억 수익	BSB £1억8천 손실 스카이 약 £30억 수익
스카이 TV (포기 선택)	BSB £20억 수익 스카이 TV £7천만 손실	두 회사가 포기하는 일 없음

지만 그 차이는 비교적 미미하다. 따라서 BSB는 만일 스카이 TV가 경쟁하기로 결정하더라도 경쟁할 것인지 포기할 것인지 선택하는 데 있어 유연한 입장을 취할 수 있다. 강력한 배트나BATNA를 가진 것이다.

만약 BSB가 포기하지 않고 경쟁하기로 결정한다면, 스카이 TV 측 입장에서는 포기를 하면 7천만 파운드의 손실을 입지만 같이 경쟁하면 7억 파운드의 수익을 올릴 수 있다. 스카이 TV는 경쟁하는 것 외에 선택의 여지가 없다. 경쟁을 해야 한다면, BSB의 시장 포기를 조건으로 한 거래 협상이 성사될 경우, 스카이 TV는 상당한 수익(7~30억 파운드)을 올릴 것이다. 사실 이론적으로 BSB가 미리 충분히 검토해서 스카이 TV의 배트나BATNA를 파악한다면, 스카이 TV는 BSB의 시장 포기 조건으로 23억 파운드에 달하는 금액까지도 지불할 용의가 있다는 점을 알 수 있다.

결국 스카이 TV는 BSB에 값을 치르고 시장에서 물러나게 했다. 즉 양측이 취할 수 있는 배트나BATNA는 다소 고정된 면이 있는 것 같지만, 많은 경우 배트나BATNA는 바뀔 수 있다. 다음은 배트나BATNA를 바꿀 수 있는 가장 효과적인 방법들이다.

- 경쟁을 유발하여 자신의 배트나BATNA를 개선하라.

- 합의가 되지 않을 경우 부정적 결과로 상대를 위협할 수 있는 인물들을 참여시킴으로써 상대의 배트나BATNA를 약화시켜라.
- 다수의 배트나BATNA를 한 팀으로 만들어 상대의 배트나BATNA를 약화시켜라.

경쟁을 유발하라

이것은 직관적인 것이다. 판매자는 선택할 수 있는 구매자가 많기를 원하고, 구매자는 선택할 수 있는 판매자가 많기를 원한다. 〈밀레니엄 제약의 전략적 협상 방식Strategic deal-making at Millennium Pharmaceuticals〉이라는 HBS 케이스에서 영업총괄 책임자였던 스티브 홀츠만Steve Holtzman은 회사의 협상 전략이 어떻게 작은 신생 기업을 10년도 되지 않아 수십 억 달러에 달하는 회사로 성장시킬 수 있었는지 설명한다.

누군가와 거래 가능성이 있다고 생각이 들 때마다 우리는 6명의 다른 사람들을 즉시 소집한다. 그들 각자의 의견을 조정하는 것은 쉬운 일이 아니다. 그러나 첫째, 그러한 과정은 거래 상대에 대한 인식을 바꿔줄 것이다. 둘째, 자기 자신에 대한 인식을 바꿔줄 것이다. 흥미를 보이는 다른 사람들이 있다는 것을 믿는다면, 당신의 허세는 더 이상 허세가 아니라 실제가 된다. 완전히 다른 수준의 신념으로 이해하게 될 것이다.

몇 해 전에, 내가 가지고 있던 작은 투자 펀드 앞으로 홍콩의 토지 개발 입찰 건에 참가해달라는 요청이 왔다. 자산 매력도는 보통 정도 밖에 안 되는데 승률은 매우 낮았다. 업계 1위의 부동산 회사 중 한 곳(C사)이 개발 입찰을 따내기 위해 출사표를 던졌기 때문이다. 그래서 우리는 시간과 자원을 들여가며 높은 수준의 입찰 제안서를 만들어야 하는 이유를 찾을 수 없었다. 판매자를 불러 참가를 취소하려고 했을 때, 판매자는 우리가 입찰을 따내지 못할 경우 우리가 공들였던 제안 작업에 대해 보상을 하겠다는 제의를 해왔다. 그때 우리는 우리가 판매자의 유리한 협상카드, 즉 배트나BATNA로 활용되고 있다는 것을 깨달았다. C사가 입찰을 꼭 따내겠다는 의지를 표명해서 어떤 회사도 그 경쟁에 인적·시간적 자원을 낭비하고 싶어 하지 않았다.

경쟁 유발을 통한 배트나BATNA 개선의 또 다른 예를 살펴보자. 스탠퍼드를 졸업하자마자 나는 보스턴 컨설팅 그룹BCG, Boston Consulting Group에 면접을 봤고 입사 제의를 받았다. 입사 조건은 일반적 수준이었다. BCG는 내가 제일 원했던 곳이기 때문에 나는 다른 회사의 면접 일정을 취소하려고 생각했다. 하지만 얼마 지나지 않아 컨설팅 업계에서 일하는 스탠퍼드 동문을 통해, 핵심적인 계약 내용은 바꿀 수 없더라도 근무지나 멘토 배정과 같은 다른 사항들은 협상할 수 있다는 것을 알게 되었다. 일반적으로 지원자가 다른 회사로부터 더 나은 조건의 입사 제의를 받을수록 컨설팅 회사는 그 지원자를 얻기 위해 더 나은 조건을 제시하게 된다. 그 사실을 알았을 때, 나는 재빨리 전략을 바꿔 다른 회사의 면접에도 열심히 임했고 BCG에 그 사실을 교묘하게 암시했다.

상대를 약화시켜라

합의가 성사되지 않는다면, 부정적인 결과로 상대를 위협할 수 있는 사람들을 참여시키는 것도 도움이 될 수 있다. BCG에서 일할 때, 시그램Seagram 사는 나의 고객사 중 하나였다. 나는 그 회사의 전 CEO인 에드가 브론프만Edgar Bronfman이 스위스 은행을 상대로 한 매우 까다로운 협상에서 승리한 이야기를 여러 번 들은 적이 있다.

시그램Seagram의 전 CEO 이자 세계유태인의회World Jewish Congress 회장인 에드가 브론프만이 처음으로 스위스 은행과 교섭하여, 2차 세계대전 이후 부당하게 보유해오고 있는 홀로코스트Holocaust 희생자들의 자산을 그들의 유족들에게 보상하라고 요구했을 때, 그는 넘을 수 없는 큰 장벽을 느꼈다. 스위스 은행의 임원들은 브론프만의 요구가 아무런 근거 없는 주장이라고 일축했다. 몇 해 전 유태인의 자산 배상 문제가 법적으로 해결되었기 때문에 자신들이 확고한 우위에 있다고 믿었기 때문이다. 브론프만과 세계유태인의회, 또 그 밖의 사람들이 8개월 동안 로비활동을 전개하자 협상은 극적으로 진전되어 스위스 은행이 손실을 입기에 이르렀다. 은행은 사실상 이해관계의 갈등으로 나타나는 이익 연합coalition of interests의 공세에 직면하였고, 그것은 미국 캘리포니아나 뉴욕과 같은 곳에서 수익을 내고 있던 공공 금융업 부문의 스위스 지분에 확실한 위협 요소로 작용했던 것이다. 그들은 모든 스위스 기업들 뿐 아니라 스위스 은행에 투자된 거대한 미국 연금 주식펀드로부터 기업 분할의 위협을 받았다. 무엇보다 미국의 가장 상대하기 힘든 집단소송 전문 변호사들이 제기한 소송으로 막대한 비용과 업무 지연이 발생하고 있었다. 중재에 적극적이었던 미국 정부의 불만도 쌓여만 갔다.

 스위스 은행은 암담한 배트나BATNA 앞에서 결국 굴복했고, 양 측은 스위스 은행이 생존자들에게 12억 5천 달러를 지급해야 한다는 서약이 담긴 합의를 이룰 수 있었다. 그것은 '스위스 은행이 모든 카드를 다 쥔 것처럼 보이던' 협상의 초기 단계에서는 상상할 수 없었던 성과였다.

다수의 배트나BATNA를 한 팀으로 만들어라

'클럽 딜club deals'이라는 말을 들어본 적이 있는가? 이것은 투자 업계에서 뜨거운 이슈였다. 클럽 딜club deals은 몇 개의 투자회사가 서로 경쟁하기보다는 공동으로 인수 목표 회사의 입찰에 참가하는 것을 의미한다. 이로써 매각 회사가 취할 수 있는 배트나BATNA의 폭을 좁히는 효과를 얻을 수 있다. 그러한 움직임을 차단하기 위해 GE와 같은 회사는 자사의 플라스틱 사업부를 100억 달러 정도에 인수할 회사를 찾으면서 클럽 딜에게는 매각하지 않겠다고 공표하기도 했다. 어떤 나라에서는 클럽 딜이 독점 금지법 위반에 해당할 수도 있기 때문에 주의가 필요하다(클럽 딜을 옹호하는 것은 아니다).

배트나BATNA는 협상을 통해 얻어낼 수 있는 것의 크기를 정하는 데 결정적인 역할을 하고, 배트나BATNA를 바꿀 수 있는 방법은 다양하기 때문에 시간과 자원을 들여 상황을 정확히 파악하는 일이 무엇보다도 중요하다. 경영 구루이며 베스트셀러 작가인 톰 피터스Tom Peters도 '가장 잘 준비된 사람이 이긴다! 경쟁자보다 더 많이 공부하고 더 많이 읽고 더 많이 조사하라' 그리고 '상대보다 더 많이 알고 있으면 더 많은 것을 얻는다'라고 조언하지 않았는가.

게임의 틀을 역전시켜라

한 젊은 남자가 목사에게 물었다. "기도 중에 담배를 피워도 될까요?" 목사는 언짢아하며 "당연히 안 되지요"라고 말했다. 다른 젊은 남자가 같은 목사에게 물었다. "담배를 피우면서도 기도해도 될까요?" 목사는 대답했다, "그럼. 자네는 착한 젊은이군."

1912년, 미국 대통령 테오도르 루즈벨트Theodore Roosevelt가 재선을 위한 선거운동을 하고 있을 때, 그의 선거 사무소에서 팸플릿을 만들었다. 그 팸플릿에는 선거 공약과 함께 대통령의 사진이 함께 실렸다. 3백만 장을 인쇄했는데,

배포 예정일을 며칠 앞두고 선거 준비단은 그 사진을 사용할 권한이 자신들에게 없음을 알게 되었다. 그 사용권은 개인이 운영하는 스튜디오(X 스튜디오라고 하자)에 있었다. 다시 인쇄를 할 시간도 없었다.

이 문제 해결을 위한 첫 번째 대응은 가능한 한 빨리 대리인을 파견하여 X 스튜디오와 협상을 하는 것이다. 하지만 이 방법을 택했다면 저작권법에 의해 저작권 소유자가 장당 1달러까지 대가를 요구할 수 있기 때문에 수백만 달러의 비용이 발생했을 것이다. 선거 사무소가 어떻게 이 문제를 해결했을까? 그들은 다음과 같은 내용의 전보를 X 스튜디오에 보냈다. '선거 연설문에 당신의 사진을 함께 실어 3백만 장을 인쇄할 계획입니다. 이런 기회에 얼마를 지불하시겠습니까?' X 스튜디오에서 빠른 회신이 왔다. '기회는 감사하지만 제 사정상 250달러 이상은 드릴 수 없습니다.' 선거사무소는 역발상으로 돈을 지불해야 할 상황에서 오히려 돈을 벌 수 있었다.

이 두 개의 이야기는 게임의 틀을 바꾸는 것$_{reframing}$의 위력을 보여준다. 상황을 다르게 인식함으로써 우위를 점하는 것이다. 이 방법은 게임의 틀을 바꿔 협상 상대의 이해관계에 호감을 줄 수 있다면 아주 효과적이다. 여기에는 두 가지 방법이 있다. 상황의 전후 관계를 바꾸거나, 상황의 의미를 바꾸는 것이다. 상황의 틀을 바꾸는 것은 일어난 행위와 사건은 그대로이지만 다른 관점에서 바라보는 것이다. '담배와 기도' 이야기는 상황인식의 틀을 바꾼 경우다. 기도하며 동시에 담배를 피우는 행위 자체는 변하지 않았지만 그 행위가 일어나는 상황에 대한 인식은 다르다. 담배를 피우는 중에 다른 행위가 일어나는가, 아니면 기도하는 중에 다른 행위가 일어나는가.

루즈벨트 대통령의 팸플릿에 관한 일화는 '의미의 틀을 바꾸는 것$_{meaning\ reframing}$'이다. 의미의 틀을 바꾼다는 것은 상황 자체는 그대로 두고 그것이 의미하는 바를 바꾸는 것이다. 이 사례에서 상황은 선거 준비단이 X 스튜디오의 사진을 사용하고자 했던 것이다. 그러나 X 스튜디오 입장에서 볼 때, 이 상황은 매우 다르게 해석될 수 있었다. 하나는 자기 소유의 사진을 사용하길 원하는 또 한 명의 고객으로 바라보는 것이다. 그래서 선거 사무소에 사용권을 허가하며 비용을 요구하는 것이 당연한 반응일 것이다. 하지만 선거 사무소는 X 스튜디오가 상황을 다르게 해석하도록 만들었다. 그 상황이 X스튜디오에게 주어진 특권이며 마케팅 기회라고 느끼게 한 것이다. 그래서 이 특별한 기회에 얼마를 지불할 용의가 있는지 묻는 것으로 상황을 역전시켰다. 이것이 의미의 틀을 바꾸는 것이다.

마음을 다하여 경청하라

경청은 상대의 현재 관심사나 배트나BATNA와 같은 중요한 정보를 얻는 데 도움이 된다. 또한 상대가 말하는 것을 잘 들어주고 또 그 내용을 이해하고 있음을 상대가 느낄 수 있다면, 긍정적인 분위기를 유도하고 적극적인 관계를 맺는 데 도움이 된다. 협상에서 가장 강력하고 전략적인 처세 중 하나는 상대에게 주의 깊게 듣고 있으며 이해하고 있음을 보여주는 것이다. 이것은 개인적인 삶이나 비즈니스 현장에 모두 적용이 가능하다. 그러나 경청하고 이해하는 것이 동의를 뜻하진 않는다는 점에 주의해야 한다. 사실 경청을 하게 되면, 상대의 논점을 효과적으로 반박할 수 있을 만큼 그것에 대해 꿰뚫게 되기 때문에 대부분의 경우 상대가 동의할 수밖에 없는 공격 수단을 내놓을 수 있다. 상대의 말을 기울여 듣고 잘 이해하고 있음을 상대가 느낄 수 있도록 하기 위해 세 가지 기술을 활용할 수 있다.

첫째, 마음을 다하여 경청하라. 상대방이 말하는 동안, 그 내용이 반복적이고 논리가 없으며 길고 지루할지라도 반박하거나 오류를 바로잡기 위해 머릿속으로 애쓰지 마라.

둘째, 다른 말로 바꾸어 말하라. 들은 내용을 긍정적이고, 위압적이지 않은 방식으로 다시 말하라. 활용할 수 있는 주요 구문들은 다음과 같다. "당신이 그렇게 생각하게 된 배경을 알 것 같아요. 실수 없이 잘 이해했는지 제가 다시 설명해보면……" "당신이 얘기하고 싶은 것은 ……라고 생각해요. 제가 맞나요?" "당신의 논점을 알겠어요. 당신은 ……을 말한 거죠. 제가 이해한 것이 맞나요?" 긍정적인 방식으로 바꾸어 말할 때, 상대방은 자신의 말이 잘 경청되고 있음을 느끼게 된다.

셋째, 상대가 자신의 논점을 명확히 하는 데 도움이 되는 질문을 하라. 상대가 자신의 논점을 명확히 할 수 있도록 도와주어라. 그러면 상대는 진심으로 당신이 자기의 말을 이해하길 원한다고 느끼게 된다. 때론 이러한 질문을 통해 상대는 자신의 주장에 약점이 있음을 알게 된다. 질문은 반드시 다음과 같이 틀을 갖춰 기술적으로 해야 한다. "제가 이해하기에 그 부분은 혼동스럽습니다. 좀 더 상세히 말씀해주시겠습니까?" "제가 맞게 이해한 것이라면, 당신은 XXX를 말씀하시는 것 같습니다. 그러면 YYY에 대해선 어떻게 생각하십니까?"

상대방에게 황금 다리를 놓아주라

'황금의 다리 놓기'는 협상 과정에서 또 하나의 중요 개념이다. 상대방이 처음의 입장에서 물러나거나 합의를 할 때, 체면을 잃지 않게 도와주는 것을 의미한다(체면 살려주기에 대한 개념은 《YES를 이끌어내는 협상법》이라는 책에 잘 설명되어 있다). 영어로 '체면을 살린다 face-saving'라는 말은 경멸적으로 다가온다. 체면을 살려준다는 것은 상대가 기분 상해하지 않고 잘 지낼 수 있도록 하기 위한 거짓된 모습이라고 생각하기 때문이다. 하지만 이것은 체면 살리기의 역할과 중요성을 오해하고 있는 것이다. 체면 살리기는 협상이나 합의에서 취하는 입장이 자신의 원칙이나 과거의 말과 행동에 조화를 이루어야 할 개인의 필요성을 의미한다. 이러한 조화를 이끌어내는 수단을 '황금의 다리'라고 한다.

협상에서 빈번히 사람들이 합의를 계속 미루는 것은 협상 제안을 본래부터 수용할 수 없어서가 아니라, 단순히 처음의 입장에서 물러난다는 느낌과 모양새를 피하고 싶기 때문이다. 협상 내용을 다르게 표현해서 결과가 서로에게 손해보는 것이 아닌 것처럼 보일 수 있다면 상대는 그것을 받아들일 것이다.

체면은 다른 사람에게 보여주고 싶은 나의 모습이다. 힘겨운 협상으로 상대의 체면을 깎게 되는 것이 신경 쓰일 때, 자신이 얻어낸 결과뿐만 아니라 상대방에 대해서도 최고의 가치와 위엄을 부여하며 표현해야 한다.

'모든 작용에는 반작용이 있다'라는 물리 법칙을 항상 기억하라. 이것의 요지를 버나드 바루흐 Bernard Baruch는 다음과 같은 말로 표현했다. '두 가지가 심장에 좋지 않다. 계단을 뛰어 올라가는 것과 사람들을 깎아 내리는 것.'

상대의 체면을 살려주는 일은 협상에서 매우 중요하다. 그러므로 황금의 다리를 놓아주라. 체면을 세워주면서 합의를 이끌어낼 수 있는 방법이 있음을 명심하라.

3

HARVARD BUSINESS SCHOOL CONFIDENTIAL

3%의 커넥터와 통하였느냐

왜 네트워크인가

모든 사람들이 네트워크, 또는 '관계(關係)'의 중요성을 어느 정도 알고 있다. 우리는 상황에 적합한 사람들을 잘 알지 못하면 업무를 수행하거나 고객을 찾아야 할 때, 판매를 해야 하거나 새로운 일에 적응해야 할 때, 또는 적합한 사람을 채용하려고 할 때 어려움을 겪게 된다. 윤리적인 의사나 유능한 변호사를 만나는 일, 또는 좋은 거래 조건의 부동산 매물을 찾거나 좋은 유치원을 발견하는 것과 같은 개인적인 일에서도 마찬가지다. 하비 맥케이 Harvey Mackay가 말했듯이 '아주 똑똑하고 재능이 있어도 사람은 혼자서 아무것도 할 수 없다.'

미국의 수많은 연구 논문들은 네트워크가 일상의 작은 일들에서뿐만 아니라, 비즈니스에서도 중요하다는 것을 뒷받침한다. 미국의 백만장자 733명에 대한 설문조사에서 거의 모든 응답자(94%)가 '좋은 대인관계(네트워크)'를 자신의 중요한 성공 요인이라고 밝혔다. 같은 조사에서 31%만이 높은 IQ나 지적능력이 매우 중요하다고 응답했다.

　하버드에서 박사 학위를 받은 사회학자 마크 그라노베터Mark Granovertter는 미국의 수백 명의 직장인들과 기술자들을 대상으로 지금의 일자리를 얻게 된 경위에 대해 인터뷰를 했다. 그 중 56%가 개인적인 인간관계를 통해 일자리를 얻게 되었다고 답했다.

　사회적 연결망을 형성하는 것은 비단 비즈니스에서만 중요한 것이 아니다. 로버트 켈리Robert Kelley와 주디스 캐플런Judith Caplan은 1993년 하버드 비즈니스 리뷰에 실은 글에서, 한 실험 연구소의 엔지니어들을 대상으로 동료들 사이에서 '스타'라는 칭호를 받는 15~20%의 연구원들과 평균적인 연구원들을 구별하는 결정적인 속성이 무엇인지 밝혀냈다. 그들은 가장 중요한 요인 중 하나로 '주요 인물들과의 친분'을 꼽았다. 스타 연구원들은 시간을 들여 자신의 일에 도움이 되는 사람들과 좋은 관계를 쌓았기 때문에 그들이 일을 맡으면 더 순조롭게 처리되는 것으로 드러났다. 이러한 점은 과학적으로 또는 학문적으로 탁월한 슈퍼스타들이 자기 전공 분야에서만 뛰어나면 됐지, 네트워킹은 중요하지 않을 것이라는 일반적인 믿음과 반대된다. 오늘날에는 하비 맥케이가 말했듯이 '네트워킹이 로켓 과학은 아니지만 그것은 로켓 과학자들에게도 효과적이다.' 그들은 다음과 같은 이유로 네트워킹을 해야 한다.

- 연구 기금의 출처나 자금 관리자가 누구인지 알아내어 차지하기 위해
- 저널에 자신의 연구결과를 발표하여 이름을 알릴 수 있는지 알기 위해
- 최신 연구결과를 알아내고 가능한 시너지를 최대한 활용하기 위해

사실 많은 사람들이 하버드 비즈니스 스쿨을 가는 중요한 이유로 학업을 통해 배우는 것이 아니라 HBS 동문 네트워크에 소속되기 위해서라고 말한다. 2007년에 발표된 한 보고서에서, 1990년부터 2006년까지 미국의 전체 투자 자산 중 85%를 연구 조사하여 다음의 결과를 밝혀냈다.

- 뮤추얼 펀드 매니저들은 인맥이 아예 없는 회사보다는 대학교나 대학원 동문이 운영하는 회사에 더 많은 돈을 투자했다.
- 평균적으로 학연이 개입된 투자가 그렇지 않은 투자보다 실적이 상당 부분 더 좋았다.
- 이 조사에 참여한 펀드 매니저들의 출신학교 중 1위는 HBS였다.

그러므로 많은 사람들이 학업을 통한 배움이 아니라 동문과의 네트워크를 쌓기 위해 HBS를 선택한다는 것은 놀랄 만한 일이 아니다. 네트워킹은 HBS에 다니는 동안 만나게 되는 사람들뿐만 아니라 이미 졸업했거나 미래에 입학할 사람들, 또는 하버드가 주관하거나 하버드에서 이루어지는 행사들을 통해 접하게 될 주류들과의 거대한 연결망 구축을 포함한다. 나는 개인적으로 동문 네트워크를 통해 싱가포르 경제개발위원회의 의장인 샤넬 사장과 홍콩 공항 관리국의 회장인 티파니 사장 등 유수의 정경계 인사들과 친분을 쌓을 수 있었다.

커넥터가 되거나 커넥터와 연결되어라

성공적인 네트워크가 되려면 다양성과 '호흡'이 중요하다. 앞서 언급한 일자리 조사에서, 그라노베터는 개인적인 접촉을 통해 일자리를 발견한 사람들 중에 그 접촉이 친한 친구라고 응답한 사람은 17%도 채 되지 않으며, 나머지는 대부분 그저 얼굴만 알고 있는 정도의 주변인이라고 답했다.

왜 그럴까? 그라노베터는 일자리와 같은 새로운 기회나 정보를 구할 때는, 단지 아는 사람(약한 유대관계)이 친한 친구(강한 유대관계)보다 실질적으로 더 중요하다고 믿는다. 왜냐하면 친구나 동료들처럼 강한 유대관계를 맺은 사람들은 대부분 비슷한 세계에 속해 있기 때문이다. 비슷한 가정환경과 교육적 배경을 가지고 비슷한 분야에서 일을 하거나 비슷한 지역에 살며 비슷한 라이프스타일과 경험을 하기 때문에 네트워크의 범위도 비슷하다. 반면 약한 유대관계에 속한 사람들은 대부분 자신과 상당히 다른 세계에 속해 있기 때문에 그들은 자신이 모르고 있는 것을 알고 있을 가능성이 훨씬 높다. 그라노베터는 이것을 '약한 관계의 강한 힘'이라고 부른다. 그러므로 많은 지인들과의 폭넓은 연결망은 사회적 힘을 의미한다. 더 많은 사람을 알수록 더 강력해진다. 아는 사람을 통해 쉽게 접하기 어려운 기회와 세계를 접할 수 있기 때문이다.

HBS는 네트워크를 구축하는 데 차별을 두지 말라고 가르친다. 어린 사람과의 친분이 무의미하다고 가정해서는 안 되는 이유가 무엇인지 아는가? 대학 중퇴자인 세계적 갑부 빌 게이츠는 이렇게 말했다. "젊은 공부벌레들에게 잘해 주십시오. 나중에 그 사람 밑에서 일하게 될 수도 있으니까요." HBS에 연사로 초청되었던 수많은 유명인사들은 보통의 가정환경에서 평범한 교육을 받았고 말단 직원부터 일을 시작했다. 일부는 경력 초기에 비참한 실패도 겪었지만 결국은 모두 크게 성공했다. 모든 사람을 품위와 예의를 갖추어 대하는 것은 그저 좋은 인상을 주기 위해서가 아니라 미래를 위한 훌륭한 전략인 셈이다.

관계의 다양성과 폭을 갖추는 일은 단순히 연결망 내 사람의 수를 늘려가는 것을 의미하지 않는다. 상대방이 당신에 대해 어떠한 것도 기억하지 못한다면 당신은 그 사람을 진정으로 안다고 할 수 없다. 중요한 것은 상대와 친분을 충분히 쌓아 당신이 전화를 하거나 어떤 일을 통해 접촉하게 될 때 상대가 당신을 기억할 수 있어야 한다는 점이다.

가장 성공적인 네트워킹을 하는 사람을 '커넥터connectors'라고 한다. 커넥터라는 개념은 1960년대 후반, 하버드대의 사회 심리학자 스탠리 밀그램Stanley Milgram의 연쇄편지 실험에서 증명되었다. 그는 미국 중서부 도시인 오마하에 살고 있는 160명에게 우편물을 보냈다. 각 우편물에는 동일한 주식 중개인의 이름과 함께 그가 보스턴 근처 미국 동부 해안의 어떤 도시에 살고 있다고 적혀 있었다. 사람들은 자신의 이름을 우편물에 적은 후, 그 편지를 자신이 아는 사람들을 경유하여 그 주식 중개인에게, 또는 최소한 그 중개인의 측근에게 전달하라는 요청을 받았다. 예를 들어, 어떤 사람은 그 편지를 보스턴에 사는 친구에게, 또는 메사추세츠 근처에서 주식 중개업을 하는 친구에게 보낼 수 있다. 주식 중개인이 그 편지를 받아볼 때까지 친구도 동일한 요청을 받고 그것을 다음 사람에게 전달할 것이다. 160개의 편지가 모두 그 주식 중개자에게 도착한 후, 밀그램은 대부분의 편지가 5~6명의 손을 거쳐 도착했다는 사실을 발견했다. 이 실험은 6단계 정도만 거치면 누구나 전혀 모르는 사람과 연결될 수 있음을 보여주었다.

밀그램의 실험에서 얻을 수 있는 더 중요한 시사점은 6단계 과정을 거치면서 어떤 사람들은 나머지 사람들보다 훨씬 더 중요하다는 사실이다. 밀그램이 편지에 적힌 이름들을 분석한 결과, 그는 편지의 절반이 세 명의 동일 인물을 거쳐 보내졌음을 알아냈다. 이 세 명은 중개인에게 최종적으로 편지를 전달하는 데 핵심인물이었다. 밀그램의 실험은 6명 정도만 거치면 누구나 전혀 모르는 사람과 연결될 수 있다는 것보다 더 중요한 사실을 말하고 있다. 이 실험에서 이 세 명과 같이 아주 소수의 사람들만이 '모든 사람을 알고 있다'는 점과 나머지 사람들은 이 소수의 사람들을 통해 세상과 연결되어 있음을 말해준다.

이 특별한 소수를 '커넥터'라고 부른다. 커넥터는 가능성을 보기 때문에 친구들을 많이 만든다. 대부분의 사람들은 자신이 알고 싶은 사람들을 선택하고 '친해질 만한 가치'를 느끼지 못하는 사람들을 거부하지만 커넥터들은 그들 전부와도 거리낌 없이 알고 지낸다. 그러므로 커넥터가 되는 것은 비즈니스에서 성공하기 위한 전제조건이다. 그러나 커넥터가 되기에 자신의 에너지나 사교 기술, 타고난 기질이 부족하다고 생각되면 가장 좋은 차선책은 커넥터를 알고 지내는 것이다.

어디서 관계를 맺을 것인가

가능하면 폭넓은 연결망을 만드는 것이 좋기 때문에 어느 곳에 있든지 상황이 되는 대로 관계를 맺는 것이 중요하다. 학교, 친구의 저녁 파티, 교회, 취미활동(요가, 일본어 등 관심 분야)과 같은 자리는 사람들을 만나고 관계를 구축하기에 좋은 사회적 장소다. 이 책을 쓰기 위해 HBS 출신의 커넥터들을 만났는데, 그들은 집안사람들의 인맥과 외향적인 동료들을 통한 경로를 더 제시해주었다.

내가 아는 많은 커넥터들(HBS 출신)은 자신의 사회적 네트워크의 폭이 집안의 연고를 통해 획기적으로 넓어졌다고 밝혔다. 경력 초년 시절에 이들은 스스로 찾아 나섰거나 부모님의 설득으로, 아니면 그냥 우연히 집안의 가까운 연줄과 접촉했다. 여기에는 오랜 관계를 맺어온 주치의와 전담 변호사, 성공한 삼촌, 부모님의 절친한 친구, 개인적으로 또는 업무적으로 가까운 사람, 이미 커넥터가 된 사람 등을 포함한다. 하비 맥케이가 다음과 같이 설명하듯 이러한 관계는 효과적이다.

왜 그런가? 소위 구루(guru)면서 나처럼 나이 든 사람들은 누군가가 어떤 문제로 의견을 물어올 때 크게 기뻐한다. 우리는 네트워크를 가지고 있지만 그것은 결국 사라지고 말 것이다. 하지만 우리는 여전히 활동하고 싶고, 그렇게 할 수 있는 한 가지 방법은 바로 들을 준비가 된 사람들에게 작은 조언을 해주는 것이다.

'아버지의 오래된 친구'와 약속을 잡아라. 물론 취업을 시켜달라는 부탁을 하는 것이 아니다. 그건 너무 노골적이고 뻔뻔하지 않은가. 그보다는 사회 경력에 대한 조언을 듣길 원한다고 말하라. 반드시 조언을 해줄 것이다. 마침내 조언을 받으면, 당신의 가족과 늘 가까이에 있어온 그 사람은 당신의 미래에 투자할 것이다. 당신의 실패는 그들에게도(그들이 맺어온 지속적인 관계에 대해) 오점을 남기는 것이니까 말이다.

네트워크 형성을 위한 또 하나의 좋은 통로는 전 직장 동료는 물론 지금 함께 일하는 동료다. 동료들이 맺고 있는 친구 관계가 있을 것이므로, 당신

또한 그들과의 네트워크를 만들 수 있다. 많은 사람들은 최근에 회사를 그만둔 사람들이 가진 힘을 망각하거나 경시한다. 그들이 다른 곳으로 옮겨갔기 때문에 (또는 옮겨가게 되었기 때문에), 그들과의 관계도 포기해야 할 이유는 없다. 사실 그들이 당신에게 훨씬 더 가치 있는 인맥이 될 수 있는 가능성은 상당히 높다. 그들은 당신이 가지고 있지 않은 새로운 관계들을 맺을 것이다. 한 예로 나의 전 동료는 컨설턴트로서의 업무능력이 뒤떨어진다는 이유로 해고를 당했다. 그는 분석에 약했고, 숫자를 다룰 때 중대한 실수를 하곤 했다. 회사 사람들은 그의 컨설팅 능력을 거의 인정하지 않았다. 많은 이들이 그를 멀리했고 그가 자리를 떠나면 그를 조롱했다. 하지만 그는 분야를 바꾸어 글로벌 기업의 고위직 임원으로 옮겨갔다. 분석력보다는 영업 스킬과 시장에 대한 직관적 감각이 훨씬 더 중요한 포지션이었다. 지금 대부분의 컨설팅 회사들은 그를 고객으로 모시기 위해 무척 애를 쓰고 있다!

어떻게 관계를 맺을 것인가

중국에서는 많은 사람들이 네트워킹과 '관계'를 고가의 선물을 주는 것과 동일시한다. 고가의 선물을 주는 것이 관계를 맺기 위한 하나의 방법임은 분명하지만, 언제나 효력이 있는 것은 아니며 시대가 변함에 따라 그 효력은 점점 약해지고 있다. 중국이 발전하면서 정부당국은 더 효과적인 반부패법을 시행할 것이다. 여러 선진국에서는 특별한 관계를 만들기 위해 선물하는 관행을 찾아볼 수 없다. 또한 수많은 약한 유대관계로 형성된 폭넓은 네트워크는 고가의 선물을 무력화시킨다. 설사 선물 공세로 관계가 형성된다 하더라도 그것은 깨어지기 쉽고 신뢰하기 어렵다. 결국 다른 누군가가 더 비싼 선물을 해서 언제라도 그 관계를 탈취할 수 있다.

　HBS의 많은 이들에게 네트워킹이란 대화나 커뮤니케이션을 통해 사람들을 알아가는 것을 의미한다. 단순히 얼굴만 아는 사이에서부터 가장 친한 친구에 이르기까지 다양한 수준이 존재한다. 그러나 최소한의 기준은 당신의 연결망 안에 있는 사람들이 당신을 기억하고 당신을 좋아하는 것이다. 많은 사람들이 다양한 영역의 낯선 사람들과 관계 맺기를 어려워하는데, 특히 학교를 같이 다닌 것도 아니고, 일을 같이 한 적도 없는 사람들이라면 더욱 그렇다. 무슨 말로 대화를 시작해야 하는가? 어떻게 대화를 계속 이어나갈 것인가? 첫 번째 대화가 끝나면 무슨 일이 일어날까? 걱정하지 마라. 불편함을 느끼는 것은 당연하다. 소수의 타고난 커넥터가 아니라면 네트워킹은 쉬운 일이 아니다. 네트워킹에는 많은 노력이 요구된다. 외향적이기보다는 내향적인 사람들에게는 특히 그렇다. 하지만 좋은 소식이 있다. 네트워킹은 골프를 치거나 차를 운전하는 것과 같아서 더 많이 연습할수록 더 잘하게 되고 거기에 더 많은 재미를 느낄 수 있다.

　HBS에 사람들과 관계를 쌓는 법을 알려주는 수업은 없다. 그러나 네트워크 구축을 위해 많은 사람들이 부단히 애를 쓰는 환경 속에 함께 있으면서 누가 잘하고 누가 그렇지 못한지, 무엇이 효과적이고 무엇이 바람직하지 않은지 재빨리 알아챌 수 있다. 사람들과의 관계 맺기에 가장 뛰어난 사람들을 관찰해본 결과, 나는 성공적인 관계 형성을 위한 공식에는 5가지의 핵심 요소가 있다는 것을 알게 되었다. 상대에 대한 관심, 유머감각, 올바른 태도, 꾸준한 연락, 그리고 호혜주의. 어떤 사람들은 다섯 가지 전부를 활용하고, 또 어떤 이들은 한 두 가지를 활용한다.

네트워킹에 대한 수업은 HBS에 없지만(적어도 내가 다닐 땐 그랬다), 5가지 중 맨 마지막의 호혜주의는 '협상'과 '권력과 영향력'이란 수업에서 매우 강조되었다는 것을 말하고 싶다. 동일한 개념이 네트워킹에서도 위력을 발휘하고 있다.

첫째 요소는 상대에 대한 관심이다. 기억하라. '나, 나, 나'는 지루하고 지루하며 지루하다. 데일 카네기Dale Carnegie는 "2년 동안 다른 사람이 내게 관심을 갖게 하는 것보다 내가 다른 사람에게 관심을 가지면 두 달 안에 더 많은 친구를 사귈 수 있다"고 말했다. 이것은 하비 맥케이의 명언을 다른 식으로 표현한 것뿐이다. "친구를 사귀는 길은 하나가 되는 것이다."

상대방에 대한 관심을 나타낼 수 있는 좋은 방법은 그 사람이 즐거워하고 행복해하는 것들에 대해 이야기하는 것이다. 누구에게나 좋아하는 관심 주제가 있다. 요즘 하버드 내에서는 가족, 아이들, 골프, 와인, 댄스스포츠, 운동, 여행, 서로의 친구들에 대한 이야기가 오간다. 일단 그러한 주제를 알아냈다면, 그것에 관심을 보이면서 질문을 하라. 당신에게도 흥미 있는 주제가 오가면 왜라고 물어라. 상대의 경험에 관해 질문하라. 폐쇄형(예, 아니오) 질문을 삼가라. 자신에 대해 너무 많은 얘기를 하는 대신 유심히 듣고 반응하라.

성공적인 관계 형성의 두 번째 중요한 요소는 유머감각이다. 관계에 능한 사람들은 종종 자신에 대한 농담을 잘 활용한다. 그들은 스스로에 관해 재미있거나 당황스러운 이야기를 한다. 자신을 소재로 한 유머감각에는 세 가지 유익함이 있다. 웃음으로 사람들의 긴장이 완화된다. 상대방을 소재로 한 유머가 아니기 때문에, 상대의 감정을 상하게 할 위험이 없다. 그리고 자신을 소재로 사람들을 웃길 때, 사람들은 당신의 마음이 자기들에게 열려 있음을 느끼게 된다. 그러나 다른 것들과 마찬가지로 유머는 강압적이고 어색한 분위기에서는 통하지 않는다. 따라서 불편함을 느끼는 자리에서 유머로 재미있게 할 필요는 없다. 연관성 없는 자신에 대한 이야기를 하려고, 대화 중간에 끼어들지 않도록 유의하라. 그리고 "자, 아주 재미있는 이야기를 해드릴게요."라고 사전에 말하지 마라. 이 말로 인해 기대감이 생긴 상대방이 그 이야기를 재미있어 하지 않으면 당황스러울 수도 있다.

세 번째 요소는 올바른 태도인데, 즉 관계 초기의 불편함을 인내해야 한다. 스스로 이러한 관계 형성을 진정으로 원한다는 확신이 있어야 한다. 누군가를 새롭게 만나는 기회를 매번 포기한다면, 자신의 네트워크를 구축할 수 있는 기회를 놓치게 된다. 새로운 사람을 더 많이 만날수록 그 일이 더 쉬워진다는 점을 기억하라.

누군가와 처음 좋은 대화를 나누었다면, 그 후에 연락을 취하여 그 사람이 그때의 만남을 잊지 않게 하라. 짧은 메모는 오래도록 기억하게 한다. 노트르담 풋볼 코치인 루 홀츠Lou Holtz, 하비 맥케이, 미국의 가장 성공적인 주식중개 회사 중 하나를 세운 휘럭 휘트니Wheelock Whitney와 같은 사람들은 모두 짧은 메모의 대가들이다. "함께한 만남(또는 당신의 선물, 당신의 환대)을 제가 얼마나 즐거워했는지 당신이 알아주길 바랍니다." "승진(또는 취직, 아이 출산)을 축하합니다." 메모는 모두 자필로 작성된 것이어야 하며 인쇄되거나 타인이 대신 써서는 안 된다. 만남 후 그 다음날이나 특별한 소식을 접했다면 즉시 보내야 한다. 메모를 작성하는 데는 고작 1분밖에 걸리지 않지만 그것을 통해 당신이 상대방과의 관계를 소중히 여긴다는 것을 전할 수 있다. 또한 그렇게 함으로써 그 관계를 강화시킬 수 있다. 대부분의 HBS 출신들도 그와 같이 하는데, 요즘은 이메일을 통해 많이 한다. 마지막으로 이러한 메모는 첫 만남 이후나 특별한 경우에만 보내는 단발성이 아니라 때때로 한 번씩 보내야 하며 그래야 관계가 오랫동안 지속된다.

꾸준한 연락을 넘어 다음 단계는 호의를 베풀고 다음에 돌려받는 것이다. 종종 '호혜주의 원칙'이라 불리는 이것은 모든 호의에 대해 언젠가 반드시 보답해야 함을 의미한다. 물론 이 원칙을 엄격하게 강요할 수는 없다. 호의에 보답하지 않는 것에 대한 어떤 물질적인 벌칙도 없다. 그러나 그것은 신성한 불문법에 가까워서 대부분의 사람들은 이 법칙의 위반을 불명예스럽게 생각한다. 호의는 아래의 조건을 만족할 때 가장 효과적이다.

- 상대방이 진심으로 그 호의를 필요로 하며 원하고 있다.
- 상대방이 그것을 쉽게 얻을 수 있는 다른 방법이 없다.
- 다른 사람에게 아쉬운 부탁을 할 필요 없이 당신이 직접 도울 수 있다.
- 곧바로 보답을 기대해서는 안 된다(만일 상대방이 당신의 호의 뒤에 숨은 의도가 있다는 것을 알면 호의의 위력은 반감된다).
- 금전적인 호의를 베풀 때는 당신에게 부담되지 않는 금액이 가장 좋다 (상당한 액수의 금액이라면 그 돈을 회수할 때 호의가 원한으로 변할 수 있다).
- 호의를 베풀 때 이용당하는 느낌이 없어야 한다.

호의는 적절한 시점에 그것을 필요로 하는 사람에게 제공되어야 한다. 설득과 협상의 최고 권위자인 캐슬린 K. 리어든 Kathleen K. Reardon 교수는 "사람들을 위해 너무 자주 많은 것을 베풀면, 호의가 지니고 있는 의미를 상실하거나 오히려 불쾌감을 줄 수 있다"고 말한다. 그리고 "당신의 관용에 보답할 생각조차 없는 사람들에게 이용당하지 않도록 주의하라"고 경고한다.

호의란 어떤 사람에게 그 시간과 장소에서 쉽게 얻을 수 없는 방법을 가르쳐주는 것만큼이나 간단한 것일 수 있다. 그것은 젊은이들에게 대학 지원에 관해 또는 회사의 면접에 대해 조언하는 것일 수 있다. 구하기 어려운 콘서트나 스포츠 경기 티켓을 구해주는 것일 수도 있고, 누군가를 적합한 사람에게 소개하는 일이 될 수도 있다. 그것은 또한 누군가의 선거 운동을 옹호하거나, 누군가의 해고를 막는 것처럼 매우 힘든 노력을 필요로 하는 일이 될 수도 있다.

또한 다섯 가지 핵심 요소를 실천하는 것 외에, 주위의 네트워킹에 탁월한 사람들을 관찰하고 모방함으로써 자신의 사회적 관계 기술을 개선할 수 있다. 플라톤은 각 사물마다 완전한 형태가 있다고 말했다. 우리는 절대로 그 이상적인 형태를 취할 수 없지만, 이상적인 형태의 특징을 관찰하고 모방함으로써 가능한 한 거기에 가까이 도달하려는 시도를 할 수 있다. 이 고대 그리스의 조언에는 앤서니 로빈스 Anthony Robbins가 설파하는 것과 비슷한 점이 있다. 로빈스는 주지사들, 올림픽 대표 및 프로 선수들, 영화배우들, 그리고 아이들이 자신의 잠재력을 완전히 발휘할 수 있도록 도와왔고 어떤 HBS 졸업생들은 로빈스의 추종자였다. 로빈스가 가르치는 주요 기법 중 하나는 성공한 사람들의 특징을 관찰하고 모방함으로써 스스로의 발전을 이룰 수 있다는 것이다.

가장 간단하게 다음 방법을 시도해보라. 자신에게 우선 이렇게 물어보라. "내가 아는 사람들 중 가장 이상적인 네트워킹을 하는 사람은 누구인가? 그 사람이라면 이 상황에서 어떻게 할까?" 친구나 가족들 중에서 사회적 관계 기술이 뛰어난 사람을 찾아보라. 그리고 나서 그 사람이 하는 말과 행동의 패턴을 관찰하라. 그리고 그 사람이 되어 그 사람이 했던 말과 행동을 따라 해보라. 그렇게 할 수 있다면 당신은 스스로를 재창조하여 커넥터가 될 수 있다.

4

사람들의 귀를 쫑긋 세우게 하는 법

HBS는 왜 케이스 수업에 집착하는가?

HBS는 '케이스 수업 방식 case teaching method'으로 유명하다. 강의식 수업은 거의 찾아 볼 수 없다. 대신 수업 전에 학생들에게 케이스가 주어진다. 수업이 시작되면, 교수는 80명 정도의 학생들에게 질문을 던지며 케이스에 대한 토론을 이끌어간다. 교수가 학생을 지명해서 의견을 물을 수 있고, 학생들은 자발적으로 손을 들어 자신의 견해를 말할 수 있다. 보통 성적의 50% 이상이 이러한 토론 수업 참가에 달려 있다. 따라서 열심히 노력해서 발언할 기회를 얻어야 한다. 발언 기회가 왔을 때, 최고의 성적을 기대하려면 자신의 의견을 조리 있게 말할 줄 알아야 한다.

HBS 케이스는 실제 비즈니스 상황에 대한 상세한 이야기로써, 실제의 문제 상황에 직면하여 그 문제를 해결해야 하는 실제 인물을 '주인공'으로 삼아 그가 처한 딜레마를 기술한다. 교수진과 연구 팀은 케이스 주제로 선정된 회사에서 몇 주 간을 보낸다. 여기에는 문제 상황을 둘러 싼 애매모호한 증거와 예측할 수 없는 변수들, 불완전한 지식, 명확한 답이라곤 보이지 않고 조속한 실행을 재촉하는 시간의 압박 등이 포함되어 있다. 모든 케이스는 서로 다르지만 거의 모든 케이스의 중심에는 하나의 중요한 질문이 있다. '주인공이 해야 할 일은 무엇인가?' HBS에서 2년을 보내는 동안 학생들은 500개 이상의 케이스를 공부한다. 그들은 어렵고 복잡한 실제의 비즈니스 상황 속에서 자신을 시험해볼 수 있는 500번의 기회를 가지는 셈이다.

HBS에서의 경쟁은 극도로 치열하다. 발언한 지 겨우 1, 2분 만에 다른 사람들이 치고 들어와 자신들의 견해를 말하려고 한다. 당신의 견해를 반박할 수 있다는 생각이 들거나 당신의 설명이 지루하거나 자신의 견해가 더 낫다고 생각될 때, 심지어는 당신이 말하고 있는 중에도 수십 명의 손이 치켜 올라올 것이다. 따라서 어떠한 견해를 발표하든지 간에 교수나 동기들의 반박에 대비하여 자신의 관점을 방어하기 위한 생각도 준비되어 있어야 한다.

2~3개의 케이스 토론이 매일 1~2시간씩 2년 동안 이루어진다. 사람들은 강의 없는 HBS의 이러한 시스템 때문에 수업 준비를 할 필요가 없다고 농담처럼 이야기하곤 한다. 또한 그러한 시스템에서 교수들은 자신의 견해에 대해 강의할 일이 전혀 없이 토론 수업만을 진행하기 때문에 틀릴 일도 절대 없다. 실제로 케이스 수업 방식이 중요한 이유는 대부분의 비즈니스 상황에는 명확하게 정의되는 옳고 그른 답이 정해져 있지 않기 때문이다. 핵심 기술은 문제 상황과 복수의 대안들을 분석하고 평가하는 능력이다. 가장 중요한 것

은 자신의 분석과 견해를 명확한 논리로 말할 수 있어야 하고 효율적이고 간결하게 방어할 수 있어야 한다는 점이다.

좋은 직장을 얻고, 투자자들을 모으며, 직원들에게 동기를 부여하고, 공급자와 협상을 하며 소비자에게 팔기 위해서 자신의 생각을 조리 있게 말로 표현할 수 있어야 한다. 논리를 갖춰 설득하고 자신감 있게 말하는 능력은 매우 중요하다. '뛰어나지만 정리가 잘 안 된다'라는 말은 핵개발 전문 과학자에게는 큰 흠이 아니지만 비즈니스 현장에서는 엄청난 결함이다.

그럼 어떻게 해야 탁월한 언변으로 상대방을 설득할 수 있을까? 논리적으로 설득하면서 자신감 있게 표현하기 위해서는 다음 세 가지 기법들이 유용하다. 구조화된 논리, 스토리텔링 그리고 치밀한 연습이다.

구조화된 논리가 진리다

이 기법은 논리적으로 사실과 데이터를 구조화시킴으로써 논점을 명확히 하는 것이다. 구조화된 논리는 당신과 청중 모두에게 유익하다. 이 기법은 명확하고 논리적인 사고를 강요하기 때문에 자신의 견해를 논리 정연하게 정리할 수 있다. 또한 청중은 쉽게 따라가며 이해할 수 있게 된다.

구조화된 논리를 위해서는 연역법과 귀납법이 필요하다. 연역적 논리는 다음과 같다. A=B, B=C이므로 A=C 이다. '그래서' A=C라는 논리적인 결론이 가능해진다. 귀납적 논리는 다음과 같다. A, B 그리고 C이므로 '그래서' 또는 결론적으로 D이다. A, B 그리고 C는 D를 뒷받침하는 서로 다른 근거로써 그것들 간에는 원인과 결과 관계가 없다.

앞에 굵은 점을 찍어 항목별로 생각하고 말하며 적는 것은 내용을 논리적으로 정리하는 데 큰 도움이 된다. 이때는 연역법이든 귀납법이든 둘 중 하나를 택해야 한다.

- 나는 온순하고 깔끔한 고양이를 좋아한다.
- 듀이는 고양이다.
- 듀이는 온순하고 깔끔하다.
- → 그러므로 나는 듀이를 좋아한다.

이 예시에서 결론은 정보와 사실들로부터 추론된다. 반대로 '나는 듀이를 좋아한다. 왜냐하면…'과 같이 말할 수도 있다. 말을 잘하는 사람들은 매우 탄탄한 논리를 가지고 말한다. 탄탄한 논리는 다음 세 가지를 의미한다. 첫째, 사실과 정보는 말하는 논점을 확실하게 뒷받침해야 한다. 둘째, 논점은 연역법 또는 귀납법 중 하나로 제시되어야 하며 두 가지를 혼용해서는 안 된다. 다음은 느슨하며 상대적으로 비효과적인 논리의 예다.

- 나는 듀이를 좋아한다. 왜냐하면,
- 듀이는 온순하다.
- 듀이의 털은 그다지 예쁘지 않은 회색빛이다.
- 어느 날 듀이가 죽는다면 나는 매우 슬플 것이다.

처음에 듀이를 좋아하는 이유를 밝히다가(귀납법을 이용하다가) 마지막에는 연역법으로 결론을 맺었다는 점이 바람직하지 않다. 게다가 처음에 진술한 내용을 뒷받침하지 않는 근거를 들고 있다는 점도 문제다('듀이의 털이 예쁘지 않다').

보통의 경우 하나의 논점에 대해 길게 나열하는 것보다 3~5개의 근거를 간단명료하게 정리하는 것이 더 효과적이다. HBS 강의실에서는 종종 길게 이어지는 연역적 주장에 대해 교수가 중간에 끊으며 이렇게 말한다. "하고자 하는 말이 무엇인가? 자네의 결론이 뭐지?"

컨설팅에는 '3의 법칙'이 있다. 실제 경험에서 나온 이 법칙은 하나의 논점을 뒷받침하는 근거는 3개면 충분하다는 것이다. 너무 많은 근거는 청중을 혼동스럽게 하거나 지루하게 한다. 사람들은 기껏해야 세 가지 정도만 기억하지 그 이상은 기억하지 않는 경향이 있다. 활용하고 싶은 근거가 많다면 비슷한 것끼리 함께 묶거나 덜 중요한 것들은 버려야 한다. 물론 근거가 세 개보다 적다면 다소 빈약하게 보일 것이다(보통 2~5개 사이가 일반적이다).

구조화된 논리는 간단한 하나의 논의뿐만 아니라, 복합적인 논의를 구성할 때에도 도움이 된다.

최고의 스토리텔링 비법

스토리텔링에는 두 가지 기법이 있다. 그것들은 사뭇 다르게 보이지만 상호 보완적 관계이다.

첫째, '사실적 스토리텔링'이다. 나는 이 방법을 프레젠테이션에서 자주 사용한다. 기본적으로 이것은 전략, 투자, 운영 등 어떤 과제가 주어지든 문제를 해결하기 위해 구조화된 논리를 활용하는 것이다.

둘째, 1999~2000년에 내가 한 신생 미디어 회사의 CEO로 일할 때 처음 알게 된 방법이다. 당시 최고운영책임자coo는 은퇴한 영화감독이었다. 나는 잠재 투자자들을 위한 프레젠테이션을 준비하고 있었는데, 그와 몇몇 다른 중역들 앞에서 리허설을 했다. 준비한 슬라이드의 절반 정도가 지나자 최고운영책임자가 졸기 시작했다. 나는 신경 쓰지 않았다. 그가 회사의 최고운영책임자인 이유는 그의 창의성 때문이지 비스니스 감각이 아니라고 믿었기 때문이다. 리허설을 마치면서 나는 모든 이들에게 의견을 구했다. 그 최고운영책임자는 졸음에서 깨어나 이렇게 말했다. "너무 지겨워요. 스토리를 말해 주면 안 될까요?" 나는 이렇게 되받아쳤다. "이게 바로 스토리예요." 그는 대답했다, "이건 스토리가 아니에요."

그런데 내가 새로운 판매 관리자 채용을 위해 지원자 면접을 볼 때 그 일에 대해 깊이 생각해볼 수 있었다. 그 면접 지원자는 지원 자격에 간신히 턱걸이한 여자였다. 통상적인 질문 목록에 따라 그녀에게 가장 최근에 이룬 업적에 대해 물었다. 그녀는 자신이 성사시킨 신규 고객 계약 건수나 자신이 관리한 직원 수를 나열하는 대신 내게 다음과 같은 이야기를 들려주었다.

제가 마지막으로 일했던 회사는 거의 파산 직전이었어요. 판매담당 매니저와 직원은 다른 곳으로 이직을 했죠. 사장님은 은행과 채권단을 상대하느라 너무 바빠 조직 운영에 거의 신경을 쓰지 못했고, 전체적으로 판매 팀은 혼돈 그 자체였습니다. 제가 유일한 경력자였고, 팀의 나머지 4명은 모두 어리고 경험이 없었어요. 저도 다른 곳으로 이직할 수 있었지만 나머지 팀원들을 두고 떠나고 싶지 않았어요. 판매 팀이 없어지면 회사는 당장이라도 문을 닫게 될 상황이었고, 그러면 모든 이들이 일자리를 잃게 되겠죠. 그래서 저는 남아서 열심히 일했습니다. 판매 사이클이 더 짧아지고 있어서 우리는 장기 고객을 목표로 한 전략을 세웠어요. 회사는 지난 달 파산 선언을 했어요. 하지만 개인적으로 최선을 다했다고 느꼈어요. 사장님은 제게 퇴직금을 건네시며 고맙다고 눈물을 흘리셨어요.

나는 이 이야기에 깊이 감동했다. 첫째, 대부분의 지원자들이 자신이 한 일을 줄줄이 읊으며 면접관을 설득하려는 데 비해 이것은 더 흥미로웠고 자연스럽게 마음을 움직였다. 둘째, 이 이야기가 진실이라면 이것은 그녀에 대해 많은 것을 알려주고 있었다. 그녀는 회사에 대한 충성도가 높고, 직원과 동료들에 대한 배려심과 책임감이 강하며, 위기 대처 능력을 갖췄다. 눈물을 흘리며 그녀에게 퇴직금을 건넸을 사장의 모습이 떠올랐다. 더 뛰어난 능력을 갖춘 다른 지원자들이 있어서 결국 그녀를 채용하진 않았지만 그녀는 확실히 강한 인상을 남겼다. 면접 전에 그녀의 순위는 맨 마지막이었지만 면접 후에 그녀는 상위 5명 안에 들었다.

1~2년 후 하버드 비즈니스 리뷰Havard Business Review에서 어떤 글을 읽고 나서 나는 최고운영책임자가 내게 했던 조언과 그 인상 깊었던 인터뷰 경험을 서로 연관 지어 생각하게 되었다. 〈사람을 감동시키는 스토리텔링〉이란 제목의 글에서 시나리오 작가 로버트 매기Robert Makee는 이렇게 말했다. "파워포인트와 통계는 잊어라. 사람들에게 강한 영향력을 미치기 위해서는 스토리가 필요하다. ……나는 스토리텔링 방식이 효과적임을 알고 있다. 12개 회사의 사장단에게 월 스트리트의 투자자들에게 재미있는 이야기를 들려주라고 조언한 결과, 그 회사들은 모두 기대 이상의 자금을 끌어 모았다."

이것은 또 다른 형태의 스토리텔링이었다. 나는 그것을 '감성적 스토리텔링'이라고 부른다. 그것은 단지 사실적이기만 한 것이 아니다. 그것은 사실적 스토리텔링보다 더 확장적이고 조직적이며 의도적이고 극적인 방식을 취한다. 감성적 스토리텔링의 성공 요인을 더 분석한 결과, 비즈니스에서 훌륭한 감성적 스토리텔링은 우리가 아이들에게 이야기해줄 때마다 아이들이 재미있게 들어주던 '미녀와 야수'나 '신데렐라'와 같은 고전들과 많이 닮아 있다는 사실을 알게 되었다. 그럼 어떻게 해야 할까?

첫째, 청중의 관심을 끌기 위한 도입부를 설정하라. '옛날 어느 머나먼 곳에 어리고 아름다운 소녀가 살았다'는 어린 아이들의 관심과 상상을 불러일으킨다. 이처럼 가장 효과적인 감성적 비즈니스 스토리텔링은 의도적으로 목표 청중의 관심을 사로잡는 도입부로 시작되어야 한다. 예를 들면, 면접관에게 "제가 마지막으로 일했던 회사는 거의 파산 직전이었어요"라고 말하든지, 또는 중역회의에서 "우리가 사업하는 방식을 바꾸든가 아니면 오늘 회사를 접든가"라고 말하는 식이다. 훌륭한 이야기는 불필요하고 재미없는 세세한 것보다는 이야기 전개의 토대가 될 만한 극적인 계기에서부터 시작된다. 예를 들어, '신데렐라'는 신데렐라의 아버지가 어떻게 새 부인을 택했는지부터 시작되지 않고, 면접 지원자는 처음 자신이 어떻게 그 회사와 함께 하게 되었는지부터 시작하지 않았다.

둘째, 마음을 끌어당기는 흥미로운 중반부를 만들어라. 훌륭한 동화는 주인공이 악당과 장애물들에 맞서 싸우면서 그것들을 극복해내는 서스펜스와 감정의 기복이 풍부하다. 어려움이 클수록 긴장감은 더 고조되고 이야기는 더 흥미로워진다. 신데렐라는 옷도 마차도 없었는데, 꼭 지켜야할 시간이 있었다. 그녀는 신발을 잃어버렸다. 신데렐라는 슬펐다가 요정 때문에 행복해졌고 다시 시계종이 12시를 알릴 때 두려워졌다. 지원자도 고용주가 파산하는 상황에 직면했다. 상사들이 퇴직을 했고 남은 팀은 무력해졌다. 이 두 가지 예시에는 각각 중심이 되는 인물이 있다. 신데렐라와 지원자. 청중은 일반적으로 추상적인 논의보다는 이야기 속의 등장인물에 대해 더 적극적으로 개입한다. 이야기의 등장인물이 없다면 말하는 화자가 이야기의 중심인물들이 되어 이야기를 끌고 갈 수도 있다. 예를 들면 다음과 같다. "앞으로 일을 계속 해오던 방식으로 지속한다면, 우리 사업체가 5년 안에 사라질 수밖에 없는 5가지 이유를 10분간 말씀드리겠습니다." 그리고 나서 첫 번째 이유로 회사의 우량 고객이 어떻게 실망했는지에 대해 이야기를 할 수 있고, 다음 이유로 판매 팀이 얼마나 무력감을 느끼고 있는지에 대해 덧붙일 수 있다.

셋째, 핵심 메시지로 귀결되는 강한 결말을 맺어라. 청중이 이제 이야기가 결말에 이르렀다고 인식할 때 그들의 관심은 높아진다. 동화는 보통 착한 사람이 복을 받고 악한 사람은 벌을 받는 권선징악으로 끝을 맺는다. "악한 계모와 그 딸들은 절망에 빠져 이를 갈았지만 왕자와 신데렐라는 죽을 때까지 행복하게 살았습니다." 비즈니스에서 이야기의 결말은 핵심 메시지를 강조하든지, 현안에 대한 실행 계획을 정의하는 것과 같은 소기의 목적을 달성하면서 마무리되어야 한다. 결말은 맥락에서 벗어남 없이 그리고 단순히 지금까지 한 말을 요약하는 차원을 넘어 이야기를 종합할 수 있어야 한다. 앞의 인터뷰 사례는 효과적인 결말을 보여준다. "사장님은 제게 퇴직금을 건네시며 고맙다고 눈물을 흘리셨어요." 이 부분에서 그녀는 어떤 사장이라도 감격하며 고마워할 정도의 희생을 감수했다는 메시지를 강조했다.

사실적이거나 감성적인 스토리텔링은 상호보완적이다. 사실에 기반하지 않은 감성적 이야기는 신뢰를 얻을 수 없고, 그로부터 어떤 중대한 비즈니스 결정이나 실행도 기대할 수 없다. 반면에 감성적 자극이 결여된 사실적 이야기는 건조하고 잊혀지기 쉬우며 청중을 깊이 개입시키기에 부족하다. 스토리텔링은 말하는 사람의 상상에서 듣는 사람의 상상으로, 발표자의 기억에서 청중의 기억으로, 그의 삶에서 청중의 삶으로, 그의 이야기에서 그들의 이야기로 자연스럽게 스며들게 한다. 그래서 요즘 나는 항상 두 가지를 결합하려고 애를 쓴다. 나는 감성적 이야기를 사실적 이야기와 엮을 것이다. 또한 사실을 감성적 이야기에 녹여낼 것이다.

농담에도 연습이 필요하다

HBS에서 공부할 때 언젠가 내가 존경하는 교수님과 커피를 마신 적이 있었다. 나는 교수님께 "교수님 수업은 정말 즐거워요. 언제나 토론에서 주요 포인트를 고찰할 수 있도록 이끌어주시니 말이죠. 교수님의 농담은 늘 재미있으면서도 통찰이 담겨 있어 기억에 남습니다." 교수님은 이렇게 대답했다. "고맙네. 나는 연습을 많이 한다네. 농담은 특히 더."

언변이 탁월한 전문가도 자신의 강의와 발표, 논점을 자연스럽게 전달하기 위해 연습을 반복적으로 한다는 사실을 아는가? 업무를 수행하면서 나는 수많은 프레젠테이션과 이사회 토론을 주도했다. 나는 스스로를 숙련된 연사라고 생각하지만 여전히 연습에 집착한다. 실제로 프레젠테이션을 하는 것처럼 큰 소리로 연습을 한다. 이 과정에서 나는 내가 말하고자 하는 모든 단어의 의미를 알게 된다. 어디서 쉬어야 하는지도 연습한다. 농담도 연습해서 적절한 타이밍에 삽입하여 급소를 찌른다. 한 고객사 이사회에서 10분 간 프레젠테이션을 한 적이 있었는데, 큰 소리로 연습하는 데만 2시간 이상을 보냈다. 심지어 중요한 전화를 걸기 전에 대화를 어떻게 시작하고 전개해서 마무리할 것인지에 대해서도 큰 소리로 연습한다.

발음이나 억양, 제스처, 시선의 위치도 연습해야 한다. 10년 전 컨설팅 회사에 처음 입사했을 때, 나는 좋은 프로젝트의 기회를 얻기가 힘들었다. 그래서 몇 개월 후, 직원관리 담당 부사장을 찾아가 불만사항을 털어놓았다. 나는 지금도 그가 했던 말을 생생하게 기억한다. "아마 당신의 억양이 문제인 것 같아요. 당신은 미국인처럼 말하지 않아요. 당신의 억양에는 영국과 캘리포니아 그리고 중국 억양이 섞여 있어요." 나는 충격을 받았다. 억양이 문제가 될 줄은 전혀 생각조차 못했다. 나는 스탠퍼드에서 상위권 성적을 유지했고 미국 친구들도 많았다. 면접을 통해 내가 원하는 모든 직장으로부터 제의를 받았는데, 그 누구도 내게 억양 문제를 지적하지 않았다. 나는 돌아가 몇몇 동료들에게 그 얘기를 했다. 그들은 모두 인종차별에 가까운 이 발언에 대해 치를 떨었다. 그들 중 한 명은 고위 경영진에게 공식적인 불만을 제기해야 한다고 말했다. 나는 그렇게 하진 않았지만 미국인처럼 말하기 위해 훨씬 더 의식적인 노력을 하게 되었다. 변화에는 많은 시간과 노력이 필요했다. 또한 미국 내에서도 지역에 따라 억양이 달랐다. 뉴욕 영어의 억양은 보스턴 영어와 약간 달랐고, 보스턴 영어는 LA와 달랐다.

나는 본토 영어 억양을 완벽히 구사하지 않는 사람들이 받는 차별을 수없이 보았다. 거의 모든 사람들이 영어를 모국어로 하지 않는 사람들에 대한 차별을 인정하지 않고, 또 본토 영어의 억양 여부가 그 사람의 지능과 업무역량에 아무 상관이 없다는 사실을 잘 알고 있음에도 불구하고, 암묵적인 차별이 존재한다. 그러므로 가능하다면 말하기 연습을 하거나 본토 미국인과 일을 해야 할 때 억양에 주의하라. 나는 또한 부모들이 나이어린 자녀들에게 본토 영어를 사용할 수 있는 환경을 제공해주길 권한다. 나이가 들수록 억양을 바꾸기가 더 어렵기 때문이다.

한 장의 그림이 천 마디 말보다 낫다

효과적인 스토리텔링을 할 때 시각자료는 중요한 도구다. 시각자료에는 상품 샘플, 모형, 3차원 모델, 동영상 등이 있지만 가장 보편적인 유형은 파워포인트 슬라이드다.

케이스 수업 방식을 활용하는 HBS에서는 교수나 학생이나 파워포인트 프레젠테이션을 정식으로 해야 할 일이 그리 많지는 않다. 따라서 내가 보유하고 있는 파워포인트 프레젠테이션 기술은 컨설팅 업무를 하면서 습득한 것이다. 효과적인 파워포인트 슬라이드를 만들기 위해서는 3가지 기술이 중요하다.

- 개별 슬라이드를 내용의 흐름에 맞게 구성하여 청중이 이해하기 쉽게 하라.
- 개별 데이터 슬라이드를 디자인하라.
- 개별 텍스트 슬라이드를 디자인하라.

흐름

슬라이드를 이해하기 쉽고 효과적으로 구성하기 위한 한 가지 방법은 구조화된 논리를 따르는 것이다. '나에게 좋아하는 애완동물이 세 마리 있다'라는 예시를 활용한다면, 첫 번째 슬라이드는 83쪽 위처럼 될 것이다.

때로는 전체 목차나 현재의 논의 주제를 나타내주는 개요 슬라이드도 있을 수 있다. 그러나 이 슬라이드는 처음으로 내용을 담은 슬라이드다. 이것으로 프레젠테이션의 구조가 정해지고 내용 구성의 방향이 명확해진다.

파워포인트 도입 슬라이드

내게는 좋아하는 애완동물이 세 마리 있다
- 고양이 듀이
- 개 카일로
- 물고기 사일로

 남은 프레젠테이션은 이 첫 번째 슬라이드 내용의 흐름을 따라간다. 첫 번째 슬라이드에 담긴 각각의 포인트는 그 프레젠테이션의 각 부분이 된다. 첫 번째 슬라이드에 이어 다음으로 나올 첫 부분 슬라이드는 첫 번째 슬라이드의 첫 항목에 관한 것이 된다.

파워포인트 첫 번째 슬라이드

첫 번째 좋아하는 동물 : 고양이 듀이

나는 듀이를 좋아한다. 왜냐하면,
- 그는 나를 좋아하고,
- 온순하며,
- 깔끔하기 때문이다.

 이러한 각각의 주요 포인트는 차례로 데이터 슬라이드, 텍스트 슬라이드 또는 하위 항목을 구성하게 된다. 내용이 많아서 프레젠테이션이 길어지거나 복잡한 논리 구조를 따르고 있다면, 각 슬라이드의 왼쪽 상부나 오른쪽 상부 모퉁이에 아이콘을 삽입하여 청중이 흐름을 놓치지 않도록 표시해주면 좋다. 다음 슬라이드를 보라.

> **슬라이드 상부에 목차상 흐름을 지시하는 아이콘 표시**
>
> **첫 번째 좋아하는 동물 : 고양이 듀이**   `듀이(v)`
>   `카일로`
> 나는 듀이를 좋아한다. 왜냐하면,   `사일로`
> - 듀이는 나를 좋아하고,
> - 온순하며,
> - 깔끔하기 때문이다.

지금까지 본 예시들에서, 첫 번째 슬라이드가 전체 프레젠테이션의 결론이다. 청중이 계속 긴장감을 유지해야 할 별다른 이유가 없다면, 나는 보통 프레젠테이션 시작 부분에서 결론을 먼저 제시하는 것을 선호한다. 결론에 대한 사람들의 동의 여부와 상관없이, 앞서 결론을 선언함으로써 사람들은 내용의 논리 구조를 더 잘 이해하게 되며 흐름을 놓치지 않게 된다. 그렇게 하는 것은 또한 프레젠테이션이 논점에서 벗어나거나 예상치 못한 일로 프레젠테이션을 중간에 멈추거나 서둘러 끝내야 할 경우에도 도움이 된다.

데이터 슬라이드

주요 슬라이드의 유형에는 두 가지, 즉 텍스트 슬라이드와 (텍스트가 거의 없는) 데이터 슬라이드가 있다. 데이터 슬라이드는 가장 적합한 차트와 그래프를 선택하여 데이터를 분석하고 시각적으로 제시할 수 있는 기술이다. 분산형, 막대형 등과 같은 모든 표준 그래프와 차트는 데이터와 분석의 종류에 따라 유용하게 사용할 수 있다. 기본적인 차트의 유형을 길게 나열하여 하나씩 살펴보는 대신, 여기서는 통찰력이 있는 분석과 인상적인 시각 도구를 제시하는 데 유용하다고 생각했던 네 가지 차트를 소개하겠다.

- 매트릭스 Matrix
- 문 차트 Moon chart
- 캐스캐이딩 차트 Cascading chart
- 영역 차트 Area chart

2×2 매트릭스 Matrix

매트릭스는 강력한 분석 툴이며 시각 도구다. 특히 가장 널리 사용되는 2×2 매트릭스는 간단하면서도 매우 효과적이다. 그것은 어떤 문제의 결과가 두 개의 결정적인 요인에 달려 있고, 각 요인은 다시 두 개의 주요 대안, 카테고리, 결과, 상황 변수들로 구분될 때 언제든 활용할 수 있다.

예시 1 : 48쪽의 매트릭스는 영국 위성 텔레비전의 지배권에 대한 SKY TV와 BSB의 협상에서 일어날 수 있는 기본적인 이해관계를 제시하고 있다. 각 사는 '싸우느냐 물러나느냐' 하는 2개의 대안만 가지고 있다. 그러므로 2×2 매트릭스는 상황을 분석하고 제시하는 데 효과적인 도구이다.

예시 2 : 가장 잘 알려진 2×2 매트릭스는 BCG 창립자인 브루스 핸더슨 Bruce Henderson이 1970년대 처음 발표했던 '성장-점유 매트릭스'이다. 그 매트릭스는 지금도 경영 교과서에 등장하고 있다. HBS에서 그것을 명시적으로 가르치진 않지만 많은 토론에서 활용하고 있다. 그러나 그것을 오늘날의 비즈니스 상황에 적용하기에는 힘든 경우가 있으며, 그래서 때로는 이론의 여지가 있다는 점을 알아두기 바란다. 나는 여기서 2×2 매트릭스를 비즈니스 개념으로서가 아니라 2×2 모형의 고전적인 사례로 제시하려 한다.

핸더슨의 성장-점유 매트릭스		상대적 시장 점유율	
		높다	낮다
시장 성장률	높다	스타 star	물음표 question mark
	낮다	캐시카우 cash cow	개 dog

　이 매트릭스는 사업 부문을 다각화한 기업이 자신들의 사업 포트폴리오를 분석하기 위해 처음으로 고안되었다. 매트릭스에 의하면, 두 개의 주요 요인에 의해 사업의 현금흐름이 결정된다. 그 사업의 시장 성장률과 상대적 시장 점유율.

　만일 어떤 사업이 저성장 시장에서 상대적으로 높은 시장 점유율을 기록하고 있다면, 그것은 시장 점유율을 유지하는 데 필요한 현금보다 더 많은 현금을 창출하는 것이므로 '캐시카우(cash cow, 기업의 수익창출원으로 돈벌이가 되는 상품이나 사업)'로 기대된다. 만약 어떤 사업이 고성장 시장에서 높은 시장 점유율을 보이고 있다면, 성장을 지속하기 위해 현금 투자가 요구되지만 성장이 안정 궤도에 진입하면 궁극적으로 강력한 수익창출원이 될 것이므로 그 사업은 '스타(star, 시장 성장성도 높고 높은 수익성도 기대되는 상황)'로 간주된다. 낮은 점유율과 낮은 성장률은 '개(dog, 시장 성장성도 낮고 수익도 낮은 상황)'

를 의미한다. 가망 없는 사업으로써 수익률이 낮고 시장 점유율을 유지하는 데만도 상당한 현금 투자가 요구된다. 마지막으로 낮은 점유율과 높은 성장률은 스타나 캐시카우 또는 개가 될 수 있기 때문에 물음표(question mark, 시장 성장성은 높으나 수익성이 낮은 상황)를 의미한다.

다음 표는 매트릭스에 데이터를 함께 제시한 것이다. 분산형 그래프를 2×2 매트릭스로 표현하기 위해서 그래프에 2개의 구분선을 그어 4분면으로 만들어야 한다. 성장률의 고저를 구분하는 수평선과 점유율의 고저를 구분하는 수직선.

이 작업은 까다로울 수 있지만 현금 창출과 재투자에 필요한 현금 규모에 영향을 미치는 모든 요소들, 즉 산업, 지리적 위치, 회사 상황, 평가 기준 등에 따라 달라진다. 그러나 경험적으로 볼 때, 시장 성장률이 10% 이상이면 일반

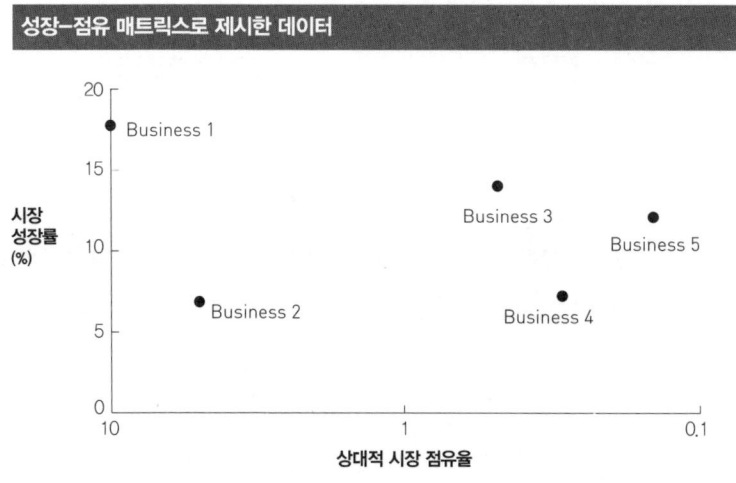

* 상대적 시장 점유율은 선형보다는 로그로 표시되기 때문에, 동등한 거리는 동등한 증가율을 나타낸다(예를 들면, x축의 10과 1 사이 구간 거리는 1과 0.1 사이 구간 거리와 같다. 또한 더 작은 숫자도 표시될 수 있다).

적으로 높게 평가된다.

　분산형 그래프에 3차원적 표현을 가미하는 것은 유용하다. 그래프 상의 각 데이터 점의 크기는 그 점의 상대적 중요성을 나타낸다. 아래 그림에서 알 수 있듯이 성장-점유 매트릭스에서 이 점은 주로 수익의 크기를 나타낸다.

　이렇게 가미된 입체적 표현은 2×2 매트릭스뿐 아니라 분산형 그래프에서도 일반적으로 유용하다. 서로 다른 데이터 점들에 대한 상대적 중요성을 알 수 있다면, 우선순위를 정하고 의사결정을 하는 데 도움이 된다. 매출 규모와 더불어 순익 규모, 기여도, 기타 연관된 데이터들이 활용될 수 있다. 선택은 어떤 데이터를 확보할 수 있느냐, 그리고 그 중 어느 데이터가 중요도를 가장 잘 함축하여 나타내낼 수 있는가에 달려 있다. 그러나 주의할 것은 측정하고자 하는 데이터는 정확한 반지름이나 지름이 아닌 원의 면적을 척도로

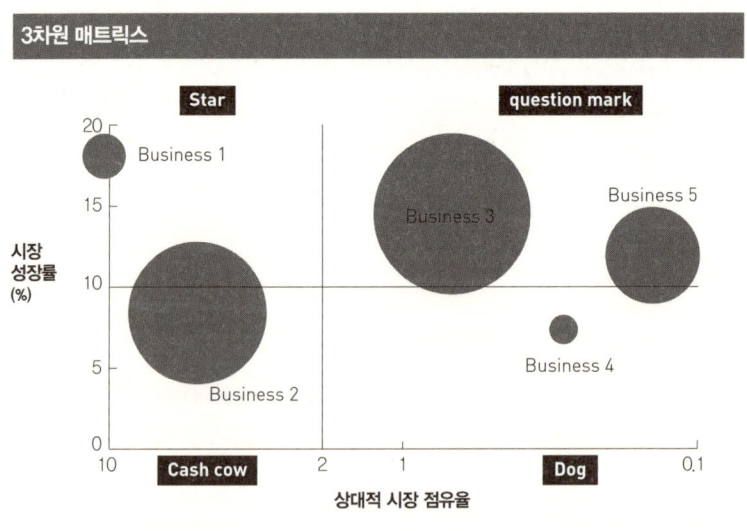

표현되어야 한다. 원의 면적은 다양한 데이터 점들에 대한 상대적 크기를 보여줌으로써 시각적 효과를 나타낼 수 있기 때문이다. 반지름이나 지름을 사용하면 차이가 크게 과장될 수 있기 때문이다.

예시 3 : 나는 쇼핑몰 건물 임대를 하는 고객사가 쇼핑몰 입주자들의 비즈니스 성공(과 실패)을 모니터링할 수 있도록 2×2 매트릭스를 고안했다. 소매업 입주자들의 성공은 매장 평당 매출액과 월 매출액의 일정 퍼센트로 지불하는 임대료에 좌우되고 있었다. 아래 그림에서 볼 수 있듯이 매출액이 높을

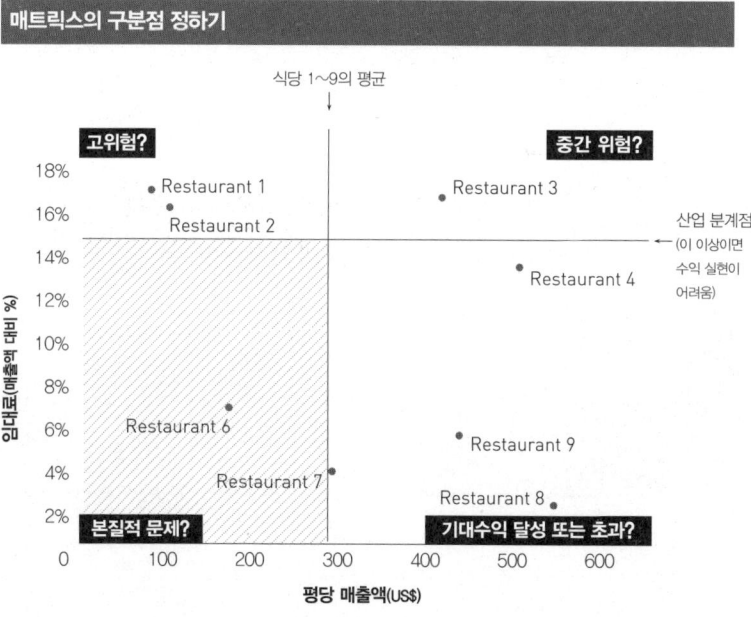

* 빗금친 그룹의 매출액은 낮지만 입주자의 전반적인 재무 상태를 볼 때 임대료도 매우 낮은 수준이다. 이들은 건전한 재무 상태를 유지하고 있지만, 평당 잠재적 매출을 극대화하지는 못할 것이다. 그러므로 차트 상의 포지션 이면에 있는 이유를 알아내는 것이 중요하다.

수록, 임대료가 낮을수록 입주자의 비즈니스는 더 성공적이다.

  나는 이것을 세 번째 사례로 정했다. 왜냐하면 이 매트릭스는 독창적일 뿐만 아니라 2개의 구분선, 즉 수직 구분선과 수평 구분선이 어떻게 회사와 업계의 특성을 반영하여 그려질 수 있는지를 보여주기 때문이다. 여기서는 원 대신 점으로 표기했는데, 그것은 입체적으로(원의 크기) 나타내는 것이 너무 복잡해 보일 수 있기 때문이다. 게다가 매트릭스 상의 입주자들은 규모 면에서 거의 비슷했다.

  예시 4 : 2×2 매트릭스를 넘어 2×3, 3×2 또는 3×3 매트릭스도 가능하다. 아래 표는 가장 잘 알려진 3×3 매트릭스 중의 하나이며, GE와 맥킨지가 1970년대와 1980년대 초 공동 개발한 산업 매력도-사업 강점 분석 매트릭스다.

3×3 매트릭스		산업 매력도		
		고	중	약
사업 강점	강	투자 성장	선택적 성장	선택
	중	선택적 성장	선택	회수(탈락)
	약	선택	회수(탈락)	회수(탈락)

* 매트릭스 내 사업의 배치는 다각화된 기업이 다양한 사업 부문을 관리할 수 있는 분석적 맵을 제공한다. 대각선 위쪽의 사업 군에 대해, 회사는 투자와 성장 전략을 추진할 수 있고, 대각 선 상의 사업 군에 대해 선택적 투자를 고려할 수 있으며, 대각선 아래로는 매각이나 청산, 또는 투자를 최소화함으로써 현금을 회수하는 전략을 구사할 수 있다.

  이 예시를 소개하는 이유는 이 특정 이론을 어떻게 적용하는지 설명하기 위함이 아니라 3×3 매트릭스가 어떻게 활용될 수 있는지 보여주기 위함이다. 그러나 3×3 이상의 매트릭스는 어렵다. 사람들은 가끔 4×4나 더 큰 매트릭스를 사용하기도 하지만 그럴 경우 너무 복잡해진다. 큰 매트릭스가 필요할 것 같으면, 보통 그보다 더 나은 과제 분석 방법을 활용하는 것이 낫다.

중요한 것은 연습이다. 복잡한 과제를 해결해야 하거나 생각하는 바를 프레젠테이션 자료로 작성해야 할 때, 자신의 아이디어를 꼭 매트릭스로 정리해보길 권한다. 끝내 잘 들어맞지 않는다고 느끼더라도 연습을 하면 이 변화무쌍한 기법의 사용에 익숙해질 것이다.

문 차트 Moon chart

문 차트는 항목을 나열하고 평가할 때 유용하다. 다음 두 차트들을 살펴보자. 서로 다른 음영을 하고 있는 원은 서로 다른 평가를 의미한다. 이 예시들은

문 차트 1 : 슬라이드 평가 기준

	전문가들이 말하는 효과적인 파워포인트 슬라이드의 평가기준	이 슬라이드는 이 기준에 얼마나 잘 부합하고 있는가
가장 높음 ↑ 전문가 인터뷰에 바탕을 둔 중요도 ↓ 가장 낮음	1. 효과적인 제목	◐
	2. 간결한 텍스트	●
	3. 통찰력 있는 도식	◑
	4. 권위 있는 자료의 출처	◑
	5. 전반적으로 이해하기 쉬운 흐름	●
	전체 평균 등급	중상 ◑

● 기준을 완전히 충족시킴
◐ 기준과 맞지 않음

문 차트를 활용한 경우이다.

'대상'을 평가해야 할 때. 앞의 표에서 대상은 상품, 서비스, 목표 인수 대상, 산업, 직원, 문제, 그 밖에 명확히 정의할 수 있는 모든 것들이 될 수 있다. 체계적이고 믿을 만한 평가를 위해 타당한 평가 기준 항목들이 마련되어야 한다. 문 차트를 통해 항목과 평가 등급을 명료하게 제시할 수 있다.

항목들의 중요도가 신뢰할 수 있게 매겨져야 할 때. 아래 표는 소비자의 구매 기준을 소비자 조사 자료에 근거하여 중요도 순으로 제시하고 있다. 문 차트를 활용할 때는 세 가지를 주의하자.

문 차트 2: 소비자 구매 기준	
세탁기 구매 기준	소비자 조사에 근거한 중요도
1. 유명 브랜드	◐
2. 무료 보상 기간	●
3. 무료 배송과 설치 서비스	◐
4. 무료 전화 핫라인	◐
	● 가장 중요함 ◐ 중요하지 않음

첫째, 논리적 순서에 따라 항목을 구성하는 것이 좋다. 중요도 순이나 연대기적 순과 같이 적절한 순서를 따르라. 이 훈련을 하게 되면 자료를 일목요연하게 구성할 수 있어 문제를 분석하거나 프레젠테이션을 할 때 도움이 된다.

둘째, 어떤 사람들은 달의 음영 대신에 1, 2, 3과 같은 숫자나 체크 표시(∨, ∨∨, ∨∨∨), 또는 다른 기호를 선호한다. 나는 보통 달의 음영을 선호하는데, 거기에는 강한 시각적 효과가 있기 때문이다. 달의 음영은 특히 평가가 객관적이기보다는 다소 주관적일 때 적합하다.

가끔 평가 등급이 더 많이 필요할 때 보름달, 반달, 빈 달과 더불어 1/4달과 3/4달도 차트에 사용할 수 있다. 보름달이 최고 등급이라면, 청중은 세분화된 음영을 통해 최고 등급에 근접하고 있는지 아니면 아닌지를 손쉽게 알 수 있다.

하지만 다른 기호들이 더 적합할 때도 있다. 만일 앞의 경우 소비자 조사에서 소비자에게 각 구매 기준에 대해 숫자로 1~5 사이에서 평가를 요청했다면 달의 음영 대신 1~5로 표기하는 편이 더 적합할 것이다. 만일 체크나 다른 어떤 상징에 익숙한 청중에게, 또는 달의 음영을 이해하기 어려워하는 청중에게 프레젠테이션을 해야 한다면, 다른 기호를 사용하는 것이 더 나을 것이다.

셋째, 달의 음영이나 다른 기호들을 사용하여 대략적인 평균을 나타낼 수 있다. 평균은 전반적인 평가나 결론을 도출하는 데 유용하다.

캐스케이딩 차트 Cascading chart

다음 그림은 캐스케이딩 차트의 예를 보여준다. 캐스케이딩 차트는 수익, 비용, 인원수와 같은 정량적 가치가 어떻게 합해져 총수에 이르렀는지 나타내는 데 유용하다. 특히 덧셈과 뺄셈이 같이 이루어질 때 유용하다. 그와 같이 복잡한 데이터를 파이pie나 바bar 차트와 같은 다른 형태의 차트로 보여주기는 힘들다.

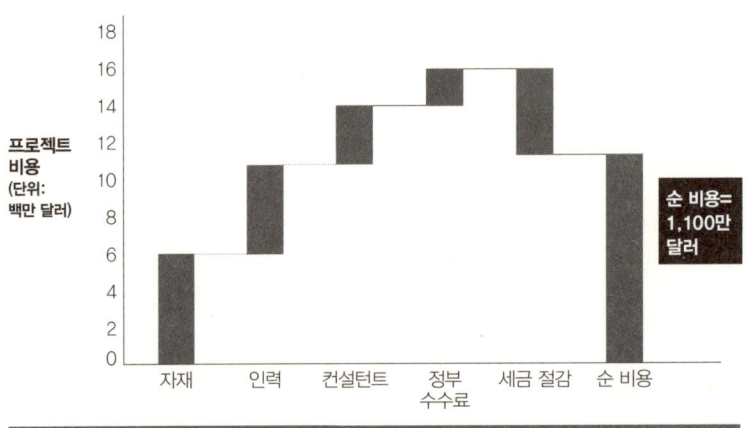

영역 차트 Area chart

영역 차트는 관심 변수가 세 개, 즉 x, y와 x×y일 때 유용하다. 다음 차트는 직무별 직원 수와 직원 1명당 평균 인건비를 보여준다. 또한 각 박스의 면적을 통해 직무별 총 인건비를 알 수 있다.

각 박스 면적 = x축 값 × y축 값
= 직원 수 × 직무별 인당 평균 인건비
= 직무별 총 인건비

그러므로 바bar나 분산형 차트 대신 이 형태의 차트를 활용하면 세 번째 관심 변수를 분석에 포함할 수 있다.

이 차트에서 주목할 것은 공장 근로자 수가 가장 많지만, 그들의 단위 인건비가 매우 낮기 때문에 총 인건비도 감독자보다 작다는 사실이다(각 면적을

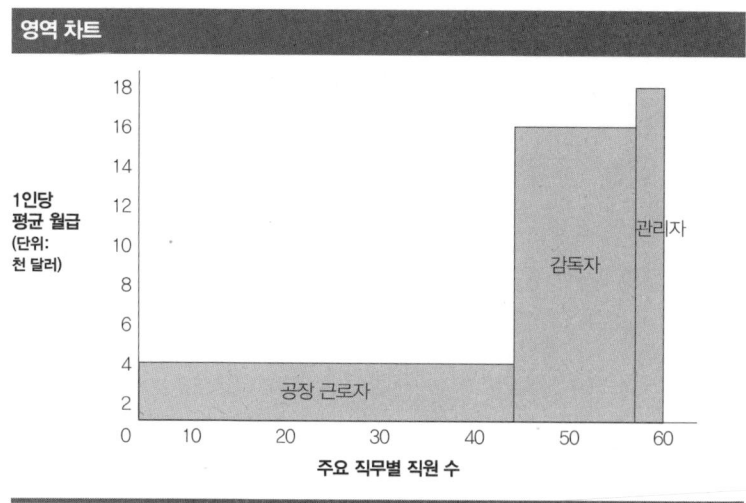

비교하면 알 수 있다). 그러므로 이 조직은 '톱-헤비(top heavy, 상부 조직의 비중이 큰 조직)' 형태라고 할 수 있다.

차트 활용시 주의사항

이러한 네 종류의 차트를 도식과 분석 도구로 활용할 때, 다음의 사항을 명심해야 한다.

첫째, 차트는 요점을 명확히 하는 데 도움이 될 때만 가치가 있다. 가끔 제시할 데이터가 거의 없거나 데이터 작업을 시각적으로 과시하고 싶을 때 차트로 보여주고 싶은 유혹이 생긴다. 그러나 차트는 목적을 위한 수단임을 기억해야 한다. 어떤 차트라도 요점을 명확히 하는 데 도움이 되지 않는다면 가치가 없는 것이므로 시각적 도구로 포함시켜서는 안 된다.

둘째, 모든 차트의 제목은 윗부분에 그리고 자료 출처는 아래에 명기해야 한다. 이때 차트 제목은 단순하면서도 간결하게 하여 8단어 이하가 되도록 해야 한다. 그리고 청중에게 차트의 요점, 즉 그 차트의 결론을 전달할 수 있어야 한다.

셋째, 초보들은 자주 '수익 창출'이나 '시장 성장'과 같은 상투적이고 설명적인 제목을 달려고 한다. 그렇게 하는 것이 손쉽기 때문이다. 이것이 잘못된 것은 아니지만 제목을 통해 청중에게 그 슬라이드의 의미(왜 그들이 그 차트를 보고 있는지)와 결론을 짐작하도록 알려줘야 한다. 이렇게 하면 두 가지 유익한 점이 있다. 하나는 슬라이드 작성자로 하여금 차트의 의미와 그 슬라이드가 나머지 내용들과 어떻게 조화를 이룰 것인지 충분히 생각하도록 한다. 또한 청중들은 그 차트의 의미를 빠르고 쉽게 이해할 수 있다.

넷째, 가끔 차트의 제목이 요점을 충분히 전달하지 못할 때가 있다. 요점이 너무 복잡하면 그럴 수 있다. 그런 경우 제목 아래에 부제를 추가할 수 있고, 또는 슬라이드 아래 부분에 간단한 설명 문구를 삽입할 수 있다. 가능하면 제목으로 전달하는 것이 가장 효율적이다. 그러나 필요하다면 이러한 두 가지 기법도 사용할 수 있다. 슬라이드에 출처를 밝히는 것은 세 가지 이유에서 중요하다. 첫째는 데이터의 신용도. 둘째는 프레젠테이션 중에 청중이 물어볼 수 있기 때문이다. 셋째는 다른 사람이 나중에 그 데이터를 참조해야 하는 상황에 대비해서다. 제목과 출처를 명시하는 규칙은 텍스트 슬라이드에도 유사하게 적용됨을 기억하자.

다섯째, 특별히 중요하거나 복잡한 차트라면, 슬라이드 하나에 한 개의 차트를 보여주는 것이 가장 좋다. 그러나 한 슬라이드에 복수의 차트를 넣어야 할 때가 가끔 있다. 모든 차트가 간단명료해서 청중이 손쉽게 요점을 이해할 수 있다면 그렇게 할 수도 있다.

지금까지 제시한 그래프와 차트는 단순히 참조용이다. 시각적인 도식 디

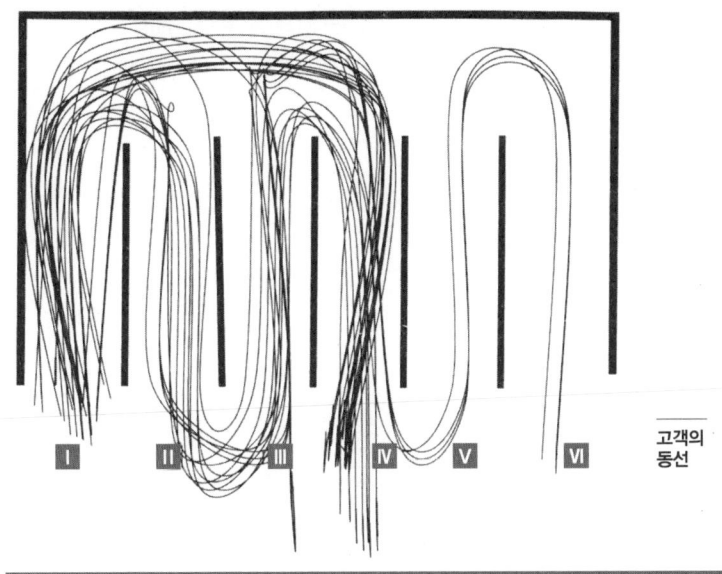

자인은 주로 창의성의 영역이다. 전달하고자 하는 자신의 요지를 명확히 알고 나서, 그 요지를 뒷받침해주는 데이터들을 제시할 수 있는 효과적 방법을 디자인해야 한다. 위에 나오는 '손으로 그린 동선 패턴'은 어느 식품 매장에서 일어나는 고객들의 동선 패턴을 나타낸다. 데이터는 파트타임 직원을 고용하여 각 통로에 2시간 동안 세워두고, 실제 고객의 왕래를 기록하게 하여 얻은 것이다.

차트가 다소 정리되지 않고 혼란스러워 보일 수 있지만 이 차트에서 전달하고자 하는 요지는 구체적인 수치가 아니라 통로별로 고객의 왕래 빈도가 다르다는 사실을 보여주는 것이기 때문에 그 자체로 충분히 효과적이다.

텍스트 슬라이드

데이터 도식이나 차트에서 그 형태는 대부분 필요한 데이터와 분석에 의해 결정된다. 그러나 텍스트 슬라이드에서 그 형태는 좀 더 개인적 선호나 스타일에 따라 정해질 수 있다. 나는 '적을수록 낫다'는 쪽을 선호한다. 업무상 하는 파워포인트 프레젠테이션은 문서만 준비하기보다는 대부분 시각적 도식을 활용하여 구두 발표를 하는 것이기 때문이다. 그러므로 아주 정확하고 자세하게 작성할 필요는 없다.

'적을수록 낫다'는 말의 의미는 다음과 같다. 첫째, 텍스트 슬라이드의 개수를 줄인다. 나는 가능하다면 도식을 사용하려고 한다. 예를 들어, 99쪽 그림은 새로운 시장 진입을 고려중인 고객에게 내가 했던 프레젠테이션 슬라이드의 일부다. 설명적인 슬라이드 대신 나는 퍼즐 도식을 사용했다.

관련 데이터나 분석이 별도로 있는 것이 아니어서, 나는 간단한 텍스트로 슬라이드를 만들 수도 있었다. 그러나 두 가지 이유로 나는 퍼즐 도식을 택했다. 첫째, 그것을 통해 4가지 요소 전부가 필수적이며 서로 밀접하게 작용되어야 함을 전달할 수 있었다. 둘째, 시각적으로 보는 재미가 더 크고 기억하기도 더 쉽기 때문이다. 청중의 일부가 영업 관리자와 엔지니어들로 구성되어 있어서 더욱 중요했다. 지나치게 분석적인 프레젠테이션은 이들을 질리게 할 수도 있기 때문이다. 일반적으로 텍스트 슬라이드를 작성해야 할 때, 내가 제일 먼저 하는 일은 '그것을 텍스트 대신 그림으로 표현할 수 없을까' 하는 고민이다. 이것이 어렵다고 판단될 때서야 비로소 나는 텍스트 작업에 돌입한다. 작업을 끝낸 후에도 그림으로 전환하여 표현할 수 있는 부분이 있지 않을까 계속 고민한다. 텍스트가 필요하다면 단어 수를 가능한 한 적게 하라.

각 세부 항목의 내용을 작성할 때는 맨 앞에 굵은 점을 찍어주고 가장 적

조각 그림 도식

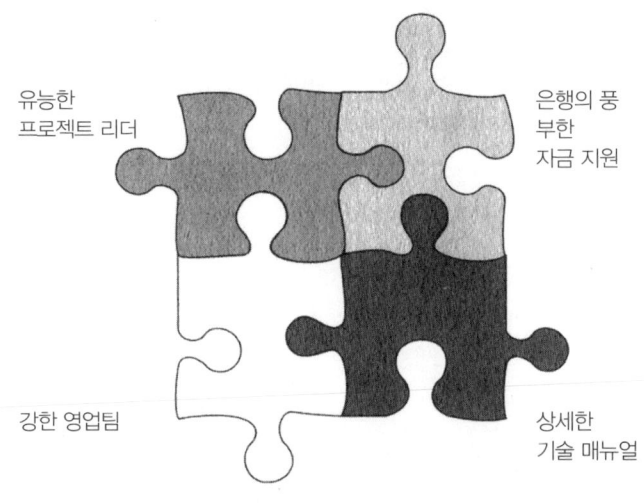

프로젝트의 4가지 주요 성공 요인

- 유능한 프로젝트 리더
- 은행의 풍부한 자금 지원
- 강한 영업팀
- 상세한 기술 매뉴얼

은 개수의 단어를 사용하기 위해 애를 써야 한다. 예를 들어 '프로젝트의 비용은 높을 것이고 위험은 낮을 것입니다'라고 하는 대신 '고비용, 저위험'이라고만 적어도 된다. 또는 '우리는 정부가 전적인 지원을 해줄 것으로 기대하고 있습니다'라고 하는 대신 '정부의 전적인 지원 기대'라고만 쓰면 된다.

특히 귀납적 논의를 전개할 때 굵은 포인트로 시작되는 세부항목들이 서로 대등한 논의 구조를 유지하도록 하라. 대등한 논의 구조란 각각의 굵은 포인트들이 똑같진 않더라도 유사한 문법적 구조를 갖는 것을 의미한다. 100쪽 예시에서 대등한 구조를 가진 굵은 포인트의 사례들을 볼 수 있다. 첫 단어는 형용사로 시작되고 마지막 단어는 명사로 끝난다.

굵은 포인트로 시작되는 세부항목을 대등한 구조로 유지하는 것은 전달하는 요점이 논리에 부합하도록 도와준다. 대등한 구조를 통해 청중들도 요점을 이해하기 쉽다.

대등한 문법 구조

프로젝트의 4가지 주요 성공 요인

- 유능한 팀 리더
- 강한 영업팀
- 은행의 충분한 지원
- 상세한 기술 매뉴얼

구덩이 속에서 계속 바닥을 파지 마라

말을 잘하기 위한 훈련에는 또한 말을 언제 멈춰야 하는지 아는 것도 포함되어 있다. 아무리 언변이 뛰어난 사람일지라도 계속 말하기보다는 말을 멈추는 편이 더 나은 순간이 있다. 적어도 아래와 같은 상황에서 그렇다.

첫째, 말을 아주 잘하는 사람도 자신이 틀린 내용을 말하고 있음을 스스로 발견할 때가 있다. 나는 아직도 그 장면을 생생히 기억한다. HBS에서의 첫째 주 수업에서 동기 한 명이 의견을 말하고 있었다. 시작은 좋았는데 어느 순간 그의 논점이 다른 길로 접어들기 시작했다. 수업에 있던 거의 모든 사람들이 반박하기 위해 손을 들었다. 무언가 잘못되어가고 있음을 알아챈 그는 "저는 …을 뜻한 것이 아닙니다. 제가 말하고자 했던 것은 …였습니다" 등과 같이 자신의 논점을 수정하기 시작했다. 그러나 어찌된 것인지 그가 스스로 빠져나오기 위해 더 많은 말을 하려 할수록 상황은 더 악화되었다. 그러다가 교수님이 그에게 조용히 걸어가서 그의 눈을 보며 전체 학생들 앞에서 말했다. "발표의 첫 번째 규칙, 구덩이에 빠져 바닥을 계속 파는 우를 범하지 마라." 모든 학생들이 웃었지만, 이 충고는 모든 프레젠테이션에 적용된다.

둘째, 청중의 반응이 좋다고 생각될 때 가끔 말을 삼가는 것이 필요하다. 자신의 목표가 이미 달성되었을 때, 적게 말할수록 말로 인한 예기치 않은 실수를 줄일 수 있다. 나는 이것을 고등학교 시절에 깨달았는데, 내가 좋아하던 역사 수업시간에 콘드라티 릴레예프Kondraty Ryleyev의 이야기를 접하면서였다. 릴레예프는 19세기 러시아 혁명 당원으로서 러시아의 근대화를 주장했지만 결국 그는 체포되고 처형당했다. 사형 집행 당일, 릴레예프가 매달린 로프가 끊어지면서 그는 바닥에 떨어졌다. 당시에 그런 사건이 일어나면 죄인을 용서해주는 것이 하늘의 뜻이라고 간주되었다. 릴레예프는 일어나면서 군중을 향해 다음과 같이 소리쳤다. "보라. 그들은 로프조차도 제대로 못 만든다!" 차르는 릴레예프의 사면을 허락하기 직전에 릴레예프가 군중에게 한 말을 들었다. 차르는 분노하여 관례적인 사면 규칙에도 불구하고 '그 반대임을 증명해보이기 위해' 그를 다음날 다시 처형했다.

5

HARVARD BUSINESS SCHOOL CONFIDENTIAL

당신은 아직 완벽하지 않다

우선순위를 정하라

거의 모든 HBS 출신들은 자신에 대해 매우 높은 자부심을 가지고 있으면서도 동시에 사소한 제약과 갈등에 둘러싸여 있다는 것을 인정한다. 그것은 집안의 중요한 행사로 온 가족이 기다리고 있는데 몇 시간씩 계속되는 회의가 될 수 있다. 또 그것은 충분한 자료 검토 없이 속히 내려야 하는 중대한 전략적 결정일 수도 있으며, 자료가 너무 방대하여 어디서부터 시작해야 할지 모를 경우도 있다. 당장 해치워야 하는 업무와 상사(또는 상사의 상사)의 머리에 떠오른 새로운 아이디어 사이에서 분주해질 수도 있다.

자원의 제약과 충돌은 불가피하다. 케이스 학습 방식은 이러한 제약을 잘 설명해준다. 엄청난 분량의 케이스 과제들, 과제와 개인 생활 사이의 시간 부족, 각 케이스의 실질적인 데이터의 부족, 이 모든 것들이 사람은 어떤 식으로든 제약을 받는다는 현실을 각인시킨다. 자원의 제약과 충돌을 관리하는 데 꼭 필요한 것은 훈련과 용기, 그리고 도구들이다.

훈련

훈련은 어떤 일을 즉시 하기로 결심하고 시도하는 대신, 한 발자국 뒤로 물러나 자원을 적절하게 활용할 수 있는지 질문하는 것을 의미한다. 그렇지 않다면 용기를 내어 그 제약에 관해 관계자들과 의논하고 적합한 도구들을 활용해서 우선순위를 정하며 타협으로 해결할 수 있어야 한다.

용기

용기는 있을 수 있는 제약 상황을 검토하고 다른 관계자들과 함께 해결안을 만드는 것을 의미한다. 다른 관계자들은 배우자, 아이들, 상사, 고객, 또는 동료가 될 수 있다. 특히 자신보다 높은 지위에 있는 사람들과의 관계를 관리하는 것이 중요하다. 보통 신입사원 시절에 사람들은 자신의 실력을 증명해보여야 하는 불안감에 자원 제약에 대한 문제를 제대로 제기하지 못한다. 제약 때문에 나중에 약속을 제대로 이행하지 못하는 것보다 초기에 용기를 내어 문제를 제기하고 논하는 편이 언제나 옳다.

도구

우선순위를 정하고 제약 사항을 관리하는 데 유용한 주요 도구들이다.

- 큰 그림 보기
- 기대 목표 정하기
- 80/20 법칙 지키기

큰 그림 보기

큰 그림에는 두 종류가 있다. 개인적인 것 vs 업무적인 것. HBS 출신들은 일에 있어서는 적극적이고 극심한 경쟁도 마다하지 않지만 대부분 가정생활에도 큰 가치를 부여한다. 일반적으로 그들은 다음과 같은 옛 격언을 금과옥조로 여긴다. "죽음의 순간에, 일에 많은 시간을 쏟지 않아 후회하는 사람은 아무도 없다. 많은 이들이 가족과 많은 시간을 함께 하지 못한 것을 후회한다." 그러므로 개인적인 삶과 일적인 삶이 충돌할 때, 경력과 연관되어 일에 대한 압박이 밀려오더라도 자신이 그린 두 가지 큰 그림을 유지하며 그에 따라 결정하는 것이 가장 현명하다.

업무를 추진하면서 자원에 대한 갈등이 있을 때마다, 예를 들어 어떤 데이터를 먼저 분석할 것인가, 무슨 프로젝트를 먼저 할 것인가, 어떤 안건을 먼저 논의할지 결정할 때 '큰 그림은 무엇인가?' 그리고 '중요 안건은 무엇인가?'라고 묻는 것이 도움이 된다. 이 방법은 회의나 프로젝트에서 우선순위를 정하는 데 유용하다.

기대 목표 정하기

다음은 실제 이야기다. 내가 처음에 컨설턴트 일을 시작할 때, 나의 상사는 1주일 안에 어떤 데이터를 준비해달라고 요청했다. 그를 기쁘게 하고 싶은 생각에 나는 그 데이터를 기한보다 절반이나 앞당겨 준비할 수 있다고 자신 있게 말했다. 불행히도 그 작업은 내 생각보다 더 오래 걸렸다. 3일이 지난 후 나는 그에게 이틀이 더 필요할 것 같다고 말했다. 그러나 나는 그가 처음에 제시했던 기한보다 더 빨리 끝낼 자신이 있었다. 나는 어차피 그가 처음에 요청했던 일정보다 앞당겨 준비될 것이기 때문에 괜찮을 것이라고 생각했다. 그러나 그는 크게 화를 냈다. 내가 그에게 3일 안에 자료가 준비될 것이란 말을 해서, 그는 그 자료를 일찍 받는 것으로 일정을 세웠던 것이다. 나의 판단 착오로 인해 그는 자신의 모든 일정을 전면 수정해야 했다. 그 후로부터 나는 적절한 기대 목표의 설정이 매우 중요하다는 사실을 절대 잊지 않는다. 지금은 내가 항상 지키는 두 가지 규칙이 있다.

- 나중에 미안해하기보다 미리 여유로운 일정을 확보하라. 기대 목표를 세울 때 지나친 의욕을 앞세우지 않는 것이 좋다. 상사나 파트너에게 예상치 못한 일정으로 인해 실망감을 주기보다는 처음의 예상보다 더 일찍 일을 처리해 뜻밖의 여유시간을 선사하라.

- 대부분 일은 보기보다 더 많은 시간이 걸린다. 일반적으로 예상한 시일보다 1.5배 정도 넉넉히 잡는 편이 낫다. 물론 이것은 과학적으로 증명된 것이 아니며, 각자의 역량이나 성향에 따라 달라질 수 있다. 어떤 기대 목표치를 설정하기 전에 자신만의 능력과 작업 여건을 충분히 점검하는 시간을 가져야 한다.

80/20 법칙 지키기

80/20 법칙을 우리 삶에 적용해보면 부합하는 경우가 많다. 이것은 총 산출

물의 80%는 총 투입의 20%에 의해 생산된다는 것을 의미한다. 예를 들어 다음은 사실일 가능성이 높다.

- 회사 매출의 80%는 상위 고객 20%에서 발생한다.
- 회사 수익의 80%는 영업 인력 20%에서 발생한다.
- 총 임금액의 80%는 직원 20%에게 지급된다.

80/20 법칙은 프랑스계 이탈리아 출신의 사회학자이며 경제학자, 철학자였던 빌프레도 파레토Vilfredo Pareto에 의해 처음 발견되었다. 이탈리아의 경제 상황을 연구하면서 파레토는 인구의 20%가 토지의 80%를 소유하고 있다고 단정했다. 그 후 자신의 정원을 가꾸면서, 그는 80%의 완두콩이 20%의 줄기에서 생산된다는 것을 발견했다. 이러한 경험과 그 밖의 근거들을 통해 그는 전체 결과의 대부분은 전체 요소 중 작은 일부에서 비롯된다고 확신했다. 세월이 지나면서 파레토의 주장은 80/20 법칙으로 일반화되었다. 당연히 80과 20은 고정 숫자가 아니다. 이것들은 추정치이며, 전체 결과의 대부분(보통 60% 이상)은 전체 원인의 작은 일부(보통 40% 미만)에서 비롯된다는 것을 의미한다.

80/20 법칙은 우선순위를 정할 때 매우 유용하다. 그것은 상위 20%에 가장 큰 관심을 두어야 함을 의미한다. 그것은 상위 20%의 고객이거나 분석해야 할 20%의 데이터이거나 가장 높은 급여를 받는 20%의 직원일 수 있다.

컨설팅 업무를 막 시작한 무렵, 경험을 통해 나는 이 법칙에 대한 나의 믿음을 확고히 하게 되었다. 당시 나는 중국의 신생 고객사를 위해 일하고 있었다. 나는 그 영업 부서가 직원들의 시간을 고객들에게 균등하게 배분하고 있어서, 각 개별 고객은 직원들로부터 동일한 분량의 시간과 서비스를 제공받고 있음을 알게 되었다. 그 결과 각 영업직원에게는 10명의 고객이 할당되었고 그들에게 동등하게 서비스를 잘 제공하라는 지침이 내려져 있었다. 회사는 전반적으로 이익을 내고 있었지만 수익과 수익성은 증가하지 않았다(아래 표 참고). 우리가 주요 고객들을 인터뷰했을 때, 그들은 그 회사의 영업직원의 서비스에 대해 '괜찮은 편'이지만 '우수한 편'은 아니라고 말했다. 그들은 그 회사가 자신들을 특별히 잘 대해주지 않는다고 느꼈다. 그래서 그들은 비록 고객사의 서비스를 계속 이용하고는 있었지만 그와 '유사하거나 더 나은 서비스'를 제공하는 다른 회사들에게도 똑 같이 기회를 주고 있었다.

반대로 그 회사 입장에서 비중이 낮은 고객들을 인터뷰했을 때, 그들은 자신들을 마치 큰 고객처럼 대해주는 그 회사에 크게 감동을 받곤 한다고 말했

영업 활동 수익률

영업직원 1인당 연평균 월급 : 24,000달러

영업직원 1인당 담당 고객 수 : 10

고객 1인당 평균 영업직원 비용 : 24,000/10 = 2,400달러

매출 총이익 (매출원가) : 80% 수익

고객 순위	고객별 연간 매출액(A)	전년 대비 수익 성장률	매출원가 80% x (A)	고객 1인당 영업직원 비용	% 고객 수익률 (매출액 − 매출원가 − 영업직원 비용)/매출액
No.1 (가장 큰 고객)	$5,000,000	0%	$4,000,000	$2,400	약 20%
No.20	$3,200,000	5%	$2,560,000	$2,400	약 20%
No.308 (가장 작은 고객)	$15,000	1%	$12,000	$2,400	4%(수송, 주문 처리, 기타 비용 등을 포함하면 수익은 사실 마이너스일 가능성이 높다)

다. 그러나 그들은 그 회사의 서비스를 더 많이 이용하고 싶어도 규모가 작아 더 이상 늘릴 수 없었다. 비효과적인 고객 서비스와 더불어, 그러한 자원 배분은 또한 107쪽의 도표에서 볼 수 있듯이 고객 수익성 관점에서 비효율적이다. 마침내 나는 고객사에게 자원을 재배분할 것(영업인력의 총 근무 시간의 80%를 20%의 주요 고객 또는 성장 고객에게 할당하는 것)을 제시했다.

80/20 법칙의 또 다른 예는 다음 그림에서 볼 수 있듯이 어느 자산투자 회사에 대한 나의 최근 연구에서도 찾을 수 있다.

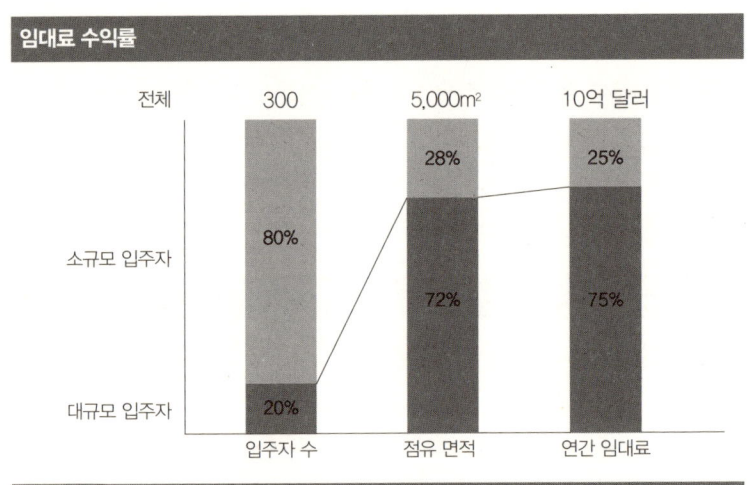

쉽게 얻을 수 있는 과일

가끔은 단기성과가 큰 성과보다 나을 때가 있다. 그런 상황은 다음과 같다. 자기 자신에 대해 또는 맡고 있는 팀이나 프로젝트에 대해 신뢰를 구축해야 할 때, 사업 위기로 현금이 당장 필요할 때, 구성원들의 사기를 높여야 할 때,

또는 큰 성과를 얻기에 너무 많은 시간과 노력이 소요될 때.

그러한 경우에 큰 효과를 중점에 두는 80/20 법칙을 적용하기보다는 '쉽게 얻을 수 있는 과일'을 획득하는 데 집중하는 편이 더 효과적일 수 있다. 그 말이 내포하고 있는 것처럼, 그것은 가장 쉽게 포착할 수 있는 기회를 활용하는 것을 의미한다. 나는 어느 아시아 국가의 국영 석유화학 회사의 리엔지니어링 프로젝트에 컨설턴트로 참여한 적이 있었다. 그 회사는 폭발적으로 성장하고 있었는데, 그 성장을 지원할 능력 있는 직원을 모두 고용할 수 없다는 것을 알았다. 그 프로젝트의 목적은 기존 인력 자원을 보다 효과적으로 활용하기 위한 주요 프로세스와 기능을 재설계하는 것이었다. 그 회사는 전국에 약 20개의 사무실과 정유시설을 보유하고 있었다. 프로젝트를 계획할 때, 선택할 수 있는 몇 개의 접근 방법이 있었다. 다음은 우리가 고려했던 접근 방법들을 단순화시켜 요약한 것이다.

선택 가능한 접근 방법	주요 고려 사항
1. 가장 규모가 큰 사무실과 정유공장부터 시작한다.	80/20 법칙
2. 동시에 모두 진행한다.	전체 프로젝트의 기간을 단축시키기 위해 프로젝트의 신뢰 구축에 도움이 되는 '쉽게 얻을 수 있는 과일'을 발견하기 위해
3. 오래된 프로세스로 인력이 많이 부족한 소규모 정유공장부터 시작하여 회사의 나머지 부분으로 진행해나간다.	

결국 우리는 세 번째 접근 방법을 택했다. 고객사의 일부 고위 임원들이 그 프로젝트와 비싼 외부 컨설턴트들의 영입을 두고 회의적인 반응을 보였기 때문이다. 우리는 소규모 정유공장에서 빠른 성과를 달성하여 신뢰를 구

축할 수 있었고, 회사의 나머지 부분을 진행해 나가는 데 있어 지지를 얻을 수 있었다.

플랜 B의 탄생

분명한 것은 우리의 개인적 삶과 비즈니스에서 모두 너무도 많은 요인들이 우리의 통제 범위 밖에 있다는 것이다. 플랜 B는 가장 나쁜 시나리오가 펼쳐질 경우, 애초의 가정이 틀린 것으로 드러날 경우, 선택할 수 있는 대안을 의미한다. 그것은 처음의 계획과 완전히 다르거나 실현 불가능할 때 처음의 계획을 수정, 또는 조정하는 것이다. 이것은 논리적이고 당연한 듯이 보이지만, 현실에서 플랜 B는 종종 잊혀지거나 적당한 형태로 실행되지 않는다. 이것은 무사안일주의와 플랜 A가 계획처럼 이루어질 것이라는 기대감, 또는 자원의 부족 때문이다.

플랜 B가 마련되더라도 실제로 활용되는 경우는 매우 드물다. 하지만 플랜 B는 자동차 보험과 유사하다. 많은 사람들이 보험에 가입하지만 지불한 보험금만큼 보험 청구를 많이 하지 않는다. 이것이 보험회사가 돈을 버는 방법이다. 그러나 사람들은 사고가 날 경우를 대비하여 보험에 가입한다. 큰 사고가 날 가능성은 희박할지라도 말이다. 이것이 바로 플랜 B의 존재 이유다.

TV 프로그램 중에 유명한 부동산 거물인 도널드 트럼프Donald Trump가 주관하는 〈견습생The apprentice〉'이라는 리얼리티 쇼가 있었다. 각 시즌별로 경영 전공 졸업생들, 기업가, 변호사 등으로 구성된 참가자들을 두 팀으로 나눠 짧은 시간 안에 다양한 비즈니스 과제들을 해결하도록 한다. 마지막 두 명이 남을 때까지 대회 참가자들을 탈락시킨 다음 최종 결전이 있고, 둘 중 한 명을 우승자로 선발한다. 우승자는 트럼프로부터 견습생 자격을 얻게 된다.

최종으로 남은 두 명에게 각각 큰 자선기금 모금행사를 기획하라는 과제가 주어졌다. 그 중 한 명은 HBS 졸업생으로 다른 명문대 박사 학위를 가진 사람이었는데, 대회 내내 탁월한 문제해결 능력을 보여주었다. 확실히 그는 결승 진출전까지 선두를 달리고 있었다. 그가 야외 자선행사를 기획하고 있을 때, 누군가가 그에게 일기 예보에 따르면 행사 당일에 비 올 가능성이 있다고 알려주었다. 하지만 엄청난 시간의 압박 속에서 일을 준비해야 했기 때문에 그는 그 정보를 무시했다. 그러나 행사 당일 엄청난 비가 쏟아졌다. 그에겐 플랜 B가 없었다. 그는 당황하여 허겁지겁 자신의 플랜 A의 모든 것을 변경해야 했다. 말할 필요도 없이 그는 그 실수의 대가를 치러야 했다.

이 이야기와 더불어 나는 '머피의 법칙'이 플랜 B의 필요성을 상기하는 데 유용하다는 것을 알았다. 머피의 법칙을 여기에 적용하면 '안 될 일은 아무리 계획을 잘 세워도 결국 실패한다'는 것이다. 특히 기대감이 작고 그것을 겨우 감당할 수 있을 때 그렇다. 물론 나는 실패할 가능성이 있는 모든 일에 대해 플랜 B를 세워야 한다고 말하는 것이 아니다. 그것은 너무나 고되고 비용이 많이 드는 일이다. 플랜 B의 수립 여부와 투입해야 하는 노력의 양을 결정할 때 고려해야 할 요인들을 공식으로 표현하면 다음과 같다.

플랜 B = 플랜 B가 없어 발생할 수 있는 충격
      × 플랜 B의 실행이 요구될 가능성
      ÷ 플랜 B 마련에 요구되는 노력

이 공식에서 객관적 데이터와 숫자는 불필요하다. 이것은 의사결정을 위한 참고사항에 지나지 않지만 이 공식의 의미는 분명하다. 어떤 가정이나 변수가 잘못되어 일어날 수 있는 여파가 클수록, 상세한 플랜 B의 요구가 커진다. 앞의 사례를 떠올려보면, 비가 올 경우 바깥 장소와 시설 사용은 물론, 계획한 행사의 진행이 불가능하다는 것은 자명한 일이었다. 그러므로 그 여파는 대단히 큰 것이었으며, 나쁜 날씨에 대비하여 상세한 수준의 플랜 B가 준비되어 있어야 했다.

어떤 가정과 변수의 틀릴 확률이 높을수록 상세 플랜 B에 대한 요구는 더욱 높아진다. 다시 같은 사례를 떠올려보면, 일기예보에서 비올 확률이 높다고 했으므로 플랜 B는 필요했다. 플랜 B에 들인 노력이 적을수록, 더 상세한 플랜 B를 마련해야 할 가능성은 더 커진다. 만일 상세 수준의 플랜 B를 수립하는 데 수백만 달러의 비용과 상당량의 시간과 에너지가 요구된다면, 매우 개략적인 수준의 플랜 B만 마련하여 위험을 감수하는 편이 당연할지도 모른다. 한 가지 대안은 구체적인 플랜 B는 세우지 않되, 필요하면 배분할 수 있는 자원을 할당해 놓는 것이다. 내 고객사 중 한 회사는 항상 '해군 특수부대 Navy Seals' 팀을 주요 프로젝트에 지정한다. 그 팀은 주요 프로젝트에서 예상치 못한 문제가 발생할 때, 투입되어 해결할 준비가 되어 있다.

플랜 B의 요구에 대한 최종 결정은, 세 가지 모든 요인을 함께 조합한 것을 근거로 판단해야 한다.

가정이 옳다고 단정 짓지 마라

나는 첫 직장생활에서 이런 깨달음을 얻었다. 의심이 나면 바로 물어보라. 자신의 독단적인 판단 아래 너무 확신하거나 질문할 용기가 없어서, 또는 단순히 시간 부족과 같은 이유로 많은 사람들은 근거 없는 가정을 하는 경향이 있다. 나는 어떤 가정을 할 때마다 항상 컨설턴트 초년 시절에 상사로부터 배웠던 지혜의 말을 떠올린다. "당신이 어떤 가정을 심사숙고 없이 할 때 무슨 일이 일어나는지 알고 있는가? 당신뿐만 아니라 당신의 상사인 나조차 웃음거리가 될 수 있다." 이러한 말을 듣게 된 배경은 물론 내가 맡은 컨설팅 프로젝트에서 수립했었던 어떤 빈약한 가정 때문이었다. 자신이 세운 가정에 대해 질문을 받고 적절히 대답할 수 없다면, 당신에 대한 신뢰도는 아래의 대화처럼 큰 타격을 입을 수밖에 없다.

고객(또는 상사) 당신의 전략을 보니, 향후 몇 년 동안 연 5%의 인플레이션을 가정하고 있군요. 그렇게 생각한 근거는 무엇입니까?
당신 지금까지 진행되어온 인플레이션율을 근거로 했습니다.
고객 어떤 이유로 당신은 그 인플레이션율이 향후 몇 년간에도 지속될 것이라고 가정한 것입니까?
당신 ……(침묵만 흐른다. 시간이 없었다? 그렇게 깊이 생각해보지 못했다? 내가 실수 했다? 어떤 대답도 옳지 않다)

당신이 고려한 어떠한 가정에 대해서도 질문이 나올 수 있음을 기억하라. 어떤 가정을 할 때마다 스스로 질문하라. 내가 이 가정에 대해 충분히 설명할 수 있는가? 공신력 있는 출처를 포함하거나(정부나 믿을 만한 연구소, 또는 전문가나 고객사의 고위 경영진과의 인터뷰), 또는 명확한 논리(가령 지난 50년간 인플레이션율을 조사해보니 이것이 평균이었다든가, 민감도 분석을 해보니 인플레이션이 우리의 의사결정에 미치는 영향이 미미하여 인플레이션율을 예측하는 데 많은 시간을 보내지 않아도 된다 등)를 활용할 수 있다. 자료 출처나 합당한 논리가 있더라도 여전히 동의하지 않는 사람들이 있을 수 있다. 그러나 그러한 불일치는 그 가정을 명확하고 간결하게 하기 위한 논의로 이어질 것이고, 그렇게 한다고 해서 당신에 대한 신뢰도가 떨어지지는 않을 것이다.

6

항상 최고의
사람을 얻어라

'무엇'보다 '누가'가 먼저다

자신의 사업을 경영하고 있거나 기업의 최고 경영자로 있는 HBS 출신들에게 사업 운영상의 가장 힘든 점이 무엇이냐고 물으면, 대부분은 '직원들'이라고 말한다. 직원들을 고용해서 훈련시키고 동기부여 하며 유지하는 일은 매우 중요하면서도 힘든 과제다. 그들에게 최고의 비즈니스는 단 한 명의 직원도 고용하지 않고 수입을 창출할 수 있는 일이다. 그래서 나는 집필활동과 부동산, 주식투자를 좋아한다. 이러한 일들은 대부분 혼자서 할 수 있기 때문이다.

'사람'과 관련된 이슈는 왜 그토록 어려운 것일까? 첫째, 적합한 사람들을 찾아내야 한다. 이 점이 인적자원 관리에서 가장 중요하다. 스탠퍼드 비즈니스 스쿨의 교수였던 짐 콜린스Jim Collins는 20명으로 구성된 자신의 연구팀과 5년에 걸쳐 30개의 주요 회사를 심층 분석했는데, 연구 목적은 좋은 회사를 진정으로 위대한 회사로 만들기 위해 최고의 CEO들이 한 일이 무엇인지 파악하는 것이었다. 다음은 그의 주요 연구 결과 중 일부다.

먼저 '누가'가 중요하다. 무엇을 하느냐는 그 다음 문제다. 좋은 회사를 위대한 회사로 도약시킨 리더들은 새로운 비전과 전략부터 짤 거라고 우리는 예상했다. 그러나 뜻밖에도 그들은 먼저 적합한 사람을 버스에 태우고 부적합한 사람을 버스에서 내리게 하며 적임자를 적합한 자리에 앉히는 일부터 시작했다. 그러고 나서야 버스를 어디로 몰고 갈지 생각했다. '사람이 가장 중요한 자산'이라는 옛 격언은 전적으로 옳은 말이 아니었다. '적합한 사람'이 중요하다.

후에 콜린스가 (좋은 회사를 위대한 회사로 이끈 CEO 중의 한 명에게) 평범한 기업에서 초우량 기업으로의 전환을 가능케 한 5대 요인을 열거해 달라고 요청했을 때, 그 CEO는 이렇게 대답했다. "첫째는 사람일 겁니다. 둘째도 사람이지요. 셋째도 아마 사람일 겁니다. 넷째도 역시 사람이고요. 그리고 다섯째도 역시 사람입니다."

광고계의 전설이자 세계적인 광고 회사 오길비 앤 마더Ogilvy and Mather의 창립자인 데이비드 오길비David Ogilvy는 적합한 사람을 채용하기 위해 고용주보다 더 능력 있는 사람을 채용할 수도 있다는 신념을 지니고 있었다. 오길비는 자기 회사의 지사 담당자로 임명되는 모든 사람들에게 러시아의 둥지 인형(인형 안에 좀 더 작은 인형이 여러 겹 들어 있음)을 건넸다고 한다. 이 인형을 열면 그

안에 더 작은 인형이 들어 있으며, 다시 이것을 열면 훨씬 더 작은 인형이 나타나는 식이다. 가장 안쪽의 작은 인형에는 오길비가 보내는 메세지가 적혀 있다. "만일 우리가 우리보다 작은 사람들을 채용한다면, 우리 회사는 난쟁이들의 왕국이 될 것이다. 하지만 우리보다 큰 사람들을 채용한다면 우리 회사는 거인들의 왕국이 될 것이다."

HBS 출신으로 제너럴 일렉트릭GE의 전 CEO며, 미국 역사상 가장 존경받는 CEO 중 한 사람인 잭 웰치도 같은 철학을 가지고 있다. 초보 임원들이 능력 있는 리더가 될 수 있도록 조언을 해준다면 어떤 말을 해주고 싶은지 질문을 받고 웰치는 대답했다. "내가 해줄 수 있는 가장 큰 조언은 혼자서 모든 일을 감당할 수 없다는 것입니다. 마음을 편히 가지고 가장 명석한 사람들이 팀에서 활약하도록 해야 합니다. 그렇게 한다면 세상을 자기 것으로 만들 수 있습니다. 항상 최고의 사람들을 얻으려고 하십시오. 최고의 사람을 얻지 못하면, 당신뿐만 아니라 당신의 조직은 도약하기 힘들 것입니다."

물론 당신이 최종 결정권자가 아니라면, 회사의 문화와 상사의 태도가 당신의 채용 성향에 영향을 미칠 것이다. HBS에서는 학생들에게 현실적인 접근을 하라고 가르친다. 당신이 중간 관리자인데 상사에게 가서 이렇게 말하는 것은 비현실적이다. "저는 제 부서의 전략을 도무지 잘 모르겠습니다. 하지만 제가 최고의 팀을 채용할 수 있도록 허락만 해주시면, 팀을 구성하고 나서 부서를 위해 무엇을 해야 할지 찾아낼 수 있을 것입니다." 이렇게 말하면 아마도 당신은 해고당할 가능성이 높다. 또한 당신의 상사가 콜린스나 오길비 또는 웰치와 같은 비전의 소유자가 아니라면 당신보다 똑똑한 사람을 고용해야 한다고 주장하는 것은 부적절하다.

고용은 신중히, 해고는 결단력 있게

하비 맥케이가 '당신의 삶을 비참하게 만드는 것은 당신이 해고한 사람들이 아니라 해고하지 않은 사람들이다'라고 말한 것처럼 적합한 사람들을 찾는 일에 시간을 들여야 한다. 직원들에게 개별적으로 당신의 기대 사항을 상세히 적어 알려주고, 정기적인 피드백을 통해 후속 관리를 해나가야 한다. 일을 잘 수행하지 못하는 직원에 대해서는 결단력을 발휘하여 회사를 그만두게 해야 한다. 짐 콜린스가 자신의 심층 분석으로부터 발견한 것처럼 최고의 기업을 만들려면 최고의 사람들이 필요하다.

의심스러울 때는 채용하지 말고 계속 지켜보라. 좋은 기업을 위대한 기업으로 도약시킨 어느 기업의 CEO는 콜린스에게 이렇게 말했다. "타협하지 않습니다. 우리는 다른 돌파구를 찾아서라도 적임자들을 찾아야만 합니다."

사람을 바꿀 필요가 있다는 것을 알게 되면 즉시 실행하라. 그렇지만 그 사실을 깨달았다는 것을 어떻게 알 수 있을까? 콜린스의 연구에 따르면, 여기에 도움이 되는 두 가지 중요한 물음이 있다. 첫째, 이 사람을 다시 채용할 것인가? 둘째, 이 사람이 퇴사하겠다고 찾아온다면 당신은 몹시 실망할까? 아니면 속으로 시원해 할까? 이 질문에 대한 답이 고용을 유지할 것인가, 해고할 것인가에 대한 실마리를 제시한다.

HBS 출신으로 베스트셀러 작가인 제프리 팍스는 적임자 채용 결정의 중요성을 그렇지 못했을 때 치러야 할 대가로 이렇게 설명한다. "잘못된 채용으로 회사가 치러야 할 비용에는 금전 보상, 고용계약 해지 처리, 재모집 비용, 관리 노력과 시간, 배치 비용이 있다. 부적격자로 인해 치러야 할 가장 큰 대가가 무엇인지 따로 구별하여 측정하기는 힘들지만 그것들은 구체적이다.

대체 비용, 조직운영 상의 비효율, 경영진의 실수, 기회 손실, 전략 실패, 훈련 비용 낭비, 사기 저하 등이 있다.

짐 콜린스도 결단력 있는 해고가 왜 중요한지 다음과 같이 말한다. "부적격자의 성과를 향상시키기 위해 들이는 모든 시간과 에너지는 적임자들과 함께 일하며 전진하는 데 쓸 시간과 에너지를 빼앗는다. 부적격자를 붙잡아 두는 것은 적합한 사람들에게는 반대로 불공평한 것이 된다. 그들이 부적격자의 모자라는 부분을 보완해줘야 하기 때문이다. 최악의 경우에는 최고의 인재들을 몰아내는 결과까지도 낳을 수 있다. 일을 아주 잘하는 사람은 본능적으로 실적에서 동기를 부여받는데, 부적격자들 때문에 자신의 일이 지장을 받는다는 것을 알면 결국에는 좌절하게 된다. 그것은 부적격자들에게도 결국 불공평한 결과를 초래한다. 어떤 사람이 결국 여기서는 성공하지 못하리라는 걸 알면서도 그가 자리를 계속 꿰차고 있게 하는 순간마다 당신은 그 사람의 인생의 한 부분, 즉 자신이 꽃을 피울 수 있는 더 나은 곳을 찾으며 보낼 수 있는 시간을 빼앗고 있기 때문이다."

잭 웰치 역시 이 철학을 실천하는 최고의 전문가다. GE 시절, 웰치는 자신의 보고 라인에 있는 소수의 관리직뿐만 아니라 상위 500개의 관리직을 뽑을 때 모든 사람들의 인터뷰를 직접 했다. 그가 이렇게 한 것은 잘못된 고용으로 인한 대가를 잘 알고 있었기 때문이다. 잘못된 고용에 대비하여 그는 결단력 있게 곧장 실수를 바로 잡을 수 있도록 인사 시스템 구축을 확실히 했다. 웰치의 GE 재직 시절, 모든 직원은 능력에 따라 A, B, C 등급으로 분류되었다. GE의 500명의 최고운영관리자들이 참석하는 회의에서 웰치는 다음과 같이 말했다.

"여러분 중 너무도 많은 분들이 C등급의 직원을 B등급으로 끌어올리기 위해 애쓰고 있습니다. 그것은 쳇바퀴를 돌리는 것과 같습니다. C등급의 사람들을 B수준의 회사나 C수준의 회사로 내보내면 그들에게 오히려 좋은 기회가 될 것입니다. 우리는 A수준의 회사입니다. 우리는 오직 A등급의 인재들을 원합니다. 우리는 우리가 원하는 인재를 얻을 수 있습니다. 여러분이 보유하고 있는 최고의 인재들을 잘 보살피기 바랍니다. 그들에게 보상을 제공하고 그들을 승진시키십시오. 보수와 스톡옵션도 넉넉히 주십시오. C등급을 B등급으로 끌어올리는 데 모든 시간을 쏟지 말고, C등급을 가능한 한 빨리 내보내십시오. 그것이 조직의 성공에 기여하는 길입니다.”

콜린스가 제시한 것과 마찬가지로, 웰치는 C등급의 사람들을 빨리 내보내는 것이 GE뿐만 아니라 당사자들에게도 도움이 된다고 생각했다. 능력 면에서 GE에서 C등급을 받은 사람들은 다른 능력이 요구되는 다른 회사의 조직에서라면 업무를 잘 수행할지도 모른다. 나는 컨설팅 영역에서 부진했던 사람들이 다른 능력이 요구되는 영업이나 증권거래 업무에서 상당한 성공을 거두는 경우를 종종 봐왔다.

그러나 해고를 결정하는 일은 쉽지 않다. HBS에서 받은 수많은 교육에도 불구하고 나는 결단력을 발휘해야 할 때에 우유부단한 경우가 있었다. 예를 들면 다음과 같다. 현재 내가 운영하는 회사에 어떤 직원이 있다. 그는 충직하고 열심히 일하지만 효율적이지 않고 빈번하게 실수를 한다. 나는 그의 실수를 발견하고 바로 잡는 데 나의 시간을 너무 많이 쓰고 있음을 알게 되었다. 그래서 두 달 동안 그를 해고하는 것에 대해 고심했다. 나는 짐 콜린스가 자신의 책에서 설명했던 고전적인 실수를 범하고 있었던 것이다.

우리는 모두 다음과 같은 시나리오를 경험하거나 목격해왔다. 버스에 부적합한 사람들을 태우고 또 그 사실을 잘 알고 있으면서도 우리는 기다리고,

늦추고, 대안을 시도하고, 서너 번의 기회를 더 주고, 또 상황이 좋아지기를 바라고, 그 사람의 단점을 보완할 약간의 시스템을 구축하는 등등의 일을 한다. 그래도 상황은 좋아지지 않는다. 집에 갈 때도 우리는 그 사람에 대해 생각하며 우리의 에너지가 분산되는 걸 깨닫게 된다. 우리가 너무 오래 기다리는 이유는 흔히 그 사람에 대한 배려보다는 우리들 자신의 편의와 안일함 때문이다. 그는 시키는 대로 일을 하고 있는데 그를 교체하면 당장 업무에 더 큰 공백과 차질이 생길 것 같아 그 문제를 바로 해결하지 못하고 회피한다.

　만일 당신이 관리자 경험이 없다면, 이런 경험을 하지 않을 수도 있다. 하지만 관리자가 됐을 때 이러한 덫에 빠진 자신의 모습을 볼 수도 있음을 기억하라. 완전히 피하기는 어렵지만 적어도 그 점에 대해 알고는 있어야 한다. 그래야 조금이라도 더 빨리 조치를 취할 수 있기 때문이다.

슬롯머신 게임을 하지 마라

적임자를 고용하고 부적합자를 해고한 것으로 모든 문제가 해결된 것은 아니다. 일단 직원을 채용하고 나면, 그들의 역량을 개발하는 데 막대한 노력과 시간을 들여야 한다. HBS 시절 한 동기가 이렇게 말한 적이 있다. "예전에 다니던 회사의 상사는 내게 모집 채용에만 초점을 두고 보유와 개발에 신경을 쓰지 않는 것은 슬롯머신 게임을 하는 것과 같다고 했습니다. 즉 모집 채용에 막대한 자원을 쏟아 부으면서도 정작 그들이 얻어낼 성과에 대해서는 운에 맡긴다면 그저 그런 성과만을 얻을 수밖에 없다는 점을 빗댄 것이지요."

　능력 있는 직원을 잃으면 값비싼 대가를 치러야 한다. 인수인계 기간 동안의 낮은 생산성으로 인한 직접적 손실은 물론이고, 동료들의 사기저하와 불안정성, 다른 적임자 물색과 그러고 나서 이루어지는 신규 채용자의 교육훈련 등은 어마어마한 손실을 의미한다. 높은 이직률은 최고의 인재들을 원하는 회사의 입장에서 보면 치명적 약점을 노출하는 것과 같다. 왜냐하면 높은 이직률은 구직자들에게 종종 회사 조직 내에 문제가 있다는 증거로 인식되기 때문이다.

직원이 우수할수록 떠나면 더 비싼 대가를 치러야 하고, 그들을 보유하는 일은 더욱 어려워진다. 금전적 보상은 언제나 주요 고려 요인이지만, 유능하고 실력 있는 사람들은 금전적 보상보다 훨씬 더 많은 것을 원한다. HBS에서의 모든 과정들은 직원의 사기와 보유에 연관된 경영 노하우와 리더십에 대한 주제를 다룬다. 다음은 내게 가장 도움이 되었던 핵심 내용들이다.

- 직원들에게 구체적이고 명확하게 말하라.
- 직원들의 기대 수준만큼 그들을 성장시켜라.
- 직원들에게 귀를 기울이라.
- 항상 직원들의 든든한 방패막이가 되어라.
- 미련없이 직원들을 놓아주어라.

직원들에게 구체적이고 명확하게 말하라

직원들에게 명확하게 잘 정의된 업무 목표와 우선순위 등 그들이 반드시 알아야 할 것들을 말해줘라. 내가 존경하는 교수님은 이렇게 말했다. "내가 만일 여러분에게 본 과정에서 A학점을 따고 싶으면 오늘 밤까지 10쪽의 우수한 리포트를 제출하면 된다고 말할 때, 여러분은 내가 관심 있어 하는 주제를 정해주는 것과 여러분이 관심 있어 하는 아무 주제나 고르는 것 중에서 어느 쪽을 선택하겠습니까?" 강의 중 익명으로 투표한 결과 대부분의 학생들이 전자를 택했다. 기업의 교육 담당자들은 우선순위가 불분명하거나 계속 변할 때 직원들은 혼돈에 빠져 불안해하고 스트레스를 받으며 만족도가 저하된다는 결론을 내리고 있다.

직원들에게 효과적인 피드백을 제공하라. 일을 잘해내고 있을 때, 그들은 개인적으로 또는 공식적인 자리에서 칭찬을 듣고 싶어 한다. 일을 잘하고 있지 못할 때도 그들은 자신들을 바로잡아 주기 위해 누군가 조용히 와서 해주는 건설적인 비판에 대해 고마워한다. 피드백의 내용이 긍정적이든 부정적이든 간에, 이유와 구체적인 예를 제시하는 것은 듣는 사람이 그 피드백을 이해하고 수용하는 데 큰 도움이 된다(아래는 도움이 안 되는 피드백의 예시다). 캔 블랜차드는 《1분 경영 The one minute manager》이란 책에서 효과적인 관리자는 부하 직원이 업무를 잘했을 때 즉각적으로 칭찬하고, 잘하지 못했을 때 바로 질책하는 사람이라고 설명한다. 효과적인 피드백이란 간결하고 사실적이며 상대방을 존중하고 즉각적이어야 한다는 것이다.

처음 관리자가 되었을 때, 나는 부정적인 피드백을 해야 하는 상황에서 많은 실수를 저질렀다. 지금도 내가 했던 가장 큰 실수 중 하나가 기억이 난다. 당시 나는 보스턴 컨설팅 그룹BCG에서 팀장으로 있었는데, 팀원 중 한 명은 회사에 새로 입사한 지 얼마 되지 않았었다. 그의 업무 경력과 태도는 훌륭했고, 나 또한 그가 다른 사람들에게 나와 함께 일하는 것이 정말 즐겁다고 말할 때마다 기분이 좋았다. 하지만 그는 대량의 데이터를 다룰 때와 그 데이터에서 큰 그림의 결론을 그려낼 때마다 종종 실수를 했다. 나는 매번 그의 실수를 지적하곤 했다. 그의 저조한 업무 수행에 대해 진지한 대화는 전혀 하지 않고, 나는 이렇게 말했다. "다음엔 실수하지 마세요. 낙담하지 말아요. 당신은 잘하고 있어요." 나는 그가 좀 나아질 것이라는 희망을 계속 걸었지만 상황은 더 악화되고 있었다. 심지어는 고객에게 할 최종 프레젠테이션을 앞두고 준비 중이던 바로 전날에도 그는 중대한 실수를 저질렀는데, 그 결과 나머지 팀원들은 모두 날을 새며 작업해야 했다. 프로젝트가 완료되었을 때, 회사 규정에 따라 나는 그에 대한 공식적인 업무 수행 평가를 했다. 다른 팀원들에게도 공정해야 했으므로 그에게 가장 낮은 점수를 줄 수밖에 없었다. 이 사실을 알고 나서 그는 분노했다. 그는 내가 줄곧 자신에게 긍정적인 피드백을 했었다고 말했다. 그가 했던 실수의 사례들을 내가 열거하자 그는 이렇게 말했다. "그렇지만 팀장님은 언제나 제가 잘하고 있다고 말하지 않았습니까!" 그는 더 많은 구체적인 사례를 말해달라고 했고, 나는 다른 것들을 기억해낼 수 없었다. 그 이후로 나는 솔직하고 즉각적인 피드백을 제공해야 하고 그 피드백의 근거가 되는 실제의 사례나 사건들을 기록해야 된다는 것을 깨달았다.

직원들의 기대 수준만큼 그들을 성장시켜라

부하직원을 육성한다는 것은 코칭과 훈련, 멘토링을 포함한다. 1장에서 살펴봤듯이 대부분의 유능한 사람들은 직업을 일정한 소득을 올리는 수단으로만 보는 것이 아니라 학습할 기회로 여긴다. 한번은 나의 남편이 직원에게 월급을 2배로 올려주겠다고 제안을 했었는데, 그래도 그 직원은 직장을 떠났다. 그는 이런 말을 마지막으로 남겼다. "배울 수 있는 뭔가 있는 것이 금전적 보상보다 더 중요합니다." 부하직원들이 효과적으로 학습할 수 있게 하려면 어떻게 해야 할까?

그들은 당기고 밀어주는 두 가지 모두를 원한다. 그들은 자신들이 습득하고자 하는 지식과 기술을 배우길 원하고, 동시에 상사가 자신들의 학습 과정과 경력 관리에 있어 도움을 주고 이끌어주기를 바란다. 그들은 자신들이 흥미를 가진 분야에서 스스로의 지식과 기술 체계를 끊임없이 심화하고 확장시키고 싶어 한다. 그들은 일이 따분해지는 것을 두려워한다. 그들은 어떤 업무 상황에 있든지 뭔가 배울 수 있기를 원한다. 정규 훈련과정, 상사의 코칭, 잘 계획된 업무 배분, 주요 프로젝트 참여 등은 그들의 배움에 도움이 된다.

직원들에게 귀를 기울이라

모든 사람들은 타인이 자신의 말에 귀를 기울일 때 스스로 가치 있다고 생각한다. 또 자신의 아이디어가 결국 받아들여지지 않더라도, 다른 사람들에 의해 충분히 고려될 때 자신을 가치 있는 존재로 인식한다. 유능한 고참 직원뿐만 아니라 신입직원에게도 귀를 기울임으로써, 경영관리나 사업운영에 도움이 되는 아이디어를 얻을 수 있다. 《그레이트 보스》의 저자 제프리 폭스Jeffrey Fox는 책에서 미국의 잘나가는 변호사가 자신의 사무실을 청소해주는 아주머니의 제안을 귀담아 들은 결과 중대한 소송에서 이길 수 있었던 실제의 사례를 제시하고 있다.

항상 든든한 방패막이가 되어라

불필요한 장애 요소들, 특히 관계를 소원하게 하고 좌절감을 주는 조직의 관료주의적인 절차나 정책, 문서 작업을 최소화하라. 당연하고 상식적인 이야기지만 아직도 많은 회사들이 그러한 장애 요소들을 제거하지 않아 훌륭한 인재들을 떠나보내고 있다. 이러한 상황의 주요 요인에는 조직의 정책, 고위 경영진의 무능, 인재보유 차원에서 문제의 중대성 인식 부족이 포함된다. 그러한 장애 요소를 안고 있는 회사들에는 유능한 직원들이 별로 남아 있지 않은 반면, 관료주의적 안전성과 행정적인 절차를 좋아하거나 또는 더 나은 업무 환경을 찾아 떠나기엔 부족한 평범한 직원들로 가득 차 있다(아래 이야기를 살펴보자).

함께 일한 고객사 중 어느 회사의 최고경영자와 회장은 제각각 스스로를 최고의 지성이라며 단호하게 말하고 나서 가장 유능한 인재들로 구성된 최고의 회사를 만들고 싶다고 했다. 그러나 내가 그 회사와 함께 일하면서 목격한 것은 아래와 같다.

잘못된 결정 1 그 고객사는 사내 회계시스템을 혁신하고 있는 중이었다. 회계 데이터의 손실은 중대한 경영상의 문제로 이어지기 때문에 이 프로젝트는 매우 중요하게 다뤄져야 했다. 사내 IT부서는 밤낮없이 작업을 수행하고 있었다. 그러던 어느 날, 핵심 역할을 맡고 있던 개발자 중 한 명이 교통사고로 다리를 심하게 다쳤다. 의사는 그에게 다리가 회복될 수 있도록 두 달 간 집에서 쉴 것을 권했다. 이 일로 회사와 그 개발자는 모두 곤경에 처했다. 회계시스템의 혁신을 예정대로 완료하기 위해서 회사는 그의 참여가 반드시 필요했다. 두 달이란 시간은 그가 사용할 수 있는 병가 한도일보다 많았기 때문에 회사 방침상 그는 무급휴가를 써야 했다. 그래서 개발자는 재정적인 어려움에 처하게 되었다. 또한 그는 하는 일 없이 두 달 간 집안에 있어야 했다. 비록 그가 다리를 다치긴 했지만 프로그래밍 작업을 하는 데는 아무 이상이 없었다.

그래서 그 개발자는 집에서 일할 수 있다고 회사에 제안했다. 실제로 집에서 일을 하게 되면, 출퇴근 시간이 많이 절약되고 사무실에서 일어나는 일상의 일들을 처리하느라 방해받지 않아도 되기 때문에 그의 작업 효율성은 훨씬 높아질 수 있었다.

이렇게 한다면 모두가 만족할 수 있는 선에서 문제를 해결할 수 있었다. 그의 작업물을 그의 직속상관이 관리함으로써, 회사는 그가 프로그램 개발에 시간을 쏟고 있다는 것을 확인할 수 있다. 그러나 인사부서는 '그가 실제로 집에서 얼마나 많은 시간 동안 일하는지 지켜볼 수 없기 때문에 그에게 급료를 지불할 수 없다'고 말하며 그 제안을 거부했다. 나는 이 이야기를 듣고 할 말을 잃었다. 모두에게 윈-윈이 되는 결과를 얻게 되는데, 업무 시간에 대한 감시가 그토록 중요한가?

잘못된 결정 2 그 고객사는 두 개의 사무용 빌딩을 소유하고 있었는데 서로 몇 블록을 사이에 두고 떨어져 있었다. 고객사는 임대 소득을 올리고 있었다. 그 빌딩들을 각각 A와 B라고 하자. 고객사는 A동의 한 층을 자사 사무실로 사용했다. 두 빌딩의 주차장은 일부만 활용되고 있었는데, B동의 주차장 활용도가 더 낮았다. 주차장 진입 공간이 좁아서 차가 긁히기 쉬웠기 때문이다. 고객사는 고위 경영진의 품위를 세워주는 한 방법으로 주차 공간을 제공하기로 결정했다. 이러한 결정은 회사로서는 드는 비용 없이 임원에게 가치 있는 보상을 제공하는 것이기 때문에 서로에게 유익한 선택이었다. 그러나 인사부장은 '연공서열을 인정해주기 위해' 이사회 경영진에게만 A동의 주차를 허용하고, 나머지 사람들은 B동에 주차하는 것으로 결정했다. 결국 B동에 주차해야 하는 임원들은 주차 공간에 대해 고맙게 여기기는커녕 오히려 불쾌해 했다. 직원들은 회사를 비상식적이라고 생각했다. 그들은 이렇게 말했다. "이곳은 관료주의가 극심해서, A동에는 텅 빈 주차 공간이 많은데도 주차하기 힘든 주차장을 골라 우리에게 제공했다. 그리고 매일 B동에서 A동으로 걸어가야 하기 때문에 시간 낭비로 인한 비효율성이 발생한다."

모범사례 함께 일했던 그 고객사는 베스트 프랙티스best practice를 실천하는 회사들과는 대조적인 양상을 보인다. 런던 비즈니스 스쿨의 로브 고피Rob Goffee와 가레스 존스Gareth Jones는 20년에 걸친 자신들의 연구에서, 사내 규정과 정책에 관한 베스트 프랙티스의 예를 다음과 같이 들었다. "사우스웨스트 항공의 CEO인 허브 켈러허Herb Kelleher는 사내 규정집을 창밖으로 던져버렸다." 그레그 다이크Greg Dyke가 BBC 사장으로 재임하던 시절, 그는 사내에 만연되어 있던 수많은 관료주의적인 규정들을 발견했고, 모순투성이의 규제들이 BBC의 명성과 미래를 좌우할 우수한 인재들을 좌절시키고 있다는 것을 알게 되었다. 다이크는 '컷 더 크랩cut the crap'이라는 개혁 프로그램을 시행했다.

미련없이 직원들을 놓아줘라

인재 보유를 위해 앞에서 설명한 4가지 방법 전부를 잘 구사하고 그 밖의 노력을 더 했을지라도 직원의 이직은 막을 수 없다. 그들은 다른 이유가 아닌 '새로운 학습(성장)을 자극해줄 새로운 환경'에 대한 갈망으로 다니던 직장을 그만둔다. 그러한 결론에 도달한 사람을 계속 붙잡아두기 위해 상사가 할 수 있는 일은 아무것도 없다. 그와 같은 이유로 사람들을 잃는 것은 괴로운 일이지만 그들을 미련없이 놓아줘야 한다. 유능한 핵심 직원들이 떠나갔을 때, 나는 매우 침울한 나날을 보냈고, 여러 날 동안 잠을 이룰 수 없었다. 그러나 지금은 전체적인 긴 안목에서 바라보는 법을 익혔다. 인재 손실은 괴로운 일이며 나는 능력 있는 사람들을 보유하기 위해 할 수 있는 모든 일을 할 것이지만, 떠난 사람의 자리는 결국 새로운 사람으로 채워질 수 있기 때문에 굳이 그들에게 매달리지는 않는다.

권력 게임에서 살아남기

조직의 모든 사람들은 '힘'을 가지고 싶어 한다. 힘을 가진다는 것은 어떤 일이 일어나게 할 수 있다는 뜻이다. 가령, 당신이 의사결정을 하면 아무 저항

없이 실행되는 것을 말하며, 의사결정에 필요한 모든 정보에 접근할 수 있음을 의미한다. 또는 사람들의 경력과 직무 만족도, 급여 등에 영향을 줄 수 있는 자원 배분 권한이 있음을 뜻한다.

    HBS에서 학생들은 권력을 주제로 한 강의를 듣는다. 인맥 구축에 뛰어난 사람들이 있었던 것처럼, 어떤 사람들은 권력을 획득하고 사용하는 데 타고난 재능이 있다. 그러나 그런 일에 타고난 재능이 없는 사람들을 위해서는, 두 가지의 논점이 특히 도움이 된다. 첫째, 힘의 원천을 이해하기 위한 분석적 틀이다. 이 분석 틀을 통해 힘이 어떻게 획득되고, 또는 최소한 권력의 구조 안에서 어떻게 움직여야 하는지에 대한 통찰을 얻을 수 있다. 둘째, 직급이 부여한 공식적 권한 이상의 권력 구축을 시작하는 방법에 대한 조언이다. 자신의 사업을 경영하는 오너로서 모든 권력을 가지고 있다 하더라도, 이 두 가지 주제에 대한 이해는 중요하며 부하 직원이 힘을 형성해가는 것을 모니터링 할 수 있다. 부하직원이 부적절한 세력을 형성하지 못하게 하는 것은 매우 중요하다.

힘의 원천

첫 번째 힘의 원천은 공식적이며 직접적이고 강제적으로 발휘될 수 있는 직위 권력Positional Power이다. 이것은 조직에서의 직위와 직급에 따라오는 공식적인 힘이다. 직위 권력은 그 직위의 역할과 책임의 범위 안에서 부하직원 관리(업무 배정, 평가 등)와 정보의 획득, 경영회의 참여, 의사결정 및 자원 동원 권한을 포함한다.

    두 번째 힘의 원천은 비공식적이며 보다 부드러운 영향력의 형태로 나타난다. 개인적 특성에 기반을 둔 비공식적인 힘으로 개인 권력Personal Power이 있다. 자신감, 명료성, 카리스마, 심지어 공격성과 같은 개인적 특성들이 여기에 포함된다. 이러한 특성들은 사람들의 주목을 끌고 귀를 기울이게 할 가능성을 높여준다. 전략적 사고, 업계 경력, 기술적 지식과 노하우, 정부 관계자와의 친분, 실행력, 친밀한 고객관계 유지 등과 같은 전문성 등도 있다. 특히 조직에서 희소성을 지니며 가치 있게 다뤄지는 전문 지식은 큰 힘의 원천이 될 수 있다. 모든 사람들이 당신의 의견을 구할 것이고 그것을 비중 있게 고려하기 때문이다. 당신은 공식적인 직위 이상의 리더십을 발휘할 수 있다. 전문지식은 컨설턴트가 조직의 핵심 직위에 있는 상위 경영층에게 접근할 수 있게 하는 힘의 원천이기도 하다.

또 다른 형태의 비공식적인 힘으로 관계 권력Relational Power이 있다. 이 힘은 조직 내 다른 사람들과의 관계에 기반을 둔다. 관계 권력의 주요 원천에는 멘토십mentorship, 연합, 의존, 그리고 호혜성이 있다. 멘토십은 관계 권력의 원천이다. 멘토는 관계 권력을 사용하여 자신의 멘티의 행동에 영향력을 발휘할 수 있다.

여러 해 전 나의 멘토이자 BCG에서 상사이기도 했던 A씨가 내게 수개월 동안 멀리 떨어져 있는 지역에 가서 거주해야 하는 어떤 과제를 맡아 달라고 한 적이 있었다. 상사였던 그는 간단히 자신의 직위 권력을 발휘하여 내게 가라고 말할 수도 있었다. 하지만 그는 자신의 관계적인 힘을 사용하여 나에게 이렇게 말했다. "이봐, 엠스터(그가 지어준 내 별명), 나를 위해 그 일을 맡아줄 수 있겠나? 부탁이네. 만약 자네가 이 일을 수락한다면 나는 무척 고마워할 것이네." 당연히 나는 그의 제안을 거절할 수 없었다.

반대로, 멘티 또한 자신의 멘토와의 관계적인 힘을 이용할 수 있다. 나는 내선에서 접근할 수 없는 정보를 구하기 위해 A씨를 자주 찾아갔다. 가령 "윗분들 사이에서 저에 대한 평판은 괜찮은가요?"와 같은 정보들. 나는 또한 A씨를 찾아가서 그의 직위 권력과 다른 힘들을 발휘하여 내가 대형 프로젝트를 따낼 수 있도록 도움을 요청했다.

관계 권력은 사내 연합 세력의 일원이 되어도 얻을 수 있다. 연합에는 두 가지 종류가 있다. 자연적 연합 그리고 특정 목적을 위한 연합. 전자는 오랜 시간을 함께 견디고 일련의 문제들에 대한 기본적인 가치를 공유하면 자연스럽게 형성된다. 예컨대, 나의 자산 투자 고객사의 경우, 전략 부장은 자산 관리 부장과 자연적 연합 관계에 있다. 두 사람 모두 비즈니스 스쿨에서 교육을 받았고 객관적 데이터와 분석에 기반을 둔 의사결정을 하며, 실행 중심의 사람들이었다. 나의 한 고객사의 경우, 마케팅 팀, 영업 팀, 그리고 엔지니어링 팀은 R&D팀이 더 좋은 제품을 더 신속하게 더 낮은 비용으로 개발하도록 도와야 한다는 공유된 이해관계를 형성하고 있었다. 그들은 또한 언제나 비용 절감 묘책을 찾는 재정 팀에 대해서도 공유된 이해관계를 가졌다. 그들은 이러한 문제들에 대해 자연적 연합 관계를 형성했다.

특정 목적을 위한 연합은 하나의 목적을 위해 여러 당사자들이 함께 모이면서 만들어진다. 그들의 관계적인 힘은 특정 문제의 범위를 넘어서지 않는다. 예컨대, 홍콩의 오래된 회사들은 토요일 오전에도 일을 한다. 나는 그러한 회사들이 연합하여 토요 근무제 철폐를 위해 로비하는 것을 본 적이 있다. 연합조직을 구성하고 있는 개개인들은 변화 촉구를 위한 로비를 하는 데 필요한 직위 권력이나 개인적인 힘을 가지고 있지 않다. 그러나 적절한 연합은 경영진이 당면 문제에 관심을 가지도록 하는 힘을 발휘한다. 그러한 연합에는 다른 문제들에 대해서는 반대의 입장이지만 이 문제에 대해선 뜻을 같이 하는 사람들도 다수 포함될 수 있다.

의존적인 사람들이 있다는 것은 당신의 관계적인 힘의 원천이 된다. 동료가 어떤 정보나 서비스, 과제 등을 위해 당신에게 의지하고 있다면, 의존성은 존재하는 것이다. 예를 들어 나의 자산 투자 고객사의 경우, 판매 담당 부사장은 이사회 임원직도 맡고 있는데, 그녀는 자신의 총괄 매니저들에 대한 관리를 최소한으로 유지한다. 여러 가지 이유로 그 부사장은 수많은 입주자 협상 건과 관계구축 문제에 집중적으로 관여하는 일을 그만두었다. 그녀는 이러한 대부분의 업무를 총괄 매니저들에게 위임했다. 시간이 지나면서 그 부사장이 임대 사업의 핵심인 입주자들과의 관계 문제에 대해 총괄 매니저들에게 의존하게 되자, 총괄 매니저들의 영향력은 매우 커졌다.

호혜성의 법칙을 활용하는 것도 상당한 관계적 힘의 원천이 될 수 있다. 이 법칙은 앞에서 '네트워킹'을 다루면서 논의되었다. 당신이 효과적으로 많은 호의를 베풀수록, 당신의 관계적인 힘은 더욱 폭넓어지고 강해진다. 그것은 도움이 필요할 때 찾아 쓰기 위해 은행 계좌에 예금하는 것과 비슷하다.

힘 구축을 위한 주요 단계

첫째로 해야 할 일은 회사를 확실하게 파악하는 것이다. 베이징에서 처음 사업을 시작할 즈음, 나는 중국에서 영향력이 큰 한 정치인에게 어떻게 하면 베이징에서 정부당국과 강력한 관계를 구축할 수 있는지에 대해 조언을 구했다. 나는 지금도 그가 했던 말을 정확하게 기억한다. "베이징에 처음이라면, 아무것도 하지 마세요. 가장 좋은 것은 정부 관련 모든 뉴스를 읽고 듣고 관찰하며 적절한 질문들을 매우 분별 있게 던져보는 겁니다. 누구든지 만나되 친구는 신중하게 선택하세요."

나는 이 조언이 베이징처럼 정치적으로 민감한 곳에서 뿐만 아니라, 새로운 모든 비즈니스 환경에서도 도움이 된다고 생각한다. 그러니 회사에 첫 출근을 할 때까지 무작정 기다리지 말고, 구직 활동을 하면서 회사에 대한 모든 정보들을 흡수하고 섭렵하라. 정치가 생물처럼 항상 움직이듯 이러한 노력도 회사를 그만두는 날까지 멈춰서는 안 된다.

 가능한 한 많은 정보를 얻기 위해 모든 자원을 활용할 수 있어야 한다. 기업 연간 보고서, 언론기사, 전직 직원, 현 직원, 당신이 찾을 수 있는 모든 사람들과 정보들, 특히 다음 질문들에 답하는 데 도움이 되는 것들이 유용하다.

- 공식적인 권력 구조는 어떻게 되는가? 즉 조직 구조도에서 각 핵심 포지션에 공식적으로 부여된 힘은 무엇인가? 이러한 것은 기밀 정보가 아니며 비교적 손쉽게 알아낼 수 있다.
- 비공식적인 권력 구조는 어떻게 되는가? 이것은 공식적인 권력 구조보다 훨씬 더 중요할 수 있다. 회사가 직면하고 있는 중대한 의사결정과 프로젝트는 무엇인가? 의사결정과 프로젝트에 가장 큰 영향력을 행사하고 있는 사람은 누구인가? 가장 큰 개인적·관계적 힘을 가진 사람은 누구인가? 가장 영향력이 작은 사람은? 이유는? 핵심이 되는 멘토십과 연합, 그리고 의존 관계는 무엇인가?
- 기업 문화의 특성은 무엇인가? 조직 내 규범과 가치, 일하는 방식에 대해 알고 있어야 한다.

훈련받은 엔지니어로서 세상 물정 모르고 순진했던 사회 초년생 시절, 나는 기업 문화에 대한 이해의 중요성을 인식하지 못한 채 많은 실수를 저질렀다. 내가 했던 실수 몇 가지를 적어본다.

나는 말레이시아의 다토(Dato, 영국의 기사 작위에 해당)에게 프레젠테이션을 하고 있었다. 그는 내가 컨설팅을 하고 있던 무슬림 회사의 수장이었다. 프레젠테이션 중에 다토가 질문을 했다. 나는 공손하게 대답하면서 마지막에 "하지만 다토, 그것은 중요하지 않습니다. 중요한 것은……" 이란 말로 마무리 했다. 그 순간 회의실 안의 모든 임원들이 숨죽이며 다토 쪽으로 시선을 돌렸다. 나중에 알게 된 사실은 그 회사에서는 누구도 특히 여성은 다토에게 그와 같이 말해서는 안 된다는 것이었다. 운 좋게도 다토는 내가 외국인이라는 점을 이해하고 그 자리에서 나를 해고하지는 않았다. 그러나 그럴 뻔 했던 위기의 순간이었다. 그 후로 나는 기업과 나라의 문화적 특성에 언제나 주의를 기울인다.

한번은 어떤 회사의 전략 책임자를 보좌하는 사내 전략가로 활동한 적이 있다. 컨설팅 분야에서는 큰 소리로 말하고 회의와 프레젠테이션 참석 시 적극적으로 임하도록 훈련을 받는다. 회의에서의 침묵은 종종 사안에 대해 숙고하지 않고 공헌하지 않는 것으로 이해되기 때문이다. 그래서 첫날 회의에서 나는 주저하지 않고 큰 소리로 의견을 말했다. 얼마 있지 않아 나는 최고경영자를 포함한 나머지 사람들이 회의에서 크게 말하지 않는다는 사실을 알아챘다. 거만한 풋내기에 불과했던 나는 내가 단지 거기에 있던 다른 사람들보다 더 빠르고 똑똑하며 보다 명확하게 의사표현을 한 것뿐이라고 생각했다. 내가 소속된 컨설팅 회사의 상사가 내게 엄중한 경고를 하기 전까지 나는 나 자신에 대해 우쭐해 있었다. 그 최고경영자의 피드백은 이러했다. "그녀는 전혀 듣지 않더군요. 사람들은 오히려 회의 내내 쉬지 않고 내놓는 그녀의 피드백과 질문들에 질려버렸어요. 그녀는 우리와 함께 일하는 데 문제가 있는 것 같습니다." 그 후로 나는 나서고 물러날 때를 분별하는 법을 배웠다.

그래서 무엇이란 말인가?

권력 구축을 위해 전략을 개발하는 일은 새로운 사업을 시작하기 위해 전략을 개발하는 일과 여러 면에서 닮아 있다. 회사가 당신의 시장이다. 이제 당신의 원칙과 가치, 비전, 장기 전략과 단기 전술을 정해야 한다. 아래는 당신이 깊게 생각해볼 핵심 질문들이다.

- 당신이 알고 있는 조직 내 권력 구조와 문화적 특성 중에 당신의 가치나 성격과 배치되는 것이 있는가? 그렇다면 이 회사는 당신에게 적합한 곳이 아닐 가능성이 높다.
- 조직이나 사회에서 당신이 앞으로 원하는 것은 무엇인가? 당신의 장기 목표를 달성하는 데 필요한 공식적·비공식적인 힘은 무엇인가? 예컨대 당신의 컨설팅 직업을 디딤돌 삼아 고객사 중 어느 기업에 취업하는 것이 목표라면, 당신은 미래에 입사하고 싶은 회사를 고객으로 삼아 함께 일할 수 있는 기회를 만드는 힘이 필요하다.
- 당신의 현재 직업은 무엇인가? 당신의 분야에서 탁월해지는 데 필요한 공식적·비공식적인 힘은 무엇인가? 예컨대, 마케팅 분야에서 일하고 있다면, 마케팅 계획 수립을 위해 현장 데이터와 판매 팀의 통찰력 있는 정보가 필요하다. 그러므로 당신은 판매 팀 구성원들에 대한 비공식적인 힘을 발휘할 수 있어야 한다.

이 질문들에 대한 대답을 기초로 자신에게 필요한 힘은 무엇이며 어떻게 획득할 것인지에 대한 로드맵을 만드는 것부터 시작할 수 있다.

- 직위 권력을 어떻게 얻을 것인가? 이 유형의 권력은 획득하기 가장 어렵지만 불가능한 것도 아니다. 예를 들어, 특별한 프로젝트의 수행, 조직 재편, 인사 변동, 새로운 전략 실행 등이 있을 때 부가적으로 공식적인 권력이 부여된다.
- 개인 권력을 어떻게 얻을 것인가? 대부분의 개인 권력은 당신이 스스로 택하여 획득할 수 있는 기술에 기반을 두기 때문에 가장 손쉽게 얻을 수 있는 힘이다.
- 관계 권력을 어떻게 얻을 것인가? 관계적인 힘을 형성하기 위해서는 제3자가 필요하다. 이 유형의 권력은 대체로 두 가지로 분류된다. 첫째, 핵심 관계. 당연히 초점은 당신의 권력 기반을 유지하는 데 결정적인 핵심 인물들과의 관계 구축에 맞춰진다. 거의 모든 노력과 에너지를 그들과 의존적 관계를 만들고 호의적인 분위기를 확산해가며 연합 관계를 구축하는 데 쏟아야 한다. 둘째, 비핵심 관계. 당신의 권력 기반에 당장에 어떤 가치가 없다고 해서 사람들을 무시해서는 안 된다. 핵심 인물들과의 관계에 배치되지 않고 큰 노력 없이도 관계 형성이 가능하다면, 지금은 자신의 권력 구축에 별다른 도움이 되지 않는 동료에게라도 적절한 때에 작은 호의를 베풀어야 한다.

계획은 자신이 실행하기에 편해야 한다. 당신은 권력 구축을 위한 계획 실행에 요구되는 성격과 능력, 결단력을 갖추고 있는가? 그렇지 않다면 그 상황에 스스로를 적응시킬 수 있는가? 아니면 당신에게 더 적합한 다른 회사를 찾아갈 것인가?

자신의 체스 게임을 시작하라

권력 획득을 위한 계획을 실행하고 나서 그 힘을 사용하는 것은 체스 게임과 같다. 내게 체스를 가르쳐 준 선생님은 언제나 이렇게 말씀하셨다. "상대의 말들이 앞으로 어떻게 움직일지 그리는 법을 배우지 않고서는 체스 게임에서 결코 이길 수 없다." 시간이나 훈련의 부족으로 사람들은 다른 사람들이 앞으로 어떻게 움직일지 그려보기보다는 현재 상황에 치중하는 편이다. 다른 사람들의 움직임을 고려하면서 움직이는 것은 체스 게임과 유사하다. 그렇기 때문에 이 모든 과정이 더욱 흥미진진할 수 있고, 불가피하게 실패를 하더라도 인정하며 받아들이기가 더 수월할 수 있다.

평판을 관리하라

개인적이거나 관계적인 힘에 기반한 권력은 개인의 우월한 특성이나 관계력 또는 실적들을 바탕으로 좋은 평판을 다져나간다면 훨씬 더 강화될 수 있다. 강력하고 긍정적인 평판은 상당히 큰 힘을 당신에게 실어줄 수 있다. 《권력의 법칙》에서 로버트 그린Robert Greene은 이렇게 말한다. "너무 많은 것들이 평판에 의해 좌우된다. 목숨 걸고 평판을 지켜라. 평판 하나만으로도 상대를 위협하고 승리를 거둘 수 있다. 평판은 권력의 초석이다. 평판은 당신보다 앞서가기 마련이다. 평판은 당신에 대한 존경을 자아내어 당신이 한 마디 말을 하기도 전에 이미 많은 일들을 이루어놓는다."

평판을 얻는 데는 두 가지가 있다. 우선 수동적인 평판이 있는데, 이것은 시간이 지나면서 자연스럽게 얻어진다. "그는 정말 똑똑해." "그녀는 확실히 재무통이야." "그는 항상 무례해."…… 대부분의 평판은 함께 일을 하거나 서로 교류하는 동안 자연스럽게 형성된다.

둘째, 적극적으로 평판을 구축하는 법은 다른 사람들과 구별되는 자신만의 탁월한 능력이나 자질을 내세워 사람들이 알아볼 수 있게 하고 당신에 대해 말하게 하는 것이다. 그러나 적극적으로 평판을 얻고자 할 때는 정교하고 주의 깊게 해야 한다. 너무 지나친 노력은 '잘난 척 하거나' '허풍을 떠는' 거만하고 이기적인 사람으로 인식될 수 있다.

나는 적극적으로 평판을 쌓아 올리는 사람을 본 적이 있는데, 그것을 알아차렸을 때 나는 그 사람에 대해 더 많은 의심을 가지면서 조심하게 되었다. 예컨대, 몇 년 전에 무명의 두 사람이 하룻밤 사이 홍콩 전체가 알아주는 '상하이에서 가장 재산이 많은 부부'가 되었다. 자선 기부 단체들과 자신들의 이미지를 결부시키고, 세간의 유명한 부동산을 구입하고, 사업 설명회를 위한 기자 간담회를 여는 한편, 홍콩의 유명 인사들과 잦은 동석을 하고, 그들을 친구로 만들어 부와 명예를 가진 사람들을 소개받는 식으로 그 부부는 평판을 만들 수 있었다. 그로 인해 그들은 좋은 사업 기회들을 얻게 되었고 홍콩 전역의 관심을 받았다. 그들은 공식적으로 단 한 번도 자신들이 '상하이에서 재산이 가장 많은 부부'라고 말한 적이 없지만 그들의 친구나 협력자, 언론이 끊임없이 그들을 그런 식으로 소개했다. 불행히도 최근에 그들은 부정부패 범죄로 체포되었다. 이런 식으로 평판을 쌓아 올린 사람들을 조심해야 한다.

흥미로운 것은 개인적이고 관계적인 힘의 획득과 발휘는 종종 '사내정치 놀이'라고 일컬어지는 것과 다소 닮아 있다는 점이다. HBS의 많은 사람들은 정치란, 공적으로 부여된 권력처럼 인간관계의 상호작용에서 발생하는 자연적 부산물이라는 것에 동의한다. 그것은 사라지거나 무시될 수 없다. 개인적이고 관계적인 힘에 대한 이해는 당신이 얼마나 많은 정치적 힘을 이용할 것인지와 당신의 경력 목표와 도덕적 수준을 어떻게 조화시킬 것인지 정하는 데 도움이 된다.

7

HARVARD BUSINESS SCHOOL CONFIDENTIAL

현금이 왕이다

이익은 현금이 아니다

재무에서 가장 기본적인 격언은 바로 '현금이 왕이다'라는 말이다. 대부분의 사람들은 손익계산서가 직관적이라고 생각한다. '매출액에서 비용을 빼면 이익이 된다.' 이보다 더 쉬울 수 있을까? 그렇기 때문에 많은 사람들이 이윤(순익)이 매력적인 '수익성 좋은 사업'을 시작하거나, 운영하거나, 거기에 투자하는 것에 대해 생각한다. 하지만 이익profit과 현금cash의 차이를 깨닫고 있는 사람은 극히 소수이며, 많은 경우 그러한 깨달음은 현금이 부족하여 곤경에 처했을 때만 찾아온다(이러한 현금 경색을 경험해본 적이 있어, 이익보다 현금흐름을 모니터하고 계획하는 것이 왜 그토록 중요한지 잘 알고 있는 사람들은 이 부분을 그냥 넘어가도 좋다).

현금이 중요한 이유에 대해 확신이 서지 않는 사람들은 다음에 나오는 사례를 살펴보기 바란다. 이익보다는 현금을 주시해야 하는 중요성을 설명하기 위해 조금 과장된 예를 보여주고 있다. Y사는 작년에 설립되었기 때문에 그 해 매출은 발생하지 않았지만, 당해 연도 예상 매출액 달성을 100% 확신하고 있다. 당신은 10만 달러를 주고 Y사를 사겠는가? 손익계산을 나타낸 아래 표만 봐서는 당해 연도에 어떻게 투자금액 회수가 가능할지 알 수 없다.

예상되는 이익	당해 연도 Y사의 연간 손익(달러)
매출액	100만 달러
매출원가	40만 달러
급여, 임대, 기타비용	30만 달러
순익	30만 달러

그러나 당신이 다음의 사실을 알게 된다면 어떻게 달라질까?

- Y사는 고객들에게 보통 30일 또는 60일 신용기간 대신 13개월의 신용기간을 허용한다. 이는 1백만 달러의 매출이 올해가 아닌 내년에 결산됨을 의미한다.
- 불행히도 Y사의 공급업체들, 직원들, 건물주인, 그리고 다른 채무자들은 그렇게 관대하지 않다. 공급업자는 제품이 배송된 후, 직원들의 급여는 매달 말일, 임대료는 심지어 월초(모두 30일 안)에 지급 완료를 요구한다.

갑자기 재무 상태가 달라졌다. 당해 연도 현금흐름은 다음과 같다.

예상되는 현금흐름	
	당해 연도 Y사의 현금흐름(달러)
집계된 매출액	0
매출원가	40만 달러
급여, 임대, 기타비용	30만 달러
순익	-70만 달러

즉, 당신은 회사를 인수하기 위한 10만 달러와 더불어 첫 해 회사 운영자금으로 쓸 70만 달러의 현금이 필요하게 된다. 그러고 나서 첫 해가 지난 후에 100만 달러의 예상 매출을 얻을 수 있다. 그러므로 미국 증권거래위원회의 회장이었던 해럴드 윌리엄스Harold Williams는 〈포브스〉지와의 인터뷰에서 이렇게 말했다. "만일 수익 정보를 얻는 것과 현금흐름 정보를 얻는 것 중 하나만 택하라고 한다면 나는 현금흐름 정보를 고를 것이다."

이익은 추상적인 실재(實在)다. 이익은 당신의 생각만큼 현실화되어 있지 않다. 이익은 만질 수 있거나 셈할 수 있는 것이 아니다. 단순히 계산서만 보고 이익으로 단정지어서는 안 된다. 오직 현금만이 실제적이다. 공급업체는 당신의 현금을 기쁘게 받을 것이다. 그러나 당신의 이익은 그렇지 않다. 내가 지켜봤던 극단적인 예를 들자면 나의 고객사 중 하나는 어느 회사에 자사의 제품을 팔고 난 후 파산했다. 회사는 서류상으로 이익을 내고 있었지만 매출 신장을 위해 회사의 경영층은 고객에게 24개월 할부구매 방식을 제공했다. 설상가상으로 그 회사의 어느 누구도 판매대금 회수를 위한 후속관리를 하지 않았다. 판매사원들은 거래가 일단 성사되면 자신의 할 일을 다 했다고 생각했다. 또한 그들은 고객과의 좋은 관계를 유지하는 데 있어 할부금의 정기 납부를 강요하는 것이 어떤 이익도 없다고 생각했다. 한편 재무담당 부서 직원들은 정말 부지런했고 할부지불금이 들어오면 정확하게 기록했지만, 처음부터 할부지불금 수납확인을 자기들의 책임 영역으로 보지 않았다. 불행히도 은행은 그렇게 '허점투성이로' 운영되지 않았다. 은행 대출금 일부에 대해 채무불이행 사태가 발생하면서 그 회사는 강제 파산되었다.

같은 맥락으로 비용을 지불해야 하는 시기가 늦어질수록 당신의 현금흐름 상태는 양호해진다. 여행사들은 여행 사업에서 매우 낮은 이윤을 남기는 것으로 잘 알려져 있다. 어떤 경우에는 300달러짜리 항공티켓의 판매로 2~3달러만의 이윤을 남긴다는 여행사도 있다. 그렇다면 왜 아직도 그토록 많은 여행사들이 존재하고 있단 말인가? 여러 이유들 중 하나는 현금흐름 때문이다. 고객은 여행 전에 먼저 여행사에 경비를 지불해야 하지만, 여행사는 흔히 (관광 패키지 상품에 포함된) 항공, 호텔 비용들을 한참 후에 지불한다. 1997년 아시아 금융위기가 닥치기 전에는 많은 여행사업자들이 그 현금흐름으로 부동산 투자를 하곤 했었다. 모든 사람이 엄청난 부를 축적했다. 비록 금융위기 이후로는 많은 사람들이 그 부의 상당 부분을 잃었지만 말이다.

매몰비용의 함정

현금이 왕이지만 이미 다 지불한 것이고 대부분 회수 불가능한 것이라면 미래를 위한 의사결정에서 고려해서는 안 된다. 이것이 가장 중요한 매몰비용 sunk cost 개념이다. 쉽게 빠지기 쉬운 함정을 몇 가지만 살펴보자.

- 당신이 투자한 주식이 지금 손실을 보고 있다. 그 주식이 언제 다시 오를지 알 수 없다. 주식을 팔고 다른 더 매력적인 투자처에 자금을 예치하기보다 주가가 다시 매입가를 상회하는 수준으로 오를 것이라는 희망에 그 주식을 계속 보유하고 싶은 유혹이 있다.

- 매몰비용 개념이 언제나 돈에 대해서만 적용되는 것은 아니다. 예컨대 당신이 이 책을 읽는 데 이미 며칠을 보냈고 거의 다 읽어가고 있다고 가정하자. 당신이 생각하기에 이 책의 내용은 따분하고 거기서 얻을 것은 하나도 없다. 목차를 보니 나머지 부분들도 전혀 흥미롭게 다가오지 않는다. 하지만 그 책을 덮어 버리고 더 재미있어 보이는 다른 책을 읽기보다는 '이미 너무 많이 읽어서 그 책을 끝마치는 편이 더 낫다'고 생각해서 당신은 그것을 끝까지 읽어야 된다고 생각할 수 있다.

많은 사람들이 의사결정을 할 때 매몰비용을 적용하는 오류를 범한다. 여기에는 여러 가지 이유가 있다.

- 경험이나 훈련의 부족. 그 결과 사람들은 무엇이 매몰비용이고 아닌지 재빨리 깨닫지 못한다.
- 손실에 대한 심리적 거부감. 의식하든 그렇지 않든 대부분의 사람들은 본래 손실을 싫어한다. 이것은 체면 유지를 해야 하기 때문일 수 있고 아니면 초기의 의사결정이 잘못되어 손실이 발생했다는 것을 받아들이기가 심리적으로 어려워서일 수도 있다.
- 회사의 압박이나 잘못된 인센티브로 인한 손실에 대한 거부감. 직원들

은 자신의 의사결정으로 낭비가 초래되었다는 것을 상사에게 보고해야 하는 상황을 원치 않는다. 경영진은 주주들 앞에서 손실을 인정하기 싫어한다. 공공기업들의 경우, 손실을 인정하는 일은 매몰비용이 무엇이든 간에 당해 이익에서 변제되어야 함을 의미한다. 또한 이것은 주가에도 영향을 미치며 관련 당사자들의 경력에도 해가 될 수 있다.

- 객관성 상실. 현실에서 어떤 변수들은 항상 분명한 숫자가 아닌 추정치여서 계속 유지하며 버티게 하는 유혹으로 작용한다. 예컨대 만약 어떤 주식을 보유할지 팔아야 할지 결정해야 한다면, 당신은 그 주식의 미래 전망을 다른 종목의 주식이나 자산과 같은 다른 투자 대안들과 비교해봐야 한다. 다른 투자 대안들은 제각각 다른 리스크와 성장 전망 등을 보일 것이다. 따라서 이러한 투자 대안들을 서로 비교하는 과정에서 추정과 어느 정도의 주관적 판단이 개입하게 된다. 심리학자들의 유명한 실험들에 따르면, 사람들은 일단 투자를 하고 나면 흔히 자신이 투자한 것에 대해 더욱 낙관적이 된다고 한다(아래 참조). 이 예시에서 심지어 매몰비용을 이해하고 있는 사람들조차도 다른 투자 대안들과의 비교에서 자신이 투자한 것에 대해 지나치게 낙관적일 수 있다.

다수의 잘 알려진 실험 결과에 따르면, 사람들은 일단 투자를 하고 나면 투자결과에 대한 확률 추정치를 자주 부풀리는 경향이 있다고 한다. 가장 유명한 것 중 하나가 R. E. 녹스R. E. Knox가 1968년에 했던 실험이다. 실험의 연구 대상은 경마장의 도박꾼 141명이었다. 30초 전에 내기에 돈을 건 절반의 사람들과 다음 30초 안에 내기를 걸려고 하는 나머지 절반으로 나눴다. 그 도박꾼들에게 자신의 말이 이길 가능성에 대한 기대치를 7점 척도로 측정해달라고 부탁했다. 점수가 높을수록 내기를 건 말이 이길 가능성에 대한 기대치가 높음을 의미한다. 결과는 내기를 걸기 전 사람들의 평균값이 3.48이었고 내기를 건 후 사람들의 평균값은 4.81이었다. 녹스는 그 후로 다양한 실험들을 했고, 다른 심리학자들도 유사한 연구결과를 내놓았다.

그러므로 기업 운영 경험이 많은 사람들조차도 매몰비용의 덫에 걸리기 쉽다. 가끔 의사결정자들을 교체함으로써 조직은 매몰비용의 덫을 피해갈 수 있다. 〈의사결정에 숨겨진 함정〉이란 하버드 비즈니스 리뷰의 한 글에서 저자는 대출 담당 은행원의 예를 인용했다. 부실대출 문제를 일으킨 은행원들은 최초 대출을 제공한 후 자금 회수를 한 은행원들보다 추가적인 대출을(여러 상황에서 반복적으로) 제공할 가능성이 훨씬 더 높다는 점을 알게 되었다. 그들은 의식적으로든 무의식적으로든 자신들의 초기 잘못된 의사결정을 고수하기 위해 애를 쓰다가 매몰비용 함정의 희생자로 전락하고 말았다. 결국 은행은 무슨 문제가 발생하는 즉시 대출 담당자를 즉각 교체하는 것을 제도화함으로써 그 문제를 해결했다.

WHY와 SO WHAT : 묻고 또 물어라

대부분 회사들의 손익계산서, 대차대조표, 그리고 현금흐름표와 같은 정기적인 재무제표는 회계부서 직원들이 회계 관련 소프트웨어를 사용하여 정기적으로 만들어낸다. 이러한 재무제표는 관련 당국이 정하는 바(회계규칙, 세금법규, 평가기관 지침)와 내부 경영진의 정책에 기초하여 작성되며, 우리는 이를 통해 핵심 측정 지표들을 읽거나 계산할 수 있다.

재무제표가 만들어지는 과정과 그로부터 추정될 수 있는 핵심 지표들에 관해 설명하는 것은 이 책의 범주를 벗어난다. 내용은 어렵지 않지만 자세히 다뤄야 할 부분들이 많다(경영에 관심 있는 모든 사람들에게 최소한 한 개의 회계 과정 수강을 권하고 싶다. 꼭 회계사가 되려는 사람이 아니더라도, 회계 관련 학위나 자격증을 따두면 기업 경영에 유용한 심층적 지식뿐만 아니라 그러한 자격을 갖춤으로써 최고재무담당자CFO가 될 수 있는 문이 열릴 수 있고, 이를 통해 나중에는 최고경영자CEO가 될 수도 있다). HBS는 재무제표를 어떻게 준비하는지 상세히 가르치지 않는다. 그러한 데이터는 보통 케이스 스터디에 이미 제공되어 있다. 실제 생활을 봐도 이러한 재무제표들은 자격을 갖춘 회계 담당자들에 의해 작성되고 있음을 확인할 수 있다. 그러므로 HBS에서의 초점은 중대한 의사결정 시 필요한 데이터를 구할 때 그러한 재무제표를 어떻게 활용할 수 있는지 그 방법을 익히는 데 있다. 두 개의 질문을 하는 것이 핵심이다. 'Why?' 그리고 'So what?'. 그리고 나서 그러한 질문에 데이터와 논리로 답하는 것이다.

Why?

why 질문은 문제에 대한 근본 원인을 반드시 규명하도록 한다. 재무에서 원인을 종종 동인drivers이라고 한다. 수익 동인, 원가 동인, 성장 동인. 경영진은 동인을 규명해내고 관리함으로써 매출을 끌어올리고 비용을 낮추며 성장을 가속화할 수 있다.

So What?

당신을 비롯한 모든 사람들이 짜증이 날 정도로 끈질기게 'So what?' 질문을 해야 한다. 예를 들면 다음과 같다. '그래서 어떻다는 것인가?' '그래서 이것

은 무엇을 의미하는가?' '그래서 무엇을 해야 된다는 말인가?'

2002년 즈음 홍콩 경제가 매우 침체되었을 때 나는 어느 한 자산투자 회사를 집중적으로 컨설팅하고 있었다. 그 회사의 수입 원천 중 하나는 자사의 쇼핑몰에서 나오는 임대료였다. 그 회사는 점점 줄어드는 수입과 훨씬 더 빠른 속도로 떨어지는 주가로 고전하고 있었다. 그 결과 주주들, 은행들, 그리고 등급평가 기관들로부터 압박을 받았다. 컨설팅의 목적은 성과를 향상시킬 방안을 찾는 것이었다.

내가 그 회사에 도착해서 가장 먼저 했던 일은 재무 데이터를 살펴보는 것이었다. 알기 쉽게 참조할 만한 주요 보고서는 단지 두 개뿐이었다. 월별 재무제표와 개별 입주자들이 지불한 상세 임대료 목록. 조사는 3개월 간 지속되었다. 그 프로세스의 요지는 다음과 같다.

컨설턴트(나): 그래서(so what) 여기 있는 이 임대 관련 숫자들은 무엇을 뜻하는 것이죠? 잘 하고 있다는 건가요, 아니면 못하고 있다는 건가요?

회사 임원: 시장과 비교할 수 없어서 우리도 잘 모릅니다.

컨설턴트(나): 왜(why) 비교할 수 없나요?

회사 임원: 대부분의 비즈니스처럼 우리도 경쟁사의 상세한 가격정보를 알지 못합니다. 설사 입주자들과 대리인들을 통한 시장정보가 좀 있다고 해도 소매업은 매우 복잡합니다. 모든 상점들이 제각각입니다. 두 상점이 코너 주위에 서로 마주보며 있다 하더라도, 유동인구와 상점 앞 상황에 따라 매우 상이한 임대료가 책정될 수 있습니다.

컨설턴트(나): 그렇다면 임대료의 수익성을 평가할 방법이 필요하겠군요. 이곳 입주자들과 직원들 중 경쟁사에 대해 알고 있는 사람들뿐만 아니라, 우리에게 우호적인 경쟁사들과도 얘기해봅시다. 그리고 해외 기업들의 베스트 프랙티스도 연구해서 그들은 자신들의 수익성을 어떻게 평가하고 있는지 살펴봅시다.

약 한 달간의 데이터 수집 후에 결론이 명확해졌다. 베스트 프랙티스 대상인 소매상점 건물주들조차도 자기들의 임대료를 경쟁사 임대료와 손쉽게 비교할 수 없었다. 그러나 소매상들은 자기 가게의 성공 여부를 평당 매출액을 측정함으로써 평가한다는 것을 알았다. 그들의 임대료 지불금액에는 소매영역에 따라 매출액의 약 10~20%라는 상한선이 있었다. 예를 들어 옷가게는 약 18%이고 음식점은 15%이다. 매출액의 일정 퍼센티지로 지불하는 소매점의 실제 임대료가 꾸준히 그 상한선 이상을 유지한다면, 이것은 소매점이 영위하고 있는 비즈니스로부터 판단컨대, 그 장소는 더 이상 임대료를 올릴 수 없음을 의미한다. 만약 임대료가 꾸준히 그 상한선보다 훨씬 아래를 밑돌고 있다면, 이것은 임대료가 너무 낮게 책정되어 있음을 의미한다. 같은 쇼핑몰 내 많은 소매상점이 그 상한선 이상의 비율을 유지한다면 쇼핑몰의 전반적인 관리와 마케팅에 대한 문제를 제기해야 한다. 대부분이 상한선 이하이고 단지 소수의 상점만이 그 이상이라면, 이것은 쇼핑몰의 전반적인 관리부서에 문제가 있는 것이 아니라 소매상들에게 문제가 있음을 의미한다.

컨설턴트(나): 각 입주 소매상별로 평당 매출액 데이터와 매출액의 퍼센티지로 지불되는 임대료를 정리한 보고서를 만들 수 있을까요? 소매 영역별로 구분해서요. 임대료 지불 금액이 소매 영역마다 다를 테니까요.

회사 임원: 그런데 매출액 데이터는 우리가 가지고 있지 않습니다.

컨설턴트(나): 왜(why) 그렇죠? 경쟁사들은 그 데이터를 가지고 있던데 왜 없습니까?

회사 임원: 경쟁사들은 입주자들에게 기본 월세와 더불어, 월 매출액에 따른 변동 임대료를 요구하고 있어요. 이 임대료는 매출액의 일정 퍼센티지를 말합니다. 예컨대, 그들은 입주자에게 기본 임대료로 평당 2달러와 함께 월 매출액이 어느 수준 이상이 되면 매출

액의 1 %를 요구하죠. 그 기준을 10만 달러라고 합시다. 매출액이 10만 달러 이하면, 입주자는 평당 2달러를 지불합니다. 만약 10만 달러 이상이라면, 그들은 평당 2달러와 함께, 10만 달러 이상 되는 금액의 1%를 지불해야 합니다. 이 1%의 금액을 산출하기 위해 입주자들은 월별 상점 매출액을 제출해야 하는 것이죠.

컨설턴트(나): 왜(why) 매출액에 따른 변동 임대료를 부과하지 않습니까?

회사 임원: 왜냐하면 부동산 시장 경기의 침체로 협상력이 거의 없기 때문입니다.

컨설턴트(나): 그렇다면 이것은 우리가 그 데이터를 절대 구할 수 없음을 뜻하는 건가요?

회사 임원: 아마도 매출액 기준을 높게 세워서, 입주자들에게 사업이 상당히 잘 되지 않는 한 변동 임대료를 지불할 일이 없을 것이라는 인식을 심어주면서 매출액에 따른 임대료를 부과할 수도 있겠죠. 이런 식으로 하면 매출액에 따른 임대료가 우리에게 수입은 아니지만, 데이터 소스는 될 수 있을 것 같아요.

컨설턴트(나): 그 데이터를 구할 수 있다고 하면 그것들로 그래프를 구성해서 어떤 결론들을 도출할 수 있습니다.

회사 임원: 그래서(so what) 그런 결론들을 도출하고 난 다음에는 무엇을 합니까?

컨설턴트(나): 각 입주자 별로 실행 계획을 세워야 합니다. 예컨대 어떤 식당 입주자가 평당 매출액이 낮은데 매출액의 일정 퍼센티지로 높은 임대료를 내고 있다면, 그것은 관리를 잘 하고 있다고 볼 수 없죠. 그 식당 사업주를 만나 문제와 해결책을 논의해야 합니다. 작은 식당이나 소규모 사업주들은 번번이 임대료를 지불하지 못할 수 있기 때문에 그러한 상점들을 면밀하게 모니터링해야 합니다.

회사 임원: 맞습니다! 한번은 스테이크 하우스 입주자가 있었는데 하룻밤 사이 문을 내리고 도주해버렸어요. 우리도 매월 회의를 해서 실행 방안에 대해 논의하고 브레인스토밍을 해야 할 것 같습니다.

그래서 3개월간의 프로젝트를 끝낼 즈음에 우리는 새로운 임대 정책, 새로운 보고서 양식, 정기적인 임대 관련 회의, 그리고 사업부진으로 힘들어 하는 입주자들에게 비즈니스 상담 서비스를 제공하는 소규모의 태스크 포스 운영에 대한 안을 수립했다. 그 고객사의 비즈니스는 견실하게 향상되었다. 이 모든 것에서 알 수 있듯이 결과는 가용할 수 있는 재무적 데이터에 대해 'why'와 'so what'을 묻는 데서 시작되었다.

재무 데이터를 제공하면서 이러한 질의응답을 용납하지 않을 경우 할 수 있는 질문은 '그래서 이 데이터들을 수집하고 검토하면서 우리가 하고 있는 일은 무엇인가?'이다. 나는 세세한 데이터들로 지면을 메우고 있는 장황한 재무(및 운영) 보고서를 많이 봐왔다. 하지만 누구도 필요치 않고 사용하지 않는 데이터가 대부분이었다. 그러한 데이터의 집계는 일상적인 업무로 자리잡혀 아무 가치도 창출하지 않으면서 반복되고 있다.

그래서 'why'와 'so what'을 비즈니스 현장에서 특히 활성화해야 한다. 이 두 가지 질문은 문제해결을 위한 근본 원인과 대응 방안을 파악하기 위해서 반드시 필요한 도구이다. 그러나 사람들을 이간시키지 않도록 주의를 기울여야 한다. 어떤 사람들은 당신의 적극적이고 전략적인 사고에 깊은 인상을 받을 수 있지만, 대부분의 다른 사람들은 여러 가지 이유로 부정적인 반응을 보일 수 있다.

- 누군가가 작성한 데이터에 대해 당신이 '왜 그렇죠?' 또는 '그래서 어떻다는 것입니까?' 하고 계속 묻는다면 상당히 거만하게 들릴 수 있다.
- 사람들은 대답할 준비를 충분히 할 수 없거나 대답할 준비가 안 되었을 때, 특히 자신들의 전공으로 알려진 분야에 대해 질문을 받는다면 경계

심이나 분노를 느낄 것이다.
- 사람들은 당신이 진정으로 문제해결을 위해 애쓴다고 생각하기보다는 당신만의 통찰력을 과시한다고 인식할 수 있다.

사람들이 분열되면 그들은 당신의 브레인스토밍에 전력을 다해 지원하지 않을 것이다. 게다가 그들이 당신의 정치적 적군이 되어 보이지 않는 곳에서 당신의 모든 노력을 방해하려 할 수도 있다. 그러므로 이러한 질문을 언제, 어떻게 할 것인지에 대해 주의를 기울여야 한다. 'why'와 'so what' 질문을 좀 더 부드럽게 할 수 있는 방법은 다음과 같다.

- "저는 전문가가 아닙니다. X씨가 더 잘 알고 있을 거 같은데요. 그 이유는……"
- "그저께 X씨와 얘기하던 중에 X씨는 그 이유들 중 하나로 ……을 언급했습니다. 당신의 생각은 어떤가요?"
- "이것이 그 데이터라면 무엇을 의미하는 것인가요?"
- "이것들이 무엇을 뜻하는지 궁금합니다."
- "저는 X씨가 이 문제를 다루기 위해 초기 일부 작업들을 이미 실행하고 있다는 생각이 듭니다. 자료들을 살펴보니 우리가 그를 지원해서 그가 추진하고 있는 작업에 박차를 가해야 될 것 같습니다."

쉽게 말해, 브레인스토밍 중에 함께 일하는 사람들이 마음을 온전히 열지 않을 때 해줄 수 있는 조언은 그러한 질문들을 정치적으로 민감한 방식으로 계획하여 묻는 것이다. 질문을 할 때는 세심한 주의가 필요하다. 니콜라스 케이지 주연의 영화 〈내셔널트레져〉를 보면 이런 장면이 있다. 영화에서 케이지의 아내는 계속 '그래서(So)?'라고 물어 케이지를 화나게 했고, 그로 인해 케이지는 이혼을 고려하는 상황까지 갔다. 케이지는 아내가 끊임없이 자신을 압박하고 심문한다고 느끼며 아내의 의도를 오해한 것이다. 크나큰 모험을 함께 겪으면서 서로 간에 커뮤니케이션이 제대로 이루어지기 시작하고 상호 신뢰가 재구축되고 나서야 그들은 가까스로 화해할 수 있었다.

기업공개: 성배인가, 독약인가

기업공개IPO, the initial public offering 란 처음으로 자사의 주식을 일반 투자자에게 공매하고 그 후 증권거래소에 상장하는 것을 말한다. 신문에는 구글, 이베이, 또는 알리바바의 창립자와 초기 멤버들처럼 자사의 기업공개를 통해 하룻밤 사이 억만장자가 된 기업가들에 대한 이야기들로 넘쳐난다. 그 결과 큰 포부를 가진 많은 기업가들이 기업공개에 대해 언제나 자신들의 유일한 최종 목표라고 말하기까지 한다. 기업공개는 분명히 좋은 것일 수 있지만 거기에는 부정적인 면도 있다는 사실을 기억해야 한다. 대부분의 경우 기업공개 말고도 다른 대안들이 있다. 기업공개는 다음과 같은 이유들로 매력적이며 자금 확보를 위해 유리한 수단이 될 수 있다.

- 기업공개는 일반적으로 기업이 어떤 획기적인 성과를 달성하고 매력적인 성장 잠재력을 보유하고 있을 때 가능하다.
- 기업공개를 통해 조달된 자금은 기업의 성장 동력으로 쓰일 수 있다.

- 기업공개 전에는 기업가와 다른 주주들이 투자자금을 쉽게 현금화할 수 없지만, 기업공개가 되면 기업가와 기업공개 전 투자자들이 보유한 주식에 대해 유동성을 부여한다. 이것은 '종잇조각'에 불과하던 주식을 실제 돈으로 환매할 수 있음을 의미한다.
- 기업공개는 대대적인 언론 보도와 홍보 활동을 동반한다. 구글이나 아마존처럼 획기적인 회사를 처음 시작한 기업인들은 종종 언론매체의 엄청난 관심을 받으며 유명인사가 되고 공인으로 자리매김을 한다.

그러나 기업공개에는 다음과 같은 부정적인 측면도 있다.

- 기업공개 자체는 시간과 비용이 많이 소요되는 과정이며 변호사, 은행, 홍보에이전트, 그리고 다른 많은 기관들의 개입이 필요하다.
- 회사 전략과 재정 상태와 같은 기밀 정보들이 일반 대중, 경쟁사 그리고 잠재적 경쟁자들에게 공개된다.
- 주가와 적정 주가를 유지하기 위한 노력을 하느라 경영진의 초점이 분산될 수 있으며, 경영진으로 하여금 장기적 이익이 아닌 단기 이익을 노린 의사결정을 하도록 유도함으로써 상황을 더 악화시킬 수 있다.
- 미국과 같은 나라에서는 기업이 예상보다 낮은 이익을 기록할 때 불만을 품은 주주가 기업과 경영진을 상대로 고소하는 일이 번번이 일어난다.

기업공개는 신생 회사의 출구(또는 '현금 창구')가 될 수 있는 가장 보편적인 방법 중 하나이므로 중요하다. 출구는 매우 현실적인 이유로 반드시 필요하다. 많은 투자 펀드들이 사업을 영구적으로 소유할 목적으로 자금을 대는 것은 아니다. 거기에는 정해진 시간 범위가 있고, 합의된 기한까지 투자 자금을 (가능하면 일정 이익을 더하여) 펀드 투자자들에게 돌려주어야 하는 조건이 포함되어 있다. 기업공개 이외의 다른 대안으로 다른 회사에 인수 합병되는 것이 있다. 최선이라고 할 수는 없지만 다른 기업에 의한 인수는 기업공개에 비해 훨씬 더 매력적일 때가 많다.

- 기업공개는 회사가 어느 수준의 규모에 도달해야 신청할 수 있지만 인수는 그렇지 않다.
- 인수협상과 대상기업의 실사평가 프로세스가 오래 걸리긴 하지만 기업공개 프로세스보다는 단순하고 비용도 적게 든다.
- 만일 전략적 인수라면 인수자는 일반 대중에게 공매하는 가격보다 더 높은 가격을 기꺼이 지불할 가능성도 있다.
- 만일 민간기업이나 훨씬 규모가 큰 회사에 의한 인수라면 민감한 정보 공개를 요구할 위험이 더 작다.

그러므로 신생 회사와 소기업들에게 기업공개만이 유일한 재정적 목표는 아니다. 최근 HBS 역사상 가장 많은 유명세를 탔던 신생기업 중 하나는 이치넷Eachnet이다. 그 회사를 조직한 사람들이 첫째 날부터 계획한 일은 이베이의 비즈니스 모델을 중국시장에 겨냥하여 그대로 구현하는 것이었다. 그러나 중국에는 선진화된 신용카드 결제시스템이 갖춰지지 않았고 서구에서 볼 수 있는 소비자들의 세련됨이 없어서 회사는 이용 고객들에게 요금을 부과하여 돈을 벌어들일 수 있는 효율적인 방법을 찾는 데 어려움을 겪었다. 그러나 그 계획은 애초에 소비자들로부터 돈을 벌어들일 목적으로 추진된 것이 아니기 때문에 문제가 되지 않았다. 물론 수익을 내기 위한 실질적인 계획도 없었기 때문에 기업공개는 선택할 수 있는 고려 대상도 되지 않았다. 핵심적으로 겨냥했던 것은 이베이에 '매각되는' 것이었다. 이치넷의 창립자들은 이베이가 중국 시장 공략에 있어 이치넷의 가치를 발견하고 미국 거래시장에서의 기업공개를 통해 보유하고 있는 많은 자금과 주식으로 이치넷을 매우 비싼 가격에 인수할 것이라는 데 승부수를 걸었다. 많은 투자자들은 그것을 매우 위험한 전략으로 생각하고 이치넷에 투자하지 않았지만 그렇게 한 소수의 사람들에게는 큰 보상이 주어졌다. 이치넷이 결국 이베이에 인수되었을 때 그들은 마침내 상당한 액수의 돈을 거머줠 수 있었다.

HARVARD BUSINESS SCHOOL CONFIDENTIAL

마케팅
불변의 법칙

환상적인 4P의 세계

마케팅을 전공했거나 그 분야에서 일하는 사람들이라면 마케팅이란 4P, 즉 제품Product, 가격Price, 판매촉진Promotion, 유통Place 을 성공적으로 정의하고 관리하는 것이 거의 전부라고 말하는 것을 들어봤을 것이다.

- 제품은 유형의 상품과 무형의 서비스를 포함한다. 여기에는 기능성, 브랜드 네임, 품질 보증, 서비스, 그리고 부속물도 포함된다. 쉽게 말해 제품은 기업이 돈을 받고 제공하고자 하는 모든 것이다.
- 가격은 기업이 제품을 제공하는 대가로 받는 것이다. 여기에는 가격 정

책, 정가, 할인, 환불이 포함된다.
- 판매촉진은 긍정적인 소비자의 반응을 이끌어내는 것을 목적으로 이루어지는 제품에 대한 커뮤니케이션이다. 여기에는 광고, 다이렉트 메일, 경품추첨, 홍보, 홍보 예산수립이 포함된다.
- 유통은 소비자가 제품을 구입할 수 있는 방법과 경로를 다룬다. 여기에는 도소매 판매 채널 선정, 주문 처리, 재고관리와 운송이 포함된다.

4P에 대한 보다 상세한 정의는 인터넷이나 각종 마케팅 교과서에서 쉽게 찾아볼 수 있다. HBS에서도 동일한 개념적 틀을 활용한다. 그러나 4P의 개념과 이론을 논하는 대신, HBS 학생들은 4P를 수많은 케이스 스터디에 적용하면서 습득한다. 여기서는 4P의 각 요소를 고찰하는 데 가장 유용했던 케이스들을 논할 것이다.

제품 : 최고보다는 최초?

어떤 브랜드들은 성공적인 마케팅을 통해 자사의 브랜드 명이 전체 제품의 범주를 나타내는 일반적인 명칭으로 자리 잡는 경우가 있다. 사람들은 '티슈를 살 수 있을까요?'라고 하지 않고 '크리넥스Kleenex를 살 수 있을까요'라고 묻는다. 또 '여기 사진 복사물이 있습니다'라고 하지 않고 '여기 제록스 복사물이 있습니다'라고 말할 것이다. 다른 예들로 밴 에이드Band-Aid, 젤로Jello, 큐팁스Q-tips, 벨크로Velcro, 페덱스FedEx가 있다. 나는 지금도 벨크로와 같은 제품이 속한 진짜 제품 카테고리 명이 무엇인지 모른다.

이러한 종류의 성과(한 회사의 등록상표가 보통명사로 정착된 경우)는 상표 보호에 있어 중대한 법적 문제를 제기할 수 있지만, 순전히 마케팅적 관점에서 이러한 회사들은 엄청난 성공을 거둔 사례로 HBS에서 빈번하게 논의된다. 이러한 사례들의 핵심적인 성공 비결을 분석해보면, 일반 명사처럼 쓰이는 브랜드는 질 좋은 제품을 제공하기는 하지만 반드시 그 제품 범주에서 최고일 필요는 없다는 것을 알게 된다. 크리넥스가 스콧Scott보다 더 낫다거나 제록스가 캐논보다 더 좋다는 것은 확인된 바도 증명된 적도 없다.

그러나 가장 우수한 제품이든 아니든 간에, 이러한 성공을 거둔 브랜드들은 각각의 영역에서 최초의 제품이었다. 즉 해당 제품 시장에서 반드시 최초일 필요는 없지만, 그것들은 고객의 기억 속에 맨 먼저 자리 잡았고 그래서 최초로 인식되었다. 대부분의 경우 마케팅에서 인식은 실체보다 더 중요하다. 예를 들어, 시장에서 팔리고 있던 최초의 메인프레임 컴퓨터는 레밍턴 랜드Remington Rand였지만 대대적인 마케팅의 힘을 입어 소비자들의 기억 속에 맨 먼저 자리 잡은 브랜드는 IBM이었다.

최초가 되는 것은 중요한데, 그 이유는 심리적으로 어떤 사람들은 맨 먼저 기억하게 된 최초의 제품이 가장 우수하고 나머지는 모방한 것에 지나지 않는다고 인식하기 때문이다. 또한 일반적으로 제품을 바꾸는 것에는 교환 비용이 들기 때문에 사람들은 처음의 것에 집착하는 경향이 있다. 사지 않으면 안 될 확실한 이익이 있지 않으면, 사람들은 구태여 시간과 자원을 들여 새로운 제품을 시도하는 위험까지 감수해가면서 바꾸려고 하지 않는다.

각 영역을 대표하는 최초의 제품이 되기 위한 가장 직접적인 방법은 무엇보다 시장에 최초로 제품을 내놓는 것이다. 예컨대, 제록스는 실제로 1960년대 사무용 복사기를 출시했던 최초의 회사였다.

두 번째 방법은 마케팅을 통해 그 자리를 차지하는 것이다. 앞서 언급한 IBM이 레밍턴 랜드를 누르고 승리를 거둔 것처럼 말이다. 이 방법은 오직 시장이 제품 영역이나 회사에 대해 '반응을 결정하지' 않았을 때만 가능하다는 점을 기억해야 한다. 예를 들어, 시장이 이미 '크리넥스'를 최초의 상품으로 인식하고 있다면, 어떤 회사가 수십억 달러의 마케팅 예산을 쓴다 할지라도 크리넥스로부터 그 자리를 빼앗기는 힘들 것이다. 컴퓨터 시장에서도 성공하길 원했던 제록스는, 복사기를 만드는 회사라는 소비자들의 강력한 인식을 깨고 컴퓨터 시장 점유율을 높이기 위해 오랫 동안 수십억 달러에 달하는 마케팅 예산을 썼음에도 불구하고 그 모든 노력은 수포로 돌아갔다.

세 번째 방법은 약간의 변화를 가미하여 그 영역이 마치 새로운 영역처럼 인식되도록 하는 것이다. 예를 들어, 찰스 슈왑Charles Schwab은 미국의 증권업계에서 새롭거나 더 뛰어나다고 마케팅하지 않았다. 성공 비결은 스스로를 최초의 '할인' 증권사라고 마케팅 한 것에 있었다. 핵심은 이미 형성된 제품 영역에서 선도 회사와 비교하여 경쟁적 우위가 무엇인지 발견하고 나서, 그것에 기반을 둔 새로운 영역을 창조하려는 시도를 하는 것이다. 물론 이러한 접근이 항상 가능한 것은 아니며, 언제나 실행보다 말이 쉬운 법이다. 그러나 그렇게 할 수 있다면 이 방법은 매우 강력하다.

가격 : 경쟁할 것인가, 피할 것인가

비즈니스 세계를 전쟁에 비유한다면, 가격은 가장 보편적이고, 결정적이며, 가장 도전적인 전쟁터임에 틀림없다. 가격을 내리고 즉각적인 실적을 거두는 편이 제품의 특성이나 광고, 유통을 바꾸는 것보다 훨씬 쉽기 때문이다. 공격적이든 방어적이든 이것은 진실이다. 가격은 이해관계가 크기 때문에 중요하다. 가격 전쟁으로 회사와 심지어 업계가 파괴될 수도 있다. 잘 알려진 예로 1992년에 전개된 미국 항공사들의 가격 전쟁이 있다. 경쟁하고 있던 주요 항공사 간의 공격적인 가격 할인으로 그 해 업계의 결합 손실액은 그 동안의 업계 총 수익을 뛰어넘었다. 가격 전쟁은 승자도 막대한 손실로 인한 고통을 피할 수 없기 때문에 기업들에게는 매우 어려운 문제다.

이러한 이유로, 나는 언제나 가격 전쟁과 연관된 케이스 토론에 더 큰 관심을 갖는다. 아래에서는 내가 가장 흥미진진하고 가치 있다고 생각하는 사례들을 소개한다. 각각의 사례는 가격 전쟁 국면에서 취할 수 있는 4가지 핵심적인 전략(선점, 시장세분화, 위장, 전략적 후퇴)을 다루고 있다.

선점 : 뉴트라스위트Nutra Sweet 사례

뉴트라스위트는 특허 받은 인공감미료이며 다이어트 펩시와 다이어트 코카콜라에 사용된다. 수년 전 특허 기간이 끝날 즈음에, 뉴트라스위트는 상표 없는 일반 감미료들로부터 극심한 가격 인하 압력과 가격 전쟁 위협을 받았다. 당신이 뉴트라스위트의 CEO라면 어떻게 하겠는가? 가격을 파격적으로 낮춰서 경쟁자들을 시장에서 퇴출시키겠는가? 광고를 멋지게 해서 브랜드 입지를 확고히 구축하겠는가? 뉴트라스위트는 서로가 패하는 가격 전쟁과 수백만 달러의 비용이 드는 브랜드 광고를 하는 대신, 주요 고객인 펩시와 코카콜라에게 둘 중 어느 회사가 다른 일반 감미료로 전환하면 곧바로 실행할 긴급 사태 대책을 마련하여 공유·확인시킴으로써 가격 전쟁을 영리하게 피했다.

긴급 사태 대책은 '이 콜라'는 오직 뉴트라스위트만을 함유한 것이라는 점을 고객에게 '교육시키는' 대대적인 광고 공세를 퍼붓는 것이었다. 이것은 실제로 펩시와 코카콜라에게 대규모 시장이 걸린 문제였고, 광고의 영향으로 고객이 콜라의 질이나 맛이 변했다고 인식할 위험이 있는 위협적인 요소였다. 이러한 위협이 너무나 치명적이어서 펩시와 코카콜라는 기존의 인공감미료를 교체하는 것을 주저했고 그로 인해 뉴트라스위트는 가격 전쟁을 피할 수 있었다.

나는 어느 다국적 소비재 가전 제조회사의 가격 전략을 연구한 적이 있다. 프로젝트의 한 부분으로, 나는 아시아 경쟁업체의 CEO 인터뷰를 시도했다. 놀랍게도 그 CEO는 직접 인터뷰에 동의했다. 더욱 놀라운 것은 그 CEO가 상대적으로 민감한 제조와 비용 관련 데이터를 일부 공개한 점이다. 일반적으로 경쟁사 인터뷰는, 시장에 관해 이미 알려진 사실 또는 공급업체 정보를 논하는 수준에서 이루어진다. 인터뷰 마지막에 그는 이렇게 말했다. "내가 왜 당신의 인터뷰에 응하고 그렇게 많은 정보를 공유했는지 혹시 알고 있나요? 당신에게 부탁 하나 하고 싶어요. 내 메시지를 당신의 고객에게 전해주세요. 우리는 저비용 구조를 갖췄다고 말해주세요. 만일 가격을 낮추면 우리가 보복할 것이라고요." 이 사실을 나의 고객사에 전했을 때, 고위 임원 중 한 명은 이렇게 농담했다. "우리의 가격 전략에 대한 해답이군." 단순히 메신저 역할을 하고서 그렇게 많은 액수의 컨설팅 비를 받을 줄은 전혀 예상하지 못했지만, 고객사는 내가 전달한 정보에 대해 대단히 고마워했다.

시장세분화 : 페덱스 FedEx

당신이 페덱스의 CEO라고 상상해보라. 당신의 주요 경쟁자인 미국 우체국의 특급우편USPS은 미국 내에서 우편물을 접수한 다음날 정오나 오후 3시까지 우편물을 받아볼 수 있는 익일 배달 보장 서비스를 실시하려고 한다. 당신은 어떻게 경쟁하겠는가? 페덱스는 가격 경쟁을 하기보다 두 종류의 서비스 제공을 결정했다. 프리미엄과 스탠다드. 프리미엄은 익일 오전 10시까지, 스탠다드는 익일 오후 3시까지 배달해주는 서비스다. 이러한 방법으로 페덱스는 USPS와 두 개의 전선에서 경쟁할 수 있었다. 더 비싼 요금의 더 빠른 서비스와 경쟁적인 요금에 유사한 서비스! 페덱스는 가격 민감도가 낮은 고객 시장에서는 더 높은 이익을 유지하면서 동시에 저가 시장에서는 효과적인 경쟁을 할 수 있었다.

페덱스의 사례는 마케팅에서 중요한 개념을 설명해준다. 시장세분화segmentation와 표적 세분시장의 선정. 시장세분화는 서로 다른 고객 집단으로 시장을 나누는 것이다. 고객세분화customer segments라고 불리는 이러한 집단들은 서로 다른 욕구와 특성을 지니고 있기 때문에 구별된 제품이나 서비스의 제공이 필요하다. 세분화된 시장의 수익성뿐만 아니라 회사 전략과의 적합성, 충족되지 않은 욕구에 대한 구매력 등을 평가하여 하나 또는 그 이상의 세분시장이 표적 세분시장으로 선정될 수 있다.

페덱스 사례에서 두 개의 고객 세분시장은 비교적 이해하기 쉽다. 두 고객 집단 모두 특송 서비스를 제공하는 페덱스의 전략과 맞아 떨어지며 수익성을 갖추고 있다. 고객세분화에서 다른 세분시장도 있었을 것이다. 말하자면 훨씬 더 빠른 서비스나 훨씬 더 느린 서비스를 필요로 하는 고객 세분시장이 있다고 하자. 이러한 고객 집단들을 위한 서비스 제공은 운영상 어려울 것이고, 페덱스의 사업전략과도 맞지 않는다. 또는 필요한 투자나 시장에서의 경쟁 때문에 단순히 재정적인 면에서 매력적이지 않을 수도 있다.

그러나 대부분의 경우 시장 환경은 페덱스의 사례보다 훨씬 더 복잡한데, 특히 소비자가 관련되어 있다면 더욱 그러하다. 예컨대, 오래 전에 나는 베트남의 한 담배 회사를 위해 시장세분화 작업을 했었다. 시장에는 브랜드가 넘쳐났고, 소비자들은 브랜드의 이미지, 개인적 취향, 디자인, 친구의 권유, 담배의 질, 맛, 그리고 가격 등 자신들이 원하는 모든 심리적이고 신체적인 욕구에 따라 제품을 선택했다. 보다 복잡한 시장세분화와 표적시장 선정 작업을 성공적으로 하기 위해서는 4가지 기본 원칙을 이해하고 있어야 한다.

- 유형
- 전략
- 선정
- 데이터

유형

시장세분화에는 두 가지 유형이 있다. 첫째, 소비자가 추구하는 편익, 소비자 욕구, 또는 제품이나 서비스를 이용하여 처리하고자 하는 일에 기반한 것이다. 둘째, 관찰 가능한 소비자의 특성에 기반한 것이다. 소비자 시장세분화에서 가장 많이 사용되는 방식은 인구통계학적 세분화(나이, 성별, 소득수준)와 심리학적 세분화(사람들의 개성, 가치, 라이프스타일, 행동양식. 예를 들어 관심분야, 신념, 시간과 돈을 주로 쓰는 곳)이다. 산업 시장세분화에 주로 사용되는 특성은 수입규모, 직원 수, 산업 특성과 지리적 위치 등이다.

가장 좋은 방법은 먼저 고객을 그들이 추구하는 편익에 기초하여 세분화하는 것이다. 그리고 나서 각 세분시장에 대해 핵심적으로 구별되는 고객의 특성을 정의한 후 광고와 프로모션을 표적화하고, 세분시장의 크기를 추정하거나 확인할 수 있다. 페덱스는 고객이 기대하는 서비스 욕구에 따라 고객 세분화를 했다. 그리고 나서 필요하다면 각 세분시장에 대한 고객의 특성을 정의할 수 있다. 예컨대, 은행, 법률, 컨설팅 업계에서 특정 기준 이상의 수익 규모와 직원 수를 보유하거나 국제적인 사업운영을 하는 회사들은 프리미엄 서비스를 위한 고객 세분시장이 될 가능성이 높다. 이렇게 고객의 특성을 정의함으로써 광고와 직접 마케팅directing marketing과 같은 다른 프로모션 활동들이 표적화될 수 있다. 또한 고객 특성 정보와 더불어 무역협회나 산업 통계치를 활용하여 페덱스는 각 세분시장의 규모를 추정할 수 있다.

먼저 고객 욕구에 초점을 맞추고 다음으로 고객 특성을 활용한 또 다른 예는 클레이튼 M. 크리스텐슨Clayton M. Christensen이 소개한 패스트푸드 음식점 사례다. 패스트 푸드점은 밀크셰이크의 매출 증가를 원했다. 그래서 밀크셰이크를 찾는 단골 고객들의 인구통계학적 특성과 개인적 특성에 기초하여 고객 세분화를 했다. 그리고 나서 세분시장의 특성에 부합하는 고객들을 포커스 그룹으로 초청하여 맛, 감촉, 가격에 대한 소비자욕구 조사를 실시했다. 그들의 기호에 따라 밀크셰이크는 섬세한 부분까지 품질이 향상되었지만 매출은 증가하지 않았다.

그 후 회사는 소비자의 욕구를 우선 이해하기 위해 새로운 연구에 착수했다. 새로 투입된 조사자는 고객이 밀크셰이크를 구매하고 소비하는 행동을 관찰하는 데 시간을 보냈다. 얼마 지나지 않아 조사자는 밀크셰이크를 아침에 사가는 고객들에게 구별되는 어떤 특징을 알아챘다. 아침 시간대 구매 고객들과의 인터뷰에서 그들은 가벼운 아침 식사용으로 그리고 직장까지 운전하는 동안 지루함을 달래기 위해 셰이크를 산다고 말했다. 또 하루 중 다른 때의 주요 세분시장은 사탕을 사달라고 조르는 아이들을 달래기 위해 밀크셰이크를 사는 부모 집단이었다. 그러한 세분시장을 소비자 욕구에 기초하여 파악함으로써, 그 패스트 푸드점은 밀크셰이크를 더 정교하게 향상시킬 수 있었다. 아침 손님들을 위해서 더 많은 과일을 첨가하여 밀크셰이크를 더 걸쭉하게 만들고 지루한 운전시간에 의외의 맛을 느낄 수 있도록 했다. 또한 운전자들이 더 신속하게 밀크셰이크를 살 수 있도록 스와이프 카드swipe card와 자판기를 도입했다. 이 고객 세분시장은 매일 차로 출근하는 사람들의 욕구를 고려한 것이다. 그리고 나서 운전거리, 사는 곳, 성별, 나이 등과 같은 다른 특성들을 파악하여 프로모션과 광고에 활용할 수 있다.

혹자는 그 조사를 역으로 했어도 되지 않느냐고 반문할 수 있다. 먼저 인구통계학적 분석으로 시장을 세분화하여 그 음식점 근처에 사는 특정 나이의 집단 중 매일 차로 출근하는 고객 세분시장을 구별해낼 수 있다는 것이다. 물론 맞는 말이다. 그러나 너무 많은 인구통계학적 변수들 때문에 이 그룹을 특정 고객 세분시장으로 구별해내기는 어려울 것이다. 그리고 맨 처음 조사를 시작했을 때 인구통계학적 방법을 사용했지만 이 고객 세분시장을 발견하는 데는 실패했다.

전략

회사 전략에 따라 시장을 세분화하는 일은 중요하다. 페덱스의 경우, 전반적인 전략은 적정 요금을 받고 특송 서비스를 제공하는 것이다. 그러므로 배송 속도에 대한 고객의 다양한 욕구에 기초하여 시장을 세분화하는 것이 적합하다. 반대로 밀러 라이트Miller Lite의 '캣 파이트(Catfight, 여성의 격한 싸움을 뜻하는 속어)' 광고 캠페인은 전략과는 무관한 시장세분화의 생생한 사례를 제공한다. 회사의 전략은 경쟁사인 버드 라이트Bud Lite 소비자들이 밀러 라이트로 돌아서는 것까지 포함한 매출 증대가 목표였다. 시장 조사에서 젊은 남자의 세분시장이 파악되었는데, 이들은 유명 슈퍼 모델들이 진흙탕에서 뒹굴며 이른바 '머드 레슬링'을 하는 광고를 좋아한다는 결론이 나왔다. 회사는 그러한 종류의 광고 캠페인을 전역에 내보내면서 단숨에 표적 세분시장은 물론이고 세간의 이목을 사로잡았다. 그러나 정작 매출은 기대와 달리 늘어나지 않았다. 나중에 밝혀진 사실은 표적 고객들은 '캣 파이트' 유형의 광고를 좋아하지만, 그 즐거움이 그들로 하여금 브랜드를 바꾸도록 유도하는 데는 실패했다는 것이다.

선정

세분시장의 매력도를 파악하는 것은 필수다. 즉, 시장세분화는 표적시장을 선정하는 수단이다. 대부분 회사들의 궁극적 목표는 수익 창출을 극대화할 수 있는 세분시장을 선정하는 것이다. 선정 단계에서 고려해야 할 핵심 요소는 경쟁적 사업 환경과 개별 세분시장의 수익성과 함께, 각 세분시장에 대한 서비스 제공을 할 수 있는 회사의 역량이다.

다양한 세분시장에 서비스를 제공하고 경쟁적 환경을 평가하는 회사의 능력에 대해서 HBS의 '시장세분화, 표적시장 선정, 그리고 포지셔닝' 강의에서 제안하는 것은 다음 표에 제시된 프레임워크를 사용하여 각각의 세분시장을 분석해보는 것이다. 표의 각 빈 칸에는 평가 결과를 기입한다. 각 요소에 대한 철저한 분석에 기초하여 평가한다. 5개의 열은 표적시장 선정 시 고려해야 하는 5가지 일반적인 영역이다. 5개의 각 영역은 시장에 따라 제외되거나 더 세분화된 항목으로 나뉠 수 있다. 예컨대, 페덱스에서 고안 및 기획 능력은 중요한 요소가 아닐 수 있다. 생산 능력은 생산 프로세스에 따라 주문 접수, 소포물 픽업, 통관 등과 같이 다른 부분들로 나누어질 수 있다. 그리고 나서 각각의 일반적 영역과 세부 영역에 대해 페덱스와 주요 경쟁사 간에 평가를 해볼 수 있다. 세부 영역이 너무 많으면 초점을 잃기 쉽고 의사결정에 어려움이 생길 수 있으니 주의해야 한다. 그러므로 이 평가표는 표적시장 선정에 관계된 가장 핵심적인 성공 요소들에 초점을 맞춰야 한다. 그 밖에 덜 중요한 요소들은 이후 고려할 것에 대비하여 다른 평가표로 정리해둘 수 있다.

시장세분화 표				
일반적 영역	자사	경쟁사1	경쟁사2	…
고안 및 기획 능력				
생산 능력(질과 양)				
판매 능력				
재정 능력				
관리 및 실행 능력				

개별 세분시장의 수익성 또한 추정되어야 한다. 세분시장의 수익성을 제대로 파악하지 않으면, 회사는 저수익성, 심지어는 수익성 없는 세분시장을 표적으로 하여 열심히 일하는 것으로 끝날지도 모른다. 예를 들어, 나는 인도네시아의 어느 은행을 컨설팅한 적이 있는데, 그 회사의 전략은 보다 정교한 상품 판매 수익과 거래 수수료 수익을 늘려 비이자 수익을 강화하는 것이었다. 그 은행은 꽤 규모 있는 자산관리 비즈니스를 운용하고 있었다. 전통적으로 자산관리 고객들은 은행에 위탁한 총 자산(예금, 주식과 채권 등) 규모에 따라 플래티넘, 골드, 실버 등급으로 세분화되어 있었는데, 그 중 은행의 상품

개발, 서비스 그리고 프로모션의 상당 부분이 은행에 가장 많은 자산을 위탁한 플래티넘 고객에게만 집중되어 있었다.

그러나 그 후에 이어진 심층 분석에서, 대부분이 은퇴한 개인들로 구성된 플래티넘 고객들은 자산을 안전한 현금이나 주식으로 보유하고 은행의 새로운 상품에 가입하지 않기 때문에, 이들이 특별히 수익성 있는 고객 세분시장은 아니라는 결과가 나왔다. 반면 실버 등급의 고객 집단 중 일부는 젊은 전문직 종사자들로서 이들에게는 은행에 더 높은 비이자 수익을 안겨줄 정교한 금융상품에 대한 상당한 욕구가 있었다. 이 추가 세분시장 sub-segment은 수익성이 매우 좋고 장기간 성장 잠재력을 지녔으며 은행의 전략과도 맞아떨어졌다. 하지만 세분시장 수익성에 대한 이해의 결여로, 은행의 잘못된 자원 배분과 이 추가 세분시장에 충분한 서비스를 제공하지 못하는 결과가 초래되었다.

수익성을 파악한다는 것은 세분시장의 규모, 이익률, 그리고 성장 잠재력에 대한 추정을 포함한다. 필요한 정보와 데이터는 주로 사내 데이터망, 정부와 다른 산업의 통계치와 추정치에서 구할 수 있다. 예컨대, 페덱스의 경우 프리미엄 서비스의 이익률은 사내 회계 데이터에서 추정할 수 있다. 그러한 서비스를 이용할 현재 및 미래 기업의 수는 다른 정보처에서 기업 특성과 통계치를 구하여 예측할 수 있다. 이 세분시장의 평균 소포 개수, 목적지, 그리고 성장 잠재성은 과거 고객들의 데이터와 고객 인터뷰에 기초하여 추정할 수 있다.

데이터

상당량의 데이터 수집과 분석, 처리를 기대하라. 고객의 욕구와 특성, 경쟁적 비즈니스 환경, 그리고 수익성을 파악하기 위해서는 방대한 양의 데이터와 상당한 수준의 분석 작업이 요구된다. 일반적인 도구 외에도 마케팅적 기법으로써 고객 설문, 포커스 그룹, 컨조인트 분석(conjoint analysis, 어떤 제품 또는 서비스가 갖고 있는 속성 하나하나에 고객이 부여하는 가치를 추정함으로써, 그 고객이 어떤 제품을 선택할지 예측하는 기법) 등과 같은 방법들이 있다. HBS는 이러한 기술적 메커니즘에 대해서는 깊이 들어가지 않는다. 나의 경험에 비춰볼 때 일반적으로 시장조사 기관에 위탁하여 이러한 도구들을 활용하게 하는 편이 훨씬 시간과 비용 측면에서 효과적이다. 그들은 파트타임 설문 조사자, 잠재적 포커스 그룹 참가자를 관리하는 대용량 데이터베이스, 경험 많은 포커스 그룹 리더와 데이터 분석 전문가 등의 자원을 보유하고 있거나 연결망을 가지고 있기 때문이다. 그러나 시장조사 기관은 팔과 다리 기능을 해주는 것이지 프로젝트의 브레인이 될 수 없다. 수집 데이터의 선정과 고객세분화 작업은 기업 내 담당자나 그 회사와 회사의 사업 영역, 전략, 운영 사항을 잘 알고 있는 컨설턴트에 의해 수행되어야 한다.

결론적으로 말하자면, 시장세분화는 이론적으로는 쉬울 수 있지만 실제로 적용하기는 만만치 않다. 시장을 세분화하는 방법은 무수히 많다. 시장을 효과적으로 세분화하기 위해서는 상당 수준의 자원과 경험이 요구된다. 전략적이고 창의적인 사고를 해야 한다. 또한 대량의 데이터 처리와 단순 작업(설문조사나 포커스 그룹 인터뷰 조사의 반복)이 필요할 수 있기 때문에 많은 인내심이 요구된다.

신규 브랜드 : 3M

페덱스 사례에서, 프리미엄과 스탠다드 서비스는 모두 페덱스의 브랜드와 잘 어울린다. 그러나 때때로 기업이 가격 전쟁을 치르기 위해서는 신규 브랜드의 도입이 필요할 수 있다. 기존의 브랜드가 프리미엄 이미지라면 더더욱 그렇다. 3M이 좋은 사례. 1990년대 초, 경쟁사인 카오 주식회사Kao Corporation는 저가의 디스켓을 출시했다. 이에 대응할 필요가 있었지만, 3M은 세분 고객들이 3M이 대표하는 품질에 대해 기꺼이 더 높은 가격을 지불할 것이라는 점을 잘 알고 있었기 때문에 3M 브랜드에 대한 가격을 낮추지 않았다. 그 결과 3M은 카오와 경쟁하기 위한 목적으로 하이랜드Highland라 불리는 신규브랜드를 만들었다.

경쟁사를 먼저 죽이기 : 소비재

하버드 비즈니스 리뷰에는 가격 전쟁에 대처하는 매우 인상적인 에피소드가 소개되어 있다. 저자는 기업의 이름을 밝히지 않았다. 나는 다른 비즈니스 스쿨에 다니는 여러 친구들로부터 동일한 케이스에 대해 들었지만, 그들 중 누구도 그 기업이나 제품의 실제 정체에 대해서는 알지 못했다.

이야기인 즉, 어느 소비재 선두 기업이 가격을 공격적으로 인하하는 경쟁사를 맞았다. 그 회사는 '하나 사면 하나가 공짜'라는 식으로 묶음 판매의 가격을 낮춤으로써 스스로를 방어했다. 제품 한 개당 수명이 6개월이므로, 가장 큰 고객인 가격에 민감한 소비자들은 이 시기에 재고를 비축함으로써 거의 1년 동안은 구매하지 않게 된다. 경쟁사는 매우 힘든 상황에 놓였다. 재고 수준과 운송 등을 고려할 때 경쟁사가 신속히 대응할 방법은 없었다. 유사한 판매 방식으로 가까스로 대처한다고 해도 수익률은 큰 타격을 입게 된다. 또한 가장 큰 고객인 가격에 민감한 소비자들이 재고를 비축함에 따라 그들의 수요가 오랫동안 시장에서 사라지기 때문에 결과적으로 판매량이 크게 줄어들 것이라는 사실에는 변함이 없다. 당연히 그 경쟁사는 '가격 깎아내리기 모험'을 중지해야 함을 깨달았다. 다른 시장에서 발생하는 유사 상황들을 보면, 상대적으로 작은 경쟁사들은 완전히 문을 닫게 되는 경우도 있다.

전략적 후퇴 : 인텔

지금까지 논의된 4개의 케이스에는 가격 전쟁에 대처하기 위한 몇몇 방법들이 제시되어 있다. 하지만 때로는 실제의 가격 전쟁과 마찬가지로 가격전쟁에서 이길 방법이 전혀 없을 수 있다. 전쟁이 어떤 국면이 되든지 서로 패할 수밖에 없는 상황이 있다. 타사 제품과의 차별성이 거의 없이 일반화된 제품이라면 더더욱 그렇다. 그런 경우, 어떤 회사들은 다 같이 시장 포기를 선택할 것이다. 당연히 회사가 다른 제품 라인을 보유하고 있거나 지속적인 혁신을 할 수 있을 때 가능한 선택이다. 주요 사례로 인텔이 있다. 인텔은 아시아 DRAM 제조업체들로부터의 가격 압력이 격렬해지면서 DRAM 칩 제조를 접고 다른 제품들에 집중했다. 또 다른 예로 3M이 있는데, 많은 저가 제조업체들의 공급으로 비디오테이프가 일반 제품이 되면서 3M은 비디오테이프 사업에서 손을 뗐다.

판매촉진: 돈을 어디에 써야 할까

판매촉진에는 ATL_{Above The Line}과 BTL_{Below The Line} 마케팅이 있다. ATL 마케팅은 텔레비전, 라디오, 신문, 인터넷 배너와 같은 대중매체를 사용한다. BTL 마케팅은 직접 발송하는 우편물이나 이메일, 전단광고, 쿠폰, 구매 시 상품 증정,

경품행사와 같은 직접적인 수단에 집중한다.

    나는 본래 비용에 민감한 사람이다. 그래서 판매촉진 활동이 마케팅에서 꼭 필요하다고 믿지만, 그 돈이 효과적으로 쓰이고 있다는 것을 확인하고 싶어 한다. 나의 지식과 경험에 따르면 판매촉진 비용의 효과성을 검토할 때, 세 가지 기본적인 원칙에 충실해야 한다.

- 광고만으로 브랜드의 생명력을 유지할 수 없다.
- '독점 창구 monopoly window'를 찾아라.
- 판매촉진 활동의 수익성을 파악하라.

광고만으로 브랜드의 생명력을 유지할 수 없다

광고는 중요하다. 그것은 많은 사람들에게 도달할 수 있는 가장 빠른 방법이다. 그러나 광고가 만능은 아니다. 브랜드 구축을 위해 광고에만 의존하는 것은 비용이 많이 들고 위험하다. HBS의 클레이튼 M. 크리스텐슨 교수는 마케팅에서 범하기 쉬운 오류에 대해 이렇게 말하고 있다. "광고만으로는 브랜드를 구축할 수 없다. 그러나 광고를 통해 이미 브랜드로 구축된 제품의 성능(욕구를 충족시켜주는)에 대해 사람들에게 이야기할 필요는 있다." 이 점을 이해하는 데 도움이 되는 두 개의 사례가 있다.

사례1 유니레버 수피 스낵스 Soupy Snax 4:00. 유니레버 사는 시장조사를 통해 사무직 근로자들이 오후 시간대 간식에 대한 욕구가 있음을 발견했다. 주로 오후 4시에 피곤해지는 많은 사무직 근로자들은 그때 카페인이 든 음료나 패스트푸드를 먹거나 짧은 휴식을 취하는 것으로 나타났다. 그래서 유니레버는 사무실 내에서 손쉽게 데워 먹을 수 있는 영양 수프인 Soupy Snax-4:00를 출시했다. 이 제품을 판매하기 위해 유니레버는 사무실에서 피로로 지친 직원이 Soupy Snax-4:00를 마시고 나서 기운을 되찾는 광고를 시작했다.

<u>사례2</u>   밀러 라이트 캣파이트. 시장세분화 부분에서 논의된 바와 같이, 밀러 라이트는 시장조사를 통해 슈퍼 모델들이 진흙탕에서 뒹굴며 '머드 레슬링'을 하는 광고에 환호하는 젊은 남자 세분시장을 발견했다. 그래서 그들은 '캣파이트Catfight' 광고 캠페인을 시작했다.

수피 스낵스 캠페인은 큰 성공을 거두어 높은 매출의 신장을 가져왔다. 반대로 캣파이트는 매체와 소비자들로부터 큰 주목을 받았지만, 매출을 늘리는 데는 실패했다. 한 가지 핵심적인 차이는 이것이다. 첫 번째 광고의 경우, 소비자의 충족되지 않은 욕구와 그 제품이 어떻게 그 욕구를 충족시키는지 부각시켰다. 두 번째 광고는 독창적이면서 재미를 선사하지만, 소비자로 하여금 밀러 라이트로 바꾸도록 설득하는 데 있어서는 아무런 이득이 없다.

물론 광고만으로는 어떠한 브랜드도 성공할 수 없다고 단정지을 수는 없으며 그것을 증명하기란 매우 힘든 일이다. 광고주 입장에서 비용을 고려한다면 광고는 주도적 역할이 아닌 지원적 역할로 사용되어야 하며 그런 가운데 성공 가능성을 극대화해야 한다.

독점 창구monopoly window를 찾아라

미국 자동차 산업은 소수의 주요 업체들 간에 경쟁이 항상 치열하다. 여기에는 다양한 영역에 걸쳐 흥미진진한 케이스 사례들이 있는데, BTLBelow The Line 프로모션에 대한 것도 있다. 두 개의 유명한 사례를 살펴보자.

2005년에 GM은 '우리가(GM직원들이) 지불하는 가격만 내시면 됩니다'라는 프로모션을 실시하여 세간의 관심을 불러 모았다. 이 행사를 통해 고객은 통상적인 소매 정가보다 훨씬 낮은 가격인 '직원 할인가'에 차를 구입할 수 있었다.

같은 해, GM의 폰티악 사업부는 TV 리얼리티 쇼 프로그램인 어프렌티스 The Apprentice를 후원하면서, 두 경쟁 팀에게 2006 폰티악 솔스티스의 한정 판매를 위한 브로셔 제작을 과제로 주었다. 그 방송에서 팀들이 브로셔를 디자인하는 과정을 보여주는 동안, 솔스티스의 특징들이 자연스럽게 부각될 수 있었다. 여기에 더해 더 많은 정보와 솔스티스 한정판 주문 '기회'를 원한다면 야후에 접속하라는 텍스트 광고를 내보냈다.

그 두 개의 프로모션 결과는 크게 달랐다. 직원 할인가 제공의 경우, 경쟁사들은 대폭적인 가격 할인으로 보복했다. 그 결과 야기된 피 튀기는 가격 인하 경쟁으로 GM과 경쟁사들은 수십억 달러의 손실을 입었다. 그러는 동안 TV쇼는 엄청난 성공을 거두었다. 애초 목표는 10일 안에 1000대를 판매하는 것이었는데, 1000대 모두 1시간도 채 되지 않아 다 팔리는 기염을 토했다. 이러한 두 성과 사이의 핵심적인 차이는 프로모션을 계획하는 데 많은 영감을 준다.

단순히 가격 인하를 가장한 프로모션은 피하라. '우리가 지불하는 가격만 내시면 됩니다'라고 말하는 것은 가격 인하다. 게다가 멋지게 잘 위장한 것도 아니다. 포인트 적립 두 배와 같은 다른 책략들은 가격 인하가 좀 더 잘 가장된 경우다. 그러나 경쟁사와 고객들은 재빨리 그러한 계책을 간파한다. 이로 인해 경쟁사의 가격 인하 보복이 잇따르면서 서로가 손실을 입는 가격 전쟁이 일어난다. 그러한 술책은 또한 미래에 사용할 것에 대비하여 제품을 미리 사둔다면 고객은 정가를 모두 낼 필요가 없어지게 되고, 그것에 대한 수요도 앞으로 오랜 기간 동안 사라지는 결과를 초래한다.

자원을 창의적으로 조직하고 투자하여 '독점 창구'를 극대화하라. '독점 창구'라는 용어는 고객이 프로모션의 영향으로 구매를 시작하는 시점과 경쟁사가 자신들의 방어책을 내놓는 시점 사이의 구간을 의미한다. 즉 고객이 프로모션에 반응하기 시작하는 시점과 경쟁사가 반응할 수 있게 되는 시점 사이의 기간 동안 기업의 판매촉진 활동이 자사 제품 홍보로 시장을 '독점화할 수 있는' 창구가 될 것이다.

독점 창구가 클수록 촉진활동의 성공 가능성은 더 커진다. 창구는 고객 반응속도를 끌어올림으로써 또는 경쟁사의 대응을 지연시킴으로써 극대화할 수 있다. 폰티악 솔스티스의 경우, 시청률이 높은 TV 프로그램과 자세한 정보를 위한 인터넷 접속 안내, 그리고 한정판매라는 '시간제한'을 활용함으로써 고객의 반응속도를 높였다. 경쟁사가 어떻게 손을 쓸 여지가 없었던 것이다. 출시할 신제품을 준비해야 하고 대응책을 마련하는 데 많은 시간이 필요하기 때문이다. 독점 창구가 긴 시간 동안 지속되는 것은 우연이 아니다. 여기에는 비상함, 독창력, 탁월한 직감, 마케팅 전문 지식, 훈련, 막후 교섭력과 실행력이 요구된다.

판매촉진 활동의 수익성을 파악하라

얼마나 많은 기업들이 판매촉진 활동의 수익성 분석을 대충 해치우는지 참으로 놀랍다. 내가 한 때 컨설팅을 했던 한 주류회사는 프로모션의 수익성을 프로모션 활동 기간 동안에 팔려나간 총 상자 개수로 측정했다. 각 상자는 할인된 가격에 팔리고 상당량의 매출은 선 구매(실질적 소비가 늘어난 것이 아니라, 고객들이 미래에 쓸 용도로 현재 수요보다 더 많이 구매하는 것)를 포함한다는 사실을 전혀 고려하지 않았다. 그리고 나는 첨단 쇼핑몰을 보유하고 있는 어느 자산투자 회사를 맡은 적이 있다. 그 쇼핑몰에는 주차무료, 구입시 사은품 증정, 그리고 다른 전략들을 비롯한 매우 적극적인 프로모션 일정이 계획되어 있었다. 하지만 이러한 모든 프로모션 활동에 대한 수익성은 한 번도 측정된 적이 없었는데, 그 이유는 '정량화하기가 너무 어렵기' 때문이라고 했다.

수익성을 측정하는 것과 그것을 올바르게 측정하는 것은 매우 중요하다. 레오나르드 M. 로디쉬Leonard M. Lodish 교수는 1982년과 1990년 사이에 미국의 65가지 제품 범주에 속하는 모든 브랜드의 프로모션 활동을 연구한 결과, 단지 16%만이 수익성이 있었다고 밝혔다. 나는 주류 고객사와 쇼핑몰 고객사가 자사의 판매촉진 활동의 수익성을 대략적으로라도 평가할 수 있도록 도와주었다. 분석 결과, 주류 고객사는 다양한 판촉행사에서 손실을 입고 있었고, 쇼핑몰 고객사의 경우 그동안 펼친 판매촉진 활동의 절반 이상이 수익성이 없는 것으로 나타났다.

판매촉진 활동의 수익성을 측정하는 데 있어 핵심은 증분 이익incremental profit을 따져보는 것이다. 증분 이익이란 프로모션 없이 그냥 판매했을 때의 수익 이상으로 거둬들인 수익 증가분을 의미한다. 프로모션이 없는 경우 발생하는 수익에는 두 종류가 있다.

- 기본수익: 정가를 다 주고 사는 고객으로부터의 수익. 프로모션을 한다면 고객은 동일 수량을 할인가에 구입하게 된다.
- 선 구매수익: 시간이 지나 나중에 정가를 모두 지불하며 구매할 고객으로부터의 수익. 프로모션을 한다면, 고객은 동일 수량을 할인된 가격에

더 일찍 구매하여 미래에 쓸 것에 대비하여 비축해둔다.

프로모션의 수익성을 평가할 때, 정가 기본 구매와 선 구매를 한다면 발생했을 판매량의 감소분을 반드시 고려해야 한다.

다음 표는 증분 이익을 추정하기 위한 프레임워크의 한 예다. 소매업자에게 주류를 파는 주류 고객사의 데이터가 임의로 변경되어 사용되었다. 주류 한 상자의 생산비용(매출원가)은 40달러, 한 상자의 판매가(판매촉진이 없을 경우)는 100달러일 때 1개월 간 10% 할인 판촉행사를 한다고 가정하자. 판촉행사의 기획과 진행 비용은 5,000달러이고 여기에는 광고와 전단지 인쇄비, 인건비, 고정 간접비, 기타 비용 등이 포함되어 있다고 하자. 프로모션이 종결된 후 아래의 프레임워크를 사용하여 활동에 대한 평가를 할 수 있다. 또한 이것을 기획 단계에 적용하여 '매출 목표 수량'을 정하고 프로모션 기간 동안에 실제 발생하는 '매출 수량'과 비교해가며 평가해볼 수 있다.

증분 이익 추정하기	
1. 판촉기간 동안에 팔린 총 매출수량	2,000상자
2. 추정 기본 판매수량	900상자
3. 추정 선 구매수량	300상자
4. 추정 증분 매출수량	2,000−900−300=800상자
5. 증분 매출수익	800상자×90달러=72,000달러
6. 증분 생산비용(매출원가)	800상자×40달러=32,000달러
7. 가격할인으로 인한 수익손실	(900+300)상자×10달러=2,000달러
8. 기타 판촉비용	5,000달러
9. 총 판촉비용	32,000달러+12,000달러+5,000달러 =49,000달러
10. 판촉으로 인한 수익	72,000달러−49,000달러 =23,000달러

유통: 맵은 어떤 모습인가

어디로 유통할 것인지 정하기 전에, 시장에 대한 철저한 이해가 필요하다. 어떤 종류의 시장에서든 유통을 이해하기 위한 첫 단계로 나는 두 가지 도구가 특히 유용하다는 것을 발견했다. 유통경로 맵과 비용구조 계산이 바로 그것이다.

기본적인 유통경로 맵

유통경로 맵은 제품이 어떻게 유통되는지 한눈에 보여주며 각 경로의 중요성을 표시해준다. 다음 그림은 주류 고객사를 대상으로 한 예시다(데이터는 실제가 아님).

유통경로 맵에서 알아두면 좋은 몇 가지 포인트가 있다. 맵에서 퍼센트(%)는 시장 특성과 가용 데이터에 기초하여 제품의 수량이나 가치를 나타낼 수 있다. 상대적으로 중요한 경로를 보여주는 개념이다. 퍼센트의 총합이 100퍼센트가 되는지 확인하고 나면, 전체적인 그림을 보게 될 것이다.

어떤 주제에 대해 브레인스토밍을 하며 유통경로 맵을 몇 개 그려보라. 시장 전체, 주요 경쟁사, 그리고 자사를 대상으로 해볼 수도 있다. 그러고 나서 이 맵들을 서로 비교해봄으로써 유사점과 차이점을 발견하고 평가해볼 수 있다.

유통경로가 계속 변화하고 있거나 현재 변화 중인 시장에 대해서는 미래의 경로 맵을 예측해보는 일도 가치 있다. 예컨대, 주류 고객사라면 인터넷을 통한 판매가 다른 유통 경로들보다 훨씬 빠르게 성장할 것이라는 예상을 해볼 수 있다. 그러고 나서 각각의 경로에 대한 성장률을 추정하고 그 성장률을 현재 맵에 적용하여 미래 경로 맵을 그려봄으로써 새로운 유통경로의 중요성을 평가하고 유통경로 전략에 대한 논의도 할 수 있다.

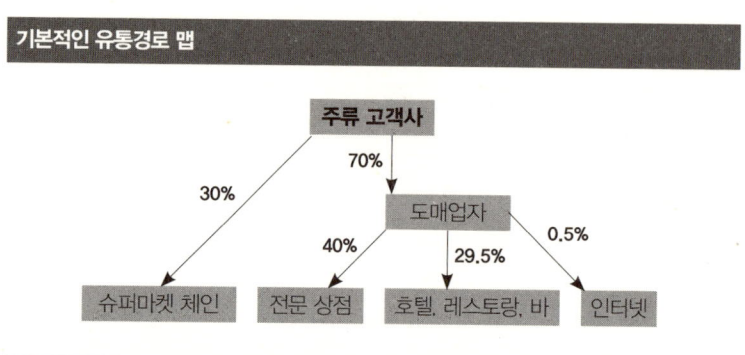

* 모든 수치는 수량에 기초함

위 그림은 단순히 맵의 형태만을 보여주는 예다. 이 형태는 상황에 따라 적절히 응용될 수 있다. 예를 들어, 경로의 중요성에 비례하여 다른 경로 박스들을 그려 넣을 수 있다. 또 다른 방법으로 만약 함께 일하는 고객사가 중간상인 없이 직접 소매점에 납품하는 제조회사라면, 다음 그래프가 더 좋을 수 있다. 이 그래프에서는 각 경로에 대한 이익률도 확인할 수 있다. 핵심은 제시하는 어떤 형태의 데이터가 분석과 논의, 그리고 의사결정을 하는 데 유용하도록 맵을 창의적으로 디자인해야 한다는 것이다.

이러한 맵에 필요한 데이터를 구하는 방법은 전략연구를 위해 정량적 데이터를 수집하는 것과 유사하며 다음의 정보 자원들을 활용할 수 있다. 정부 통계치, 거래 내역, 내부 전문가, 그리고 공급업자와 고객 인터뷰 등이다.

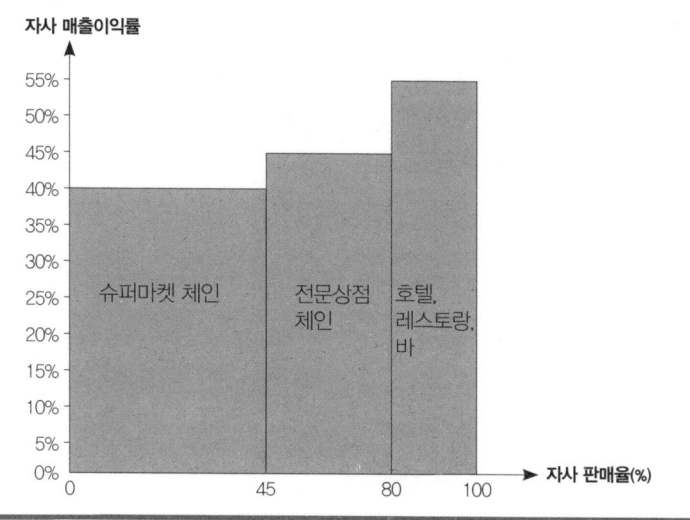

비용구조 분석

모든 유통 계획을 수립할 때, 유통경로 맵과 더불어 유통비용을 파악하는 것 또한 매우 중요하다. 유통비용은 두 가지 측면에서 살펴볼 수 있다. 회사의 총비용에서 총 유통비용의 비중과 각각의 유통경로에 소요되는 상대적 비용이다.

예를 들어, 182쪽 그림은 음악 산업에서의 유통비용 구조를 보여주고 있는데, 유통비의 대부분이 제품비용이라는 사실을 알 수 있다.

여기에서 소매업자의 마진은 특별히 높지 않다. 유통업자(도매상인, 에이전트, 소매상인)의 마진을 이해하는 것이 중요한데, 그 마진은 유통업자가 가치를 더하는 경우와 함께 검토되어야 한다. 높은 마진에 대체 가능한 가치를 더하는 것이라면, 보다 비용 효과적인 유통전략의 기회가 있을 수 있다. 또는

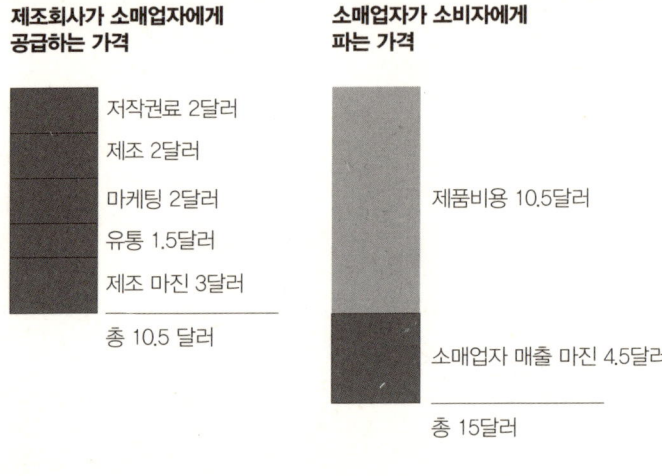

아예 중간상인을 거치지 않고 직접 거래를 시도할 수 있다.

다양한 유통경로에 소요되는 비용이 매우 상이하다면, 각 경로에 대한 비용분석을 해보는 것도 도움이 된다. 예컨대, 음악 CD를 유명 백화점을 통해 팔 때의 비용 구조와 전문 매장을 통해 팔 때의 비용 구조가 다르다면(다른 가격 정책으로 제조 마진이 달라지거나 판매직원 간의 급여 차이 등의 이유로), 위에서 언급한 바와 같이 개별 경로에 대한 비용분석을 하면 좋다.

유통경로 맵과 비용구조 분석을 함께 사용하면, 그 기업의 전략과 더불어 최종 목표고객에게 가장 적합한 핵심 경로를 발견하는 데 첫 단계가 되는 기본적인 정보들을 얻을 수 있다.

9

HARVARD BUSINESS SCHOOL CONFIDENTIAL

제품보다 편익을 팔아라

사람 : 사냥꾼인가, 농부인가?

판매에 관해서는, 4P와 같은 마케팅의 강력한 프레임 워크에 비견될 정도로 정평 있고 널리 받아들여지는 프레임 워크가 따로 없다. 판매에서 중요한 도구로 나는 판매를 위한 4P를 나름대로 고안해봤다. 즉 사람People, 관점 Perspective, 프로세스Process 그리고 성과관리Performance management로 요약할 수 있다.

먼저 사람에 대해 알아보자. 기업의 모든 기능적 요소가 사람에 의존하지만, 판매 부문은 그 중에서도 단연 사람에 대한 의존도가 높다. 판매 담당자들은 회사와 회사의 가장 중요한 구성요소인 고객 사이를 잇는 핵심 접점이기 때문이다.

보편적인 경험과 기존의 연구 자료에 따르면, 공감대(고객의 문제를 내 문제처럼 대하는 것)형성 능력과 인내심과 같은 고유한 성격 특성이 어떤 사람들로 하여금 자연스럽게 다른 사람들보다 더 유능한 판매원이 되도록 한다는 것이다. 스포츠로 비유하자면, 모든 사람들이 경기를 뛸 수 있겠지만, 어떤 사람은 스피드를, 어떤 사람은 지구력을, 어떤 사람은 빠른 결단력을 보유하고 있기 때문에 당연히 다른 사람들보다 경기에 더 적합하다.

그러나 이것은 하나의 구체적인 성격적 특성을 지닌 사람이 모든 판매 업무에 뛰어날 수 있음을 의미하지 않는다. 다양한 영역의 판매직은 서로 다른 성격적 특성의 결합을 요구한다. 다시 스포츠 비유로 돌아가보자. 스피드, 지구력 그리고 빠른 결단력을 가진 사람들은 일반적으로 스포츠에 능하지만, 축구에서 요구하는 능력과 체조에서 필요로 하는 능력은 매우 다를 것이다. 최근의 하버드 비즈니스 리뷰에 따르면, 판매 직무에는 적어도 두 가지의 서로 다른 업무영역이 있다고 설명한다.

- 사냥꾼 : 판매원이 신규 고객을 발굴하여 새로운 거래를 성사시켜야 하는 영역이다. 이러한 종류의 판매 업무에는 신규 고객을 발굴하고 관계를 이어갈 수 있는 강한 진취성, '첫발을 들여놓게' 하는 설득력, 그리고 거절을 여러 번 당해도 다시 일어설 수 있는 인내심을 가진 사람들을 필요로 한다.
- 농부 : 판매원이 일정 고객들과 장기적인 관계를 유지하여 새로운 거래의 대부분을 고객의 소개를 통해 성사시켜야 하는 영역이다. 이러한 종류의 판매 업무에는 공감능력과 고객과 장기적인 관계 형성을 할 수 있는 능력을 가진 사람들이 적합하다.

판매 직무의 어느 한 영역에 잘 맞는 사람이 다른 영역에는 전혀 맞지 않을 수 있다. 회사가 변화를 시도하고 있거나 변화를 필요로 할 때 이 점은 특히 분명해진다. 예컨대, 부동산투자 고객사의 경우 1997년 이전의 10년간은 수요자들이 넘쳐났다. 소매 입주자들은 고객사가 보유한 상업용 건물에 일부 면적을 차지하기 위해 줄을 서서 기다려야 했다. 1997년 아시아 금융위기를 계기로 부동산 임대 산업의 판도는 고객사에 불리하게 바뀌었다. 당시 영업인력은 농부 기질을 가진 사람들이 대부분이었는데, 그들은 새로운 입주자를 발굴하는 데 애를 먹었다. 그들은 어떻게 시작해야 되는지조차도 몰랐다. 어떻게 목표고객 리스트를 만들고, 방문이나 전화를 하여 판매할 수 있는지조차 알지 못했다. 또한 그들은 판매를 위해 고객을 찾아갔을 때 늘 겪기 마련인 거절에 익숙하지 않았다. 그 결과, 판매 관리자와 판매원들이 대거 교체되어야 했다. 또 다른 예로 2007년 말과 2008년 초, 알리바바 그룹^{Alibaba Group}은 자사의 판매인력 조직을 '사냥꾼'과 '농부'라는 두 개의 주요 그룹으로 재편하겠다고 발표했다. 조직개편으로 판매 담당자들은 판매를 하기보다는 훈련을 받아야 했으므로, 당장의 수익에는 부정적인 영향을 가져왔지만 회사는 이러한 변화가 회사의 장기적인 경쟁력에 중요하다고 믿었다.

관점 : 절대 놓치지 말아야 할 것

가끔 판매에 가장 재능 있다는 판매원조차도 관점을 잃어버릴 때가 있다. 관점은 초점과 우선순위를 확실히 하는 데 매우 중요하다. 여기에서는 내가 HBS에서 배웠던 핵심 관점들을 소개하려고 한다.

- 제품이 아닌 편익을 팔아라.
- 고객이 직접 선택했다는 느낌이 들도록 하라.
- 먹고 마시고 즐기기 위해 거기에 있는 것이 아니다.
- 성난 고객들이 당신을 죽이지 않는다면, 당신을 더욱 강하게 만든다.

제품이 아닌 편익을 팔아라

하버드대 교수 테오도르 레빗Theodore Levitt은 HBS 학생들에게 이렇게 말했다. "사람들은 2.5인치짜리 드릴을 사길 원하는 것이 아니다. 그들은 2.5인치 구멍을 원한다." 이 인용구는 강의실에서 판매(와 마케팅) 이슈를 다룰 때 우리가 올바른 관점을 유지하도록 일깨워 주었다. 이것은 간단한 개념 정도로 보일 수 있지만, 판매원들이나 심지어 회사들도 관점에서 벗어나는 경우가 많다. HBS의 스틴 버그Steen burgh 교수가 다음과 같이 설명했던 것처럼 말이다. "고객의 욕구를 예측하는 데 시간과 노력을 쏟아야 된다는 것은 너무나 당연한 말처럼 들리지만, 많은 회사들이 고객 편익에 대한 것이 아닌 제품의 특성에 대한 훈련만 시키고 있다."

HBS MBA 졸업생이면서 베스트셀러 작가인 제프리 폭스Jeffery Fox는 한걸음 더 나아가 편익만 팔지 말고 계량적인 편익을 팔라고 조언한다. 자신의 책 《레인메이커》에서 그는 이렇게 말한다. "레인메이커(높은 수준의 성공적인 영업사원)는 고객이 금전상의 이득을 보도록 돕는다. 그들은 고객의 편익을 달러로 환산할 줄 안다." 이것은 신제품이나 값비싼 품목을 회사에 팔려고 할 때 특히 맞는 말이다. 고객의 편익을 정밀하게 계량화하는 일은 쉬운 일이 아니지만, 계량화를 위한 논리와 분석은 잠재고객에게도 매우 도움이 된다는 것을 알게 되었다. 그러한 연습은 내가 잠재고객들에게 그들의 비즈니스를 이해하고 있으며 그들의 입장에서 생각할 수 있다는 것(공감능력)을 확인시켜 주는 데 도움이 된다. 또한 그 연습은 내가 팔고 있는 것에 대한 상세 부분들까지도 스스로 이해하도록 훈련하는 데 도움이 되었다.

고객이 직접 선택했다는 느낌이 들도록 하라

잠재고객을 위한 편익이 판매원에게 명확해지면, 잠재고객을 찾아가 그것들에 대해 끊임없이 설명하고 싶은 유혹이 생긴다. 그러나 사람들은 자기들이 다른 사람의 의견을 듣고 의사결정을 하는 것보다도 자기 자신의 판단에 따라 결정했다는 느낌을 갖길 원한다. HBS의 스틴버그 교수는 HBS 학생들을 다음과 같이 가르친다. "잠재고객들은 스스로 자신이 얻게 될 편익을 파악하는 일에 참여했다고 생각하거나 혹은 직접 편익을 파악했다고 느낀다. 잠재고객의 이러한 인식은 더 강력한 구매 결정과 구매를 조속히 완료하고 싶은 마음으로 이어진다. 또한 이것은 잠재고객이 구매 의사결정 단계에서 그 제품을 다른 사람들에게 기꺼이 '권할' 가능성을 높여준다."

먹고 마시고 즐기기 위해 거기에 있는 것이 아니다

사업기회를 위한 시간을 극대화하고 좀 더 편안한 분위기에서 대화를 하기 위해 비즈니스 조찬회, 점심식사, 골프 회동 등의 만남을 가지는 것은 오늘날 매우 보편화되어 있다. 중요한 것은 이러한 모임이 비즈니스 목적이며 영업 거래를 성사시키기 위한 자리임을 기억해야 한다. 초점은 언제나 판매에 맞춰야 한다. 레스토랑이나 골프장에서 이루어지는 개인적인 만남이 아니다. 예컨대, 비즈니스 점심을 한다고 하자. 경험적으로 나는 나가기 전에 간단한 스낵과 커피로 식사를 하면 공복감이나 카페인 금단현상으로 고통을 겪지 않아도 된다는 것을 알고 있다. 그 자리에 나가서는 잠재고객이 더 주문하라고 권하지 않는 한 나는 적정량만 주문한다. 웨이터로부터의 방해를 최소화하기 위해서다. 나는 조개 파스타, 수프, 또는 밥 종류처럼 내가 먹기 쉬운 것들로 주문해서 내 입이 음식으로 가득차거나 삼키기 전에 오래 씹어야 하는 일이 없도록 한다. 가지와 같은 짙은 색깔의 음식은 절대로 시키지 않는데, 나도 모르게 이 사이에 음식물이 낄 수 있기 때문이다. 그리고 쉽게 튀거나 흘릴 수 있는 버거나 스파게티 류의 먹기 불편한 음식을 절대 주문하지 않는다. 나는 수프나 리조또처럼 한 손으로 편하게 먹을 수 있는 음식을 좋아하는데, 그럼으로써 무언가를 적어야 할 때 오른손을 자유롭게 쓸 수 있다. 이것들은 모두 상식에 속한다. 비즈니스가 먼저라는 관점을 항상 잊지 마라.

성난 고객들이 당신을 죽이지 않는다면, 당신을 더욱 강하게 만든다

경영석학 톰 피터스Tom peters는 자신의 웹 사이트에 이런 글을 올려놓았다. "성난 고객들보다 더 멋진 것은 아무것도 없다. 충성도가 가장 높은 고객들은 우리와 항상 갈등을 일으킬 수 있는 사람들이며 만약 갈등이 생겼을 때 우리가 그 문제를 해결하기 위해 10마일을 더 뛴다면 거기에 경탄하는 사람들이다! 이것이야말로 최고의 비즈니스 기회다. 성난 고객들을 팬으로 만들어라." 당신은 매우 화가 났지만 영업사원이 당신의 문제를 기대 이상으로 해결해준 경험이 있다면, 이 말의 의미를 이해할 수 있을 것이다.

프로세스: 평범함을 비범함으로 바꾸는 힘

HBS의 토마스 스틴버그 교수는 개인의 판매능력에 대해 다음과 같이 설명했다. "어떤 사람들은 다른 사람들보다 판매직에 더 적합하다. 그러나 대부분의 사람들도 프로세스를 따라 배우면 판매를 훨씬 효과적으로 잘할 수 있다."

프로세스란 잘 정의된 절차와 더불어 그 프로세스를 지원할 수 있는 자동화와 도구들까지도 포함한다. 보다 과학적이며 프로세스 지향적인 접근법을 사용하면, 판매에서 전략적이고 관리적인 문제들을 훨씬 효과적으로 다룰 수 있다.

일단 가장 매력적인 고객 세분시장에 판매 인력자원을 배치하기 위한 프로세스가 정립되고 나면, 유사한 접근방법으로 개선될 수 있는 또 다른 영역은 판매 프로세스이다. 판매 프로세스는 판매 전 준비, 실제 판매, 그리고 판매 후 서비스 단계로 구성된다. 이러한 각 단계는 프로세스에 따라 보다 효과적으로 운영될 수 있다. 예컨대, 판매 전 준비 단계에서 모든 판매거래 건에 대해 준비해야 할 사항들을 체크리스트로 만들어 판매팀이 그것을 준수하도록 하는 절차를 시스템화할 수 있다(다음 페이지 참조). 판매 전 준비 단계에 유용한 또 다른 도구에는 체계적인 데이터와 정보가 있다. 미국의 선두 소프트웨어 회사인 SAP 아메리카는 최신의 업계 트렌드에 입각해서 목표고객에게 가장 가치 있을 것 같은 SAP 제품에 대한 정보를 자사의 판매 인력들에게 정기적으로 제공하는 것으로 유명하다.

구매 후 효과적인 서비스 프로세스의 예로는 페덱스가 있다. 소포물 픽업과 배송 프로세스가 명확하게 정의되어 있고, PDA나 스마트폰으로 각 소포물의 위치를 추적할 수 있다.

판매 전 체크리스트 샘플

- □ 문서화된 상담의 목적
- □ 고객이 진정으로 필요로 하는 것을 알아내기 위한 질문들
- □ 도식화한 자료
- □ 예상되는 고객의 관심과 반론들
- □ 경쟁사 대비 자사 전략이나 제품의 차별화
- □ 고객에게 의미 있는 이득
- □ 계수화 접근 방식 : 투자 대비 이득 회수에 대한 분석. 반론에 대처하고 고객의 걱정을 가라앉히기 위한 전략, 계약 마무리 전략들. 예상할 수 있는 긴급 상황들

* 이 체크리스트는 매우 광범위하다. 상품별로 세부항목이 필요하며 판매원에게 좀더 구조화되고 적합한 접근법이 필요하다.

출처: 제프리 폭스의 《레인메이커》 중에서

성과관리 : 전후 사방을 측정하라

측정할 수 있으면 실행할 수 있다. 판매목표 설정과 성과측정, 그리고 성과 모니터링을 포함하는 성과관리는 특히 중요한데, 판매 기능의 성과가 회사의 전체 재정에 직접적인 영향을 미치기 때문이다. 너무 높거나 너무 낮은 판매목표는 사람들의 사기를 꺾거나 의욕을 잃게 만들 수 있다. 성사된 판매 건에만 초점을 맞추는 성과측정은 '가장 중요한 요소, 즉 미래를 놓치는 것'을 의미한다. 성과관리 부문의 베스트 프랙티스에는 균형성과관리BSC, Balanced Score Card와 파이프라인 분석 기법에 의한 목표설정과 측정이 있다.

목표설정: 상의하달과 하의상달

고객사 중에 자사의 연간계획 수립, 특히 예산수립 부분을 가장 최적으로 할 수 있는 방법을 모색하기 위해 주요 글로벌 기업에 대한 컨설팅 연구를 의뢰했던 다국적 기업이 있었다. 다국적 기업 상위 20개 이상을 인터뷰했다. 고객사에게 권했던 방법을 단순화시킨 개략적인 내용은 다음과 같다.

영국의 장비대여 회사 아그레코Aggreko의 북미지역 지사는 위와 같은 프로세스의 도입으로 1년 만에 29%의 판매율 증가와 90%의 판매 인력 생산성 향상을 이룰 수 있었다.

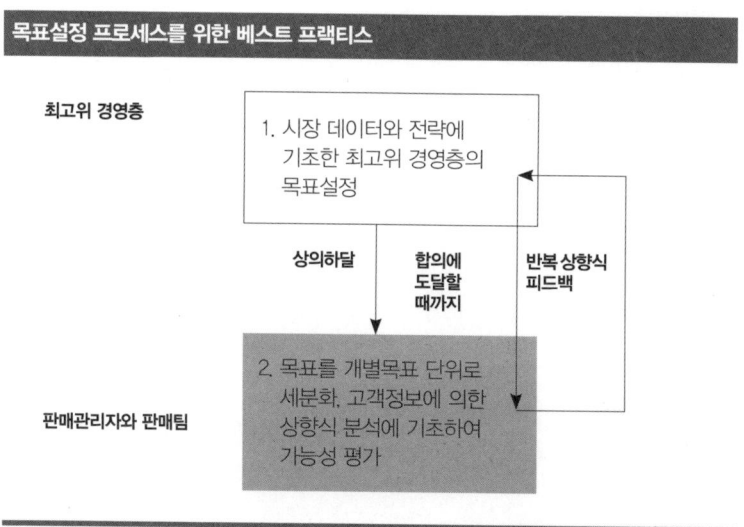

성과측정 : 균형성과관리BSC와 파이프라인 분석

균형성과관리 프레임 워크(11장에서 상세히 논의)는 판매 기능 부서에서 효과적으로 활용될 수 있다. 판매 성과를 측정하는 방법 중에 내가 특히 유용하다고 생각하는 것은 파이프라인 목표다. 예컨대 빌 맥더모트 사장은 자사 판매사원들이 각자의 잠재고객 파이프라인에서 연간 판매 할당량의 3배를 달성해야 하는 파이프라인 기준을 세웠다. 파이프라인의 목표는 보통 구매전환율을 추정함으로써 정해진다. 즉 영업사원이 10%의 성공률을 예상한다면, 그는 자신이 성사시키려고 하는 모든 판매 건에 대해 10명의 잠재고객을 파이프라인에 보유해야 한다.

10

HARVARD BUSINESS SCHOOL CONFIDENTIAL

모든 일에는 프로세스가 있다

딱딱하지만 꼭 알아야 할 것

여기서부터는 HBS에서 비중 있게 배우는 운영 관리 스킬과 도구들을 다룬다. 바로 각각의 기능요소를 다루는 본론으로 들어가기 전에, 프로세스 관리라고 일컬어지는 매우 중요한 운영 관리 도구에 대한 논의를 먼저 시작하고자 한다. 프로세스 관리는 어떠한 기능 요소라도 철저히 분석하여 최적화시키는 강력한 도구이다. 프로세스 관리에서는 구체적으로 다루지는 않지만 더불어 인적자원, 마케팅, 판매, 재무 관리에서 중요한 몇 가지 원칙들에 대해 이야기할 것이다.

공식적으로 HBS는 프로세스를 이렇게 정의한다. "프로세스란 자원을 투입하고 변형하여 조직에 이전보다 더 큰 가치를 가져다주는 조직의 모든 부분이다." 바꿔 말하면 프로세스란 적합한 도구와 시스템의 지원을 받아 일을 처리하는 일련의 과정들을 뜻한다.

   기능적인 수준에서 엄청난 수의 작업이 프로세스를 통해 이루어진다. 다음은 다양한 기능 부문에서 수행되고 있는 전형적인 프로세스들의 일부를 보여준다.

- 인적자원: 모집과 채용, 연간 성과평가, 휴가 신청
- 재무: 비용 상환, 예산 수립
- 제조: 생산, 자원활용 계획 수립
- 판매 및 마케팅: 연간 마케팅 계획 수립, 사전 판매, 판매, 사후 판매
- 후선 지원 활동(은행의 경우): 대출 승인, 부실 대출금 회수

너무 딱딱하고 복잡한 내용들이라고 생각하는가? 그러나 프로세스가 효율적으로 돌아가지 않으면 당신뿐만 아니라 거대한 조직은 엉망이 되고 생산성이 떨어지게 된다. 앞에서 제시된 작업들을 완수하기 위해서는 일련의 작업 절차를 거쳐야 하고 다양한 지원 도구들과 시스템을 활용해야 한다. 작업을 프로세스로 바라보고 이해하며 핵심 프로세스를 분석할 수 있다면, 비효과적이고 비효율적인 절차와 정책, 도구, 시스템, 서류 작업들을 분별하고 개선할 수 있다. 이러한 스킬은 '프로세스 리엔지니어링'으로 불리기도 한다.

   프로세스를 이해하고 분석하기 위한 핵심 도구에는 일련의 원칙들이 있어서, 이것들을 활용하면 비효율성과 비효과성에 대해 의문을 제기하고 분별할 수 있다. 또한 프로세스 맵핑 기법이 있어서 그러한 원칙들을 활용하여

프로세스 분석을 할 수 있다.

베스트 프랙티스 원칙

이 부분에서는 나의 경험상 프로세스의 효율성과 효과성을 분석할 때 가장 유용했던 베스트 프랙티스best practice 원칙들에 대해 나열하고자 한다. 프로세스가 효율적이라 함은 낮은 비용과 신속함을 의미하고, 효과적이라 함은 목적했던 산출물의 완성을 의미한다. 아래 목록에서 처음 세 개의 원칙들은 효율성과 더 많은 연관성이 있고, 마지막 두 개는 효과성과 더 많은 연관성이 있다. 효과성에 대한 원칙이 프로세스의 더 근본적인 특성을 다루긴 하지만, 경험상 효율성에 대한 원칙들이 더 쉽고 더 자주 활용되므로 효율성과 관계된 원칙들을 먼저 살펴보기로 한다. 원칙들을 질문의 형태로 표현해봤는데, 이로써 프로세스를 분석할 때 이 원칙들이 어떻게 적용될 수 있는지 보다 분명히 알 수 있다.

- 프로세스의 단계들은 처음부터 올바르게 처리되고 있는가?
- 대기 시간은 최소화되었는가?
- 가장 취약한 연결고리는 최선으로 개선되었는가?
- 프로세스는 예정대로 작동하고 있는가?
- 권한은 적정한가?

프로세스의 단계들은 처음부터 올바르게 처리되고 있는가?

작업은 처음부터 올바른 방식으로 처리되어야 하고, 기계 장치는 올바른 작업 공정에 따라 만들어져야 한다. 이렇게 해야 부가가치는 낮으면서 프로세스 완수에 필요한 시간과 비용을 증대시키는 품질검사, 재작업, 재작업을 위한 대기 시간, 낭비 등을 줄일 수 있다. 프로세스 내 설계 및 제작된 기계 장치를 점검하고 바로잡는 일은 '처음부터 올바른' 실행을 보증하는 데 매우 효과적일 수 있다. 마이크로소프트 워드의 철자법 검사 기능과 자동 철자 고침 기능이 한 예다. 사무 업무에서 또 다른 전형적인 예로 체크리스트를 들 수 있다. 제조 현장에서는 작업자의 실수를 방지하기 위해 고안된 색상 코딩과 작업용 컴퓨터가 있다.

대기 시간은 최소화되었는가?

대기 시간이란 생산해야 할 제품과 서비스에 대해 어떠한 가치도 더하지 못한 채 지나가버리는 시간을 의미한다. 제조 공정에 있어 대기 시간이란 더 많은 재고자산work-in-progress inventory을 의미한다. 재고자산이란 품목을 생산하는 데 투입된 자산이 아직 수익으로 전환될 준비가 되지 않은 상태를 뜻한다. 재고자산은 또한 생산에 투입된 자금 때문에 이자 비용을 발생시킨다. 제조 외 부문에서 대기 시간이란 프로세스를 완수하는 데 소요되는 시간이 증가하는 것을 의미한다. 대기 시간이 고객에게 영향을 미친다면 이것은 저효율과 질이 낮은 고객 서비스를 뜻한다.

가장 취약한 연결고리는 최선으로 개선되었는가?

내가 HBS에서 운영 관리에 대한 강의를 들었을 때, 과제로 베스트셀러 비즈니스 소설인 《더 골 The goal》을 읽어야 했다. 책은 거의 400페이지에 달했고, 처음 200페이지의 상당부분이 하나의 기본적인 포인트를 설명하는 데 할애되고 있었다. 그것은 다음과 같다.

프로세스의 생산 능력 = 가장 큰 병목 bottleneck 에서의 용량

병목은 생산량을 제약하는 요인이다. 즉 프로세스의 가장 약한 연결고리(병목)는 생산을 제약함으로써 프로세스가 생산할 수 있는 양을 결정할 것이다. 간단한 예를 들어보자. 지금 이 책을 출판하는 프로세스는 두 단계만 거치면 된다. 내가 책을 집필하고 출판업자가 책을 제작하고 판매하는 것이다. 나는 2년마다 한 권의 책을 쓸 수 있다. 나와 함께 일하는 출판업자는 어떤 책이라도 1개월 안에 제작을 할 수 있다. 그러나 출판업자가 그렇게 단시간 내에 제작할 수 있을지라도, 그 프로세스는 나의 속도에 제약을 받는다. 내가 병목인 것이다. 책을 집필하는 작가로서 내가 유일하다면, 그 출판업자는 나의 집필 속도 때문에 2년에 한 권의 책만 낼 수 있다. 다음 표는 이를 설명하고 있다.

병목이 나타나는 부분과 전체 프로세스 간의 관계를 이해할 때 알아두면

시장 출시 기간		
1단계: 책 집필하기(2년)	2단계: 인쇄하기(1개월)	출판일
2008. 1/1 ~ 2009. 12/31	2010. 1/1 ~ 2010. 1/31	2010. 1/31
2010. 1/1 ~ 2011. 12/31	2012. 1/1 ~ 2012. 1/31	2012. 1/31
2012. 1/1 ~ 2013. 12/31	2014. 1/1 ~ 2014. 1/31	2014. 1/31

도움이 되는 두 개의 전문용어가 있다.

사이클 타임cycle time. 사이클 타임이란 프로세스의 어느 단계에 의해, 또는 전체 프로세스에 의해 생산되는 두 개의 단위 산출물 사이의 시간을 의미한다. 프로세스의 사이클 타임은 병목의 사이클 타임과 같다. 집필의 단계 (병목 단계)와 전체 프로세스(집필과 제작)는 둘 다 책 한권 당 2년이라는 사이클 타임을 가진다. 왜 제작 사이클 타임은 고려 대상이 아닌지에 주목하라.

생산 능력capacity. 프로세스의 생산 능력은 전체 프로세스의 최대 산출율을 뜻한다. 생산 능력은 단위 시간당 단위 산출물로 측정된다. 사이클 타임을 역으로 하면 생산 능력이 된다. 이것은 집필 능력과 전체 프로세스 능력이 다음과 같다는 것을 의미한다.

2년 ÷ 1권을 역으로 하면
= 1권 ÷ 2년
= 1년간 0.5권

프로세스의 생산 능력이 프로세스 사이클 타임의 역수이고, 프로세스 사이클 타임은 병목 사이클 타임에 의해 결정된다면, 프로세스의 생산 능력은 병목 사이클 타임에 의해 결정됨을 의미한다. 일단 이러한 관계가 분명하다면, 병복 구간을 찾아내고 파악하여 관리하는 일이 중요하다는 것은 자명한 사실이다.

프로세스는 예정대로 작동하고 있는가?

프로세스가 처음 수립되면 보통 그것은 의도한 목적을 수행하는 데 매우 효과적이다. 그러나 시간이 지남에 따라 회사 내외부의 변화에 맞춰 새롭게 하지 않으면, 프로세스는 비효과적일 수 있다. 프로세스 갱신의 실패 이유에는 관성, 변화의 필요성 감지 능력 부족, 변화 실행력 부족 또는 프로세스 변경으로 인한 세력기반 변화에 대한 저항 등이 있다.

HBS 케이스 연구와 수많은 고객사들을 통해 볼 수 있었던 비효과적인 프로세스의 대표적인 예로 진부한 판매자원 배분 프로세스가 있다. 이 문제는 하버드 비즈니스 리뷰에 자세히 소개된 적이 있다. 이 글의 저자들은 '밥'이라는 가상의 판매 관리자를 통해 많은 회사들이 자사 판매 직원들의 시간을 배분할 때 사용하고 있는 진부한 프로세스 상의 문제를 보여준다.

밥 브로디는 의자를 뒤로 젖히고 앉아 인상을 찡그리고 있었다. 회사는 8%의 판매율 증가를 원했다. 아, 옛날에는 참 좋았었는데……. 그때는 10% 목표를 발표하고 땅콩버터를 펴 바르듯 자신의 관할 지역에 배분하고 나서 각 지역의 담당 판매원(개인적 관계를 활용함)이나 납품 업체에 맡기면 그만이었다. 그러나 오늘날은, 밥 고객사의 구매 부서들은 일상적 구매를 위한 공급 업체를 선정할 때 알고리즘을 사용한다. 종종 순수 경제학이 개인적 관계보다 우선시 된다. 밥은 거기에 저항할 수 없었다.

- 같은 문제이지만 약간은 다른 형태의 실제 사례가 있다. 나의 고객사였던 자산투자 회사(P사라고 하자)의 경우 쇼핑몰 임대 소득에서 매출이 발생한다. P사의 주가는 시장보다 저조한 매출 증대로 침체된 상태였다. 컨설팅 프로젝트를 수행하면서 판매 프로세스가 비효과적으로 진행되고 있음을 알게 되었다.
- 역사적으로 P사의 판매 팀은 언제나 자율적이고 강력했다. 회사 출범 후

지금까지, 판매 팀은 입주자를 찾는 것부터 임대 협상과 임대료 수금까지 임대에 관한 전체 프로세스를 담당해왔다.

- 이 프로세스는 시장이 지금보다 단순했던 과거에는 효과적이었다(임대 거래는 고정 월세액에 대한 합의를 의미했다). 그러나 시장이 점점 복잡해지면서 임대 거래 또한 차츰 복잡해졌다. 예컨대, 어떤 경우에는 고정 월세와 더불어 입주자의 월 매출액에 따라 지불되는 변동 임대료가 있었다. 입주자의 월수입이 정해진 최소 기준 금액을 초과하면, 입주자는 실제 수입의 몇 프로를 임대료로 지불해야 한다. 또는 몇몇의 대형 유명 상점 입주자들은 매장 개보수를 위한 보조금 선급이나 대출을 원할 수 있고, 2년 또는 심지어 3년간 무상 임대 기간을 요구할 수도 있다.
- P사의 소매판매 팀은 이러한 계약조건을 평가할 수 있는 분석적 능력을 갖추지 못했다. 다시 면밀히 분석을 해보니 그들이 서명했던 많은 계약 조건들이 수익성이 낮은 것으로 나타났다. 변동 임대료를 받을 수 있는 월 매출액 상한선과 선급 보조금, 또는 입주자에게 제공하는 대출금이 너무 높았기 때문이다.
- 그 프로세스의 또 다른 문제는 쇼핑몰들이 늘어나면서 경쟁이 점점 더 치열해지는 시장 그 자체였다. P사에게는 독특하고 성공적인 해외 소매 브랜드들과의 계약을 통해 차별화시키는 전략이 매우 중요했다. 그러나 그 판매 팀은 그러한 소매 브랜드들을 적극적으로 찾아나서는 마케팅을 한 경험이 없었다.

컨설팅 프로젝트를 통해 해외의 목표 입주자를 발굴하고 마케팅하는 프로세스와 복잡한 임대 거래를 승인하고 관리하는 일을 재무부서가 담당하는 것 등을 포함한 몇 가지 주요 혁신 과제들을 권고했다.

권한은 적정한가?

많은 프로세스에는 권한이 필요하다. 예를 들어, 재무부서의 대금지급 프로세스는 지급을 요청하는 담당자의 서명, 지급에 대한 관리자의 승인과 부서장의 결재를 요구할 수 있다. 그러한 견제와 균형은 위험 관리에 있어 필수적이다. 그러나 적절한 자격을 갖추지 않은 사람들의 승인을 요구하는 프로세스는 비효과성이나 비효율성을 초래할 수 있다. 예컨대 나는 중국 국영의 가장 큰 은행 가운데 하나를 컨설팅한 적이 있다. 그 은행은 부실 대출 문제를 안고 있었고, 대출 승인 프로세스를 개선하길 원했다. 몇 가지 분석을 한 후, 우리는 대출 승인 위원회가 여러 명의 고위직 임원들로 구성되어 있으며, 그들은 위험 관리에 대해 훈련받은 적이 없음을 알게 되었다. 더 심각한 것은, 그들 중 많은 이들이 이러한 회의를 회피하려 했거나 자신들의 업무 우선순위에서 낮게 정해놓았다. 그 결과 대출승인을 위한 회의 일정을 잡는 데 많은 시간이 낭비되었고(당연히 이 시간만큼 대출승인도 늦어진다) 회의를 통한 의사결정들은 차선책일 경우가 많았다. 대출승인위원회를 재구성하고, 대출승인을 위한 회의 일정 조정이 수월해지면서 그 은행은 의사결정의 질을 향상시킬 수 있었을 뿐만 아니라 대출승인에 소요되는 시간도 줄일 수 있었다(당연히 고객 서비스도 향상되었다).

프로세스 맵핑 process mapping

프로세스 맵핑은 프로세스를 시각화하여 파악하고 개선하기 위한 중요한 도구이다. 프로세스 맵핑에는 두 가지 핵심적인 구성요소가 있다.

- 프로세스 맵 또는 플로차트 flowchart 구축
- 프로세스 맵의 핵심적인 구성요소 분석

보통 각 프로세스에 대해 두 개의 맵을 그릴 수 있다. 프로세스 리엔지니어링(또는 프로세스 개선) 이전 상태의 것과 그 후의 것. 베스트 프랙티스 원칙은 이전 상태의 맵을 구성하는 각 단계에 적용되어 프로세스가 어떻게 개선될 수 있는지 파악하도록 도와준다. 사람들은 가끔 핵심적인 구성요소 분석을 '오프 맵 분석 off-map analysis' 또는 '핵심 분석'이라고 일컫는데, 나는 이러한 용어가 공식적으로 사용되지 않더라도 유용하다고 생각한다.

맵의 종류

프로세스 맵에는 일반적으로 세 가지가 있다. 선택은 해당 프로세스에 따라 다르다. 프로세스 맵핑을 설명하기 위한 가장 손쉬운 방법은 예를 드는 것이다.

기본 맵

책을 집필하고 출판하는 나의 경우를 사례로 들어 프로세스를 맵핑하면 다음 그림과 같다. 프로세스 개선은 이 맵에 베스트 프랙티스 원칙을 적용하고 가장 많이 시간이 소모되는 구간부터 시작함으로써 이루어질 수 있다. 다음은 내가 던져야 할 핵심 질문이다.

- 병목이 가장 큰 부분은 본문 집필이다. 본문 집필 시간을 단축시킬 수 있을까? 가능한 해결책으로 유모를 고용해서 육아에 대한 부담을 줄이거나, 비서를 고용해서 조사 자료정리를 돕게 하거나, 가족 휴가기간을 줄이는 방법을 고려할 수 있다.

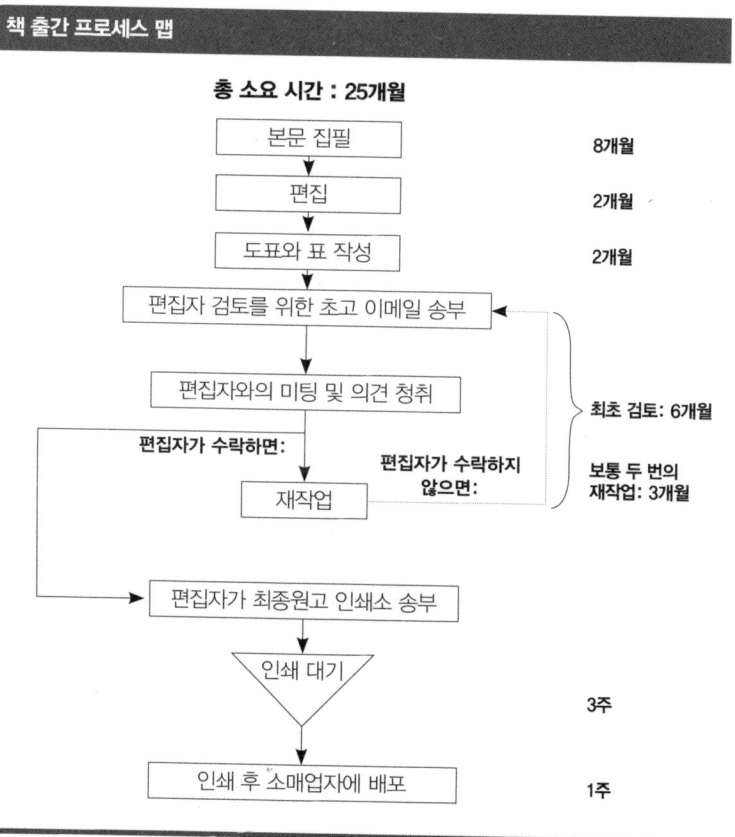

- 비효율성의 주범은 재작업이다. 재작업의 횟수를 줄일 수 있을까? 함께 일하는 출판업자와 나는 어떻게 하면 재작업을 줄일 수 있을지 서로 머리를 맞대고 아이디어를 낼 수 있다. 가령, 출판업자는 필수 사항 체크리스트를 만든다든가, 나는 각 장의 집필이 완료 되는대로 제출하여 피드백을 받으면서 다음 장 작업을 진행해나가는 방법을 생각할 수 있다.
- 편집자가 검토하는 시간을 줄일 수 있을까?
- 인쇄 대기 시간을 줄일 수 있을까?

다자간 맵 Multi-Party Maps

프로세스가 다수의 다양한 관계자(사람들 또는 부서들)를 포함할 때는 다음과

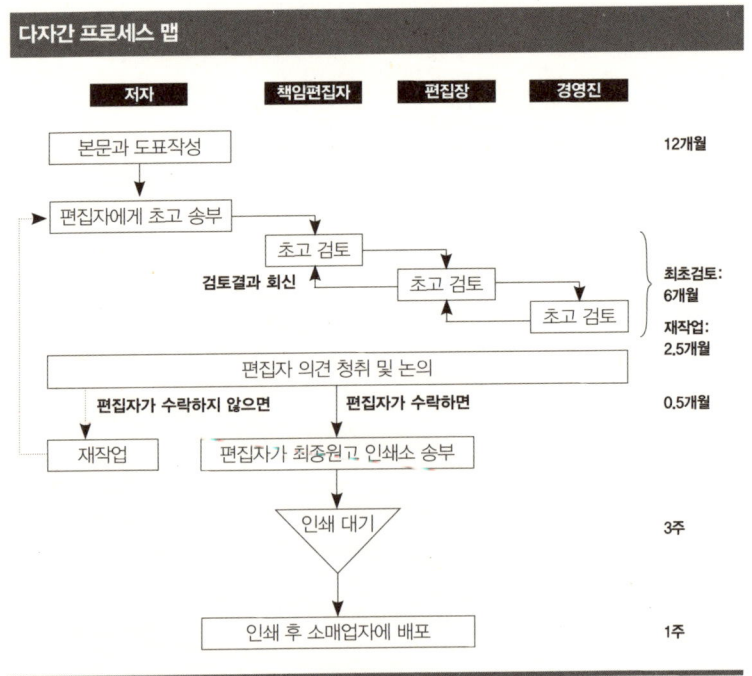

같은 맵을 사용할 수 있다.

    이러한 맵 형태는 다자간 개입으로 발생할 수 있는 모든 비효율성, 예컨대 지나친 권위나 검토, 결과물을 건네주고 받을 때 발생하는 대기시간과 재작업 등을 여실히 보여줄 수 있다.

    이 예시는 몇 명의 관계자만 개입된 간단한 경우이다. 어떤 프로세스는 너무 많은 관계자들이 개입되어 있고, 그들 간에 주고받는 화살 표시도 한 면을 가득 채울 만큼 복잡하다. 보통 이러한 경우는 상당 부분 개선이 필요함을 의미한다.

흑백구간 맵 Black and White Space Maps

흑백구간 맵은 프로세스에서 가치생산 활동이 저조하거나 아예 없는 대기시간, 재작업 시간, 그 밖의 지연 사항들을 가장 잘 부각시켜 보여준다. 또한 병목과 비효율적인 부분을 발견하는 데 용이하다. 다음 그림은 책 출판 프로세스에서 재작업 검토에 초점을 둔 맵이다. 이 맵의 몇 가지 주요 포인트는 다음과 같다.

    가로축은 결정적인 경로에 영향을 미치는 시간의 경과를 나타낸다. 가능한 한 경과시간의 분량만큼 표현하여 프로세스를 시각적으로 이해하기 쉽게 해야 한다. 가치생산 활동이 없는 구간을 나타내는 색깔(검은색이나 회색) 맵을 가득 채우고 있을 때, 그것은 상당한 충격으로 다가오게 된다.

    가치생산 구간은 검정색으로 표시했다. 어떤 구간은 확실히 가치생산적이다. 가령, 실질적인 집필 작업, 위험 관리 차원에서 필수적인 승인, 법이 정하는 보고서, 시스템적으로 완벽하게 피해갈 수 없는 실수들에 대비한 품질 검토 등이 그러하다.

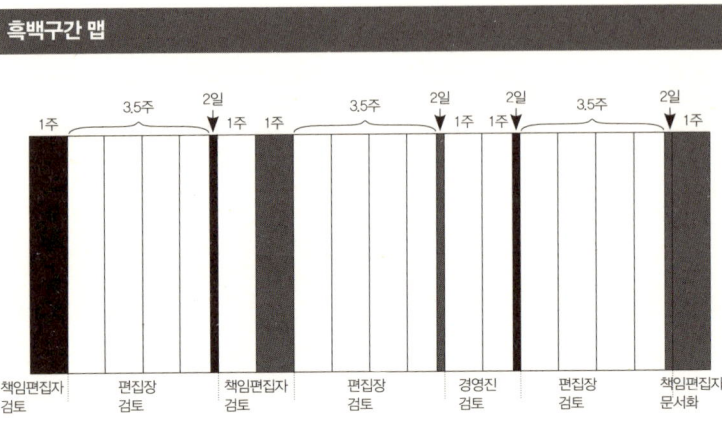

가치생산이 없는 구간은 대비되는 흰색으로 표시했다. 어떤 구간은 확실히 가치를 더하지 않는다. 가령, 대기시간, 형식적인 승인, 애초에 체계적으로 잘 했으면 피할 수 있었던 실수로 인한 재작업 등이 그러하다.

세 번째 분류로, 약간의 가치생산을 구별하는 것이 필요하다. 예를 들어 편집장이 검토한 것을 책임편집자가 넘겨받아 재검토 하는 작업에서 95%는 편집장의 피드백을 그대로 읽는 것이고 5%는 새로운 의견을 추가한 것이라고 할 때, 그것은 '약간의 가치생산'으로 볼 수 있다. 보통 나는 쉽게 제거될 수 없는 작업 단계(약간의 가치생산이 발생하는 것처럼)에 대해 회색으로 표시하기를 좋아하지만, 프로세스의 효율성을 높이기 위해 그러한 부분은 감소되거나 간소화될 수 있다.

앞서 논의했듯이, 베스트 프랙티스 원칙은 프로세스 맵에 적용되어 개선의 여지를 발견할 수 있도록 도와준다. 베스트 프랙티스 원칙은 미리 작성된 '사전' 맵이 완전히 그려지고 난 후 뿐만 아니라 작업 중이나 맵을 그리는 동안에도 적용된다는 사실을 기억하라. 예를 들어, 프로세스의 어느 단계에서 불만이 많이 발생하고 있다면 (다른 사람들과의 면담이나 프로세스 단계 분석을 통해) 이 문제를 규명하고 '사전' 맵에서 조명하는 일에 각별한 주의를 기울여야 한다.

베스트 프랙티스 원칙과 더불어 사내의 또는 다른 회사의 유사한 프로세스를 벤치마킹하는 것도 유용한 방법이다. 벤치마킹은 문제를 제기하고 창의적 해결안을 촉진하며 조직에 변화의 필요성을 일깨우는 데 도움이 된다. 이것은 특히 새로운 도전에 직면한 조직이 새로운 프로세스를 어떻게 적용 또는 고안해서 대응해야 할지 잘 모를 때 효과적이다. 나의 고객사 중 어느 주류 회사는 몇 년 전에 전 세계 일류 기업들의 전략 수립 프로세스를 벤치마킹하는 데 수백만 달러를 지출했다. 주요 이유는 회사의 상의하달식 전략수립 프로세스에 의해 각각의 사업본부에는 달성해야 할 목표가 주어지는데, 급변하는 환경과 서로 다른 시장 간의 경쟁이 치열해지는 상황에서 더 이상 충분치 않다는 CEO의 결단 때문이었다. 그는 일류 기업들은 어떻게 전략을 수립하여 새로운 프로세스를 설계하고 조직에 변화의 타당성과 필요성을 설파하는지 알아야 했다.

프로세스 리엔지니어링은 성형 수술에 비유되곤 한다. 성형 수술에는 보통 수술 전과 후라는 두 개의 맵이 있다. 주름 없는 피부, 오똑한 코와 같은 고전적이며 보편적인 미의 기준으로 '수술 전의 얼굴'을 평가하여 어떤 수술을 할지 결정한다. 그러나 때로는 환자 스스로가 자신의 새로운 얼굴이 어떤 모습이어야 할지 설명하기 어려워 '영화배우 안젤리나 졸리의 입술'을 예시하는 것과 같이 벤치마킹을 한다. 마지막으로 얼굴의 겉모습과 함께 예를 들면, 안면의 뼈나 근육 구조, 또는 혈압 수준에 대한 몇몇 분석 작업도 수술의 일부로 필요하다. 그러한 분석 작업에는 다음에서 다루고 있는 '오프 맵 분석off map analysis'이 있다.

오프 맵 분석 off map analysis

프로세스 맵핑은 프로세스의 단계들을 시각화하고 정의하기 위한 중요한 도구이다. 그러나 프로세스의 어떤 단계들에 대해서는 보다 심층적인 분석이 종종 요구된다. 그러한 분석은 프로세스 맵에서 발견되는 모든 문제를 규명하고 해결하는 것에 초점을 맞추며, 요구되는 도구, 시스템 또는 자동화에 대해 제시한다.

간단한 분석

다음 그림은 '비효율성의 여러 요인들에 대한 상대적 심각성 이해'라는 간단한 분석의 예를 보여준다. 앞의 기본 맵 부분에서 다뤘던 예시를 활용하면,

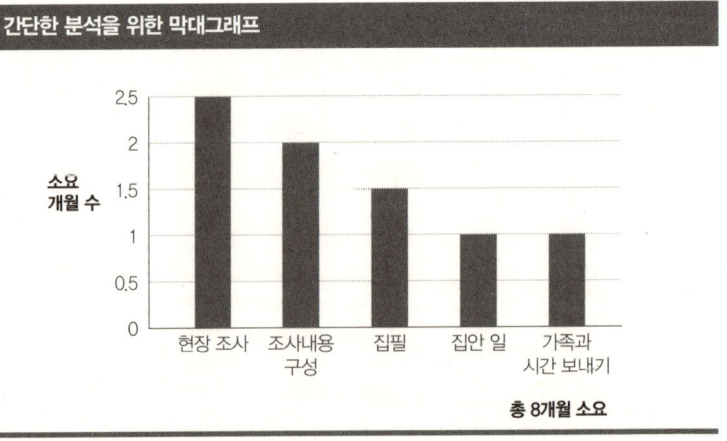

병목은 '본문 집필' 단계였다. 프로세스의 이 단계에서 오프 맵 분석으로 필요한 시간을 어떻게 줄일 수 있는지 모색할 수 있다. 무엇 때문에 조사 시간이 그토록 오래 걸리는지와 같은 개별적인 문제에 대해서는 더욱 심층적인 분석이 가능하다.

과학적 분석

어떤 상황에서는 데이터가 충분하다면 더욱 과학적인 분석을 할 수 있다. 하버드 비즈니스 리뷰에 실린 한 사례를 살펴보자. 당시 GE의 한 사업부를 책임지고 있었던 마이클 파일럿Michael Pilot은 앞에서 언급된 가상의 밥이 중요시했던 가치가 높은 순의 고객 분류 프로세스client prioritization process 문제를 어떻게 해결할까 고민하고 있었다.

- 파일럿이 직면한 문제: 회사의 현장 판매 관리자들은 모든 이름들을 전화번호부, 신문, 지나가는 트럭에 붙여진 표시 또는 건물에 있는 표시에 의지하여 심지어 수동적으로 부서 데이터베이스에 높은 우선순위별로 분류했다. 파일럿은 '어떤 과학적 기법'이 필요하다는 것을 감지했다.
- 가치가 높은 순의 고객 분류 프로세스: 파일럿은 현장 관리자들에게 고객이 GE 제품을 취급할 가능성과 상호관련이 있다고 생각되는 기준들에 대해 목록을 만들도록 했다. 14개의 특성이 제시되었고 그 특성들을 거래 데이터베이스에 대해 회귀분석 방정식을 실행한 결과 높은 상호관련성을 지닌 6개의 특성을 구별할 수 있었다. 어떤 잠재 고객이 그 6가지 기준에서 높은 점수를 얻는다면, 그 고객이 GE 제품을 취급할 가능성은 높아진다.

- 개선: 파일럿은 이렇게 결론지었다. "우리는 상위 잠재 고객 30%가 우리와 거래할 가능성이 하위 70%보다 3배 높다는 것을 알게 되었다. 그러나 이전에는 그들 중 절반만이 높은 우선순위 고객으로 분류되어 있었다."

데이터 수집

프로세스 맵과 분석을 위한 데이터 수집은 이 책의 12장에서 다루는 전략 연구를 위한 데이터 수집과 매우 유사하다. 여기서는 몇 개의 주요 포인트만 강조하겠다.

첫째, 인터뷰는 데이터의 핵심적인 출처다. 자신들의 프로세스를 상세한 문서로 정리해놓고 있는 회사는 거의 없다. 설사 그렇다 하더라도, 문서상의 설명과 실제 운영되는 프로세스는 매우 상이할 수 있다. 그러므로 프로세스에 연관되어 있는 사람들과의 인터뷰는 특히 맵을 구성하는 데 있어서 데이터 수집을 위한 핵심적인 출처가 된다.

둘째, 정량화가 중요하다. 정량화를 통해 모든 비효율성이나 비효과성의 정도가 측정되며, 이로써 문제의 심각성을 감지하고 우선순위를 조정할 수 있으며 다른 사람들에게 변화의 필요성을 각인시킬 수 있다. 예를 들어, 재작업의 수위가 높다면 같은 과정을 얼마나 반복해야 하는지, 각각의 재작업에 얼마의 시간이 소요되는지, 얼마나 많은 자원이 낭비될 수 있는지, 프로세스를 바꾼다면 얼마나 많은 비용을 절약할 수 있는지와 같은 것들에 대해 알고 싶을 것이다.

셋째, 샘플링은 유용한 도구다. 가끔 인터뷰 대상자는 프로세스에 대해 대립되는 진술을 하거나 당신이 찾는 정보를 제공할 수 없을 때가 있다. 그것은 그들이 정보를 숨기려 하거나 또는 프로세스가 정말로 엉망이어서 그럴 수 있다. 그러한 경우 사용할 수 있는 유용한 도구가 12장에 상세히 설명되어 있는 '샘플링'이다.

모든 문제에 대한 근본 원인을 알아내는 것이 중요하다. 이것은 너무도 자명한 사실이다. '5 why 기법'으로 깊이 들어가라. 참조용으로 정리된 인터뷰 질문 목록이 있긴 하지만, 핵심적인 부분에 대해서는 인터뷰 대상자의 대답을 쫓아 '왜'라는 질문을 함으로써 가능한 한 심층적으로 다룰 수 있어야 한다. 근본원인을 밝혀내고 가장 근본적인 이슈가 무엇인지 알아내기 위해서는 '5 why' 질문이 필요하다. 예를 들면 다음과 같다.

인터뷰 대상자 저는 이 산업이 급격히 쇠퇴할 것으로 믿습니다.
질문자 왜 그렇죠?
인터뷰 대상자 고객들이 모두 해외로 이주하고 있기 때문입니다.
질문자 그들은 왜 이주를 하는 것입니까?
인터뷰 대상자 인건비가 더 싸기 때문이죠.
질문자 더 저렴한 인건비가 왜 중요합니까? 자동화를 하면 안 되나요?
인터뷰 대상자 총 비용에서 인건비가 60% 이상을 차지합니다. 자동화는 엄청난 돈이 들어 소용이 없습니다.

11

HARVARD BUSINESS SCHOOL CONFIDENTIAL

큰 그림을 보았는가?

전략이란 무엇인가?

전략은 섹시한 단어다. 그것은 비즈니스 콘셉트에서 가장 중요한 핵심이며, 모든 사람들이 사용하길 원하는 단어다. 다소 진부한 표현이긴 하지만 '올바른 일을 하는 것이 아니라면(전략), 최선은 올바른 방식으로(효율, 실행, 운영 등) 일을 해야 한다'라는 말이 있다. 전략은 장기적인 큰 그림을 내다보는 기업 수뇌부들의 이미지를 떠오르게 한다. '전략적 사고'를 하는 사람으로 보이거나 일컬어지는 것은 HBS와 모든 경영현장에서 큰 칭찬으로 간주된다. 전략은 또한 폐쇄적인 개념이 아니다. 즉 모든 계획에 '전략'이란 말을 갖다 붙일 수 있을 만큼 전략이란 단어는 수없이 다양한 정의를 내포하고 있다.

- 전략이란 전사 차원의 전략, 사업 단위 전략, 부서 전략 등과 같이 서로 다른 조직 수준의 한 특성이 될 수 있다. 이러한 수준 중 일부는 정의상 중복되는 부분이 있어 혼란을 가중시키기도 한다. 예컨대 미션mission은 전사 전략 또는 사업 단위 전략의 한 부분일 수 있다.
- 전략이란 서로 다른 수준의 세부사항을 의미할 수 있다. 폴 니벤Paul Niven 은 이에 대해 다음과 같이 말했다. "어떤 이들은 전략이 상위 수준의 계획에 의해 실행되는 것이라 믿고, 다른 이들은 전략이 구체적이고 세부적인 실행 위에 존재하는 것이라고 주장한다."
- 전략이란 일관되고 통합적인 의사결정의 패턴, 제한된 자원의 배분, 또는 조직의 장기 목표 수립과 같이 각기 다른 유형의 초점으로 정의될 수 있다.

이것들은 전략에 대해 내릴 수 있는 수많은 정의 가운데 몇 개의 예시에 지나지 않는다. 각각의 정의는 전략에 대한 시각과 사고 관점을 설명해주기 때문에 중요하고 유용하다. 각각의 정의에 대해 심층적이고 통찰력 있는 연구가 이루어져 왔고 수백 권의 책도 출판되어 있다.

전략에 대한 모든 정의를 나열하여 하나씩 살펴보는 일은 지적인 훈련을 자극하겠지만 이 책의 목적상 가장 효과적인 하나의 대안에 집중하자. HBS에서 배운 내용과 전략 컨설턴트로서의 경력, 그리고 나의 첫 번째 책에 대해 보내온 독자 메시지에 기초하여 볼 때, 경영전략(또는 전략계획)에 대한 두 개의 핵심 질문에 답하는 것이 이 책의 목적에 적합한 정의일 것이다.

- 이 사업은 매력적인가?

● 이 게임에서 이기려면 어떻게 실행해야 하는가?

　나처럼 숙련된 엔지니어들에게는 불만스럽지만 이 두 가지 질문에 답하는 일은 논리적인 과학이 아니라 상당 부분 예술의 영역에 속한다. 여기에는 공식과 체크리스트보다는 직관적 판단, 경험, 용기 그리고 창의성이 필요하다. 미래는 언제나 불확실하기 때문이다. 전략은 미래에 관한 것이고 시장의 미래에 대해 분명히 알 수 있는 것은 아무것도 없다. 정부 정책, 경제적 요인들, 고객의 선호, 그리고 경쟁구도는 가장 강력한 컴퓨터와 가장 노련한 전략가를 동원한다 해도 절대 정확하게 예측할 수 없고 파악할 수도 없는 수많은 요소들의 총합이다.
　또한 과거와 현재의 기록은 결코 완벽하거나 정확하지 않다. 가장 뛰어난 컴퓨터를 문제해결에 동원하더라도 데이터가 없다면 그것들은 효과적으로 제 기능을 다할 수 없다. '쓰레기를 넣으면 쓰레기가 나온다'라는 격언도 있지 않은가. 그러나 쓰레기 중에는 어쩔 수 없이 발생하는 것들도 있다. 읽기 쉬운 형태로는 존재하지 않는 정보들(가령 규모의 경제가 비용에 미치는 영향), 조각 정보들(특정 세분시장에 국한된 통계치), 발표된 날짜 기준으로 작성된 정보들(가령 대부분의 정부 통계치에 대한 시차)……. 그러므로 세상의 어떤 컴퓨터들보다 강력한 컴퓨터를 사용한다 해도, 완벽한 과학적 해답을 산출하는 데 필요한 정확한 데이터들을 충분히 수집하고 투입하기란 거의 불가능하다.
　설상가상으로 동일한 상황이란 거의 존재하지 않는다. 그래서 가장 많은 경험을 보유한 전략가라고 해도 기본적이고 틀에 박힌 전략들에 대한 정확한 체크리스트를 만들어낼 수는 없을 것이다. 어떤 비스니스 상황을 다루는 데 가장 좋은 전략들이 메뉴 목록에 나열되어 있다고 해서 아무 조정 없이 그대로 가져다 쓸 수는 없다.

그러나 전략은 더 이상 순수예술이 아니다. 지난 수십 년 간 경영 도구들과 베스트 프랙티스 개발에 있어 학계와 전략 컨설턴트들 그리고 산업계 리더들이 일궈낸 크나큰 진보는 높은 수준의 엄밀한 분석을 전략에 반영하고 전략을 '순수예술'이기보다는 '과학적 예술'로 만드는 데 도움이 되었다. 이러한 도구들과 베트스 프랙티스는 대부분 HBS에서 강조하는 것들이다.

- 프레임워크
- 데이터 관리
- 고전적인 전략들
- 프로세스

프레임워크

프레임워크는 전략계획 수립 프로세스를 안내해주는 효과적인 방법을 제공한다. 프레임워크는 고려해야 할 주요 관련 요소들과 그들 간에 관계를 그린 구조도이다. 간단한 프레임워크의 예로 다음에 그려져 있듯이 하향식Top down-상향식Bottom up 그리고 공급-수요가 있다. 프레임워크를 구상할 때 핵심적으로 둘 중 하나를 선택할 수 있다.

학계나 전략 전문가들이 개발한 고전적인 프레임워크를 채택할 수 있다. 이러한 프레임워크는 수년간의 연구와 분석적 사고를 통해 검증된 가장 강력한 도구들이며, 전략계획을 처음 접하는 사람들에게 좋은 출발점이 될 수 있다. 여기에서는 HBS 교수들에 의해 개발되어 HBS에서 가르치고 있으며 가장 폭넓게 활용되는 고전적인 프레임워크 세 가지를 소개한다.

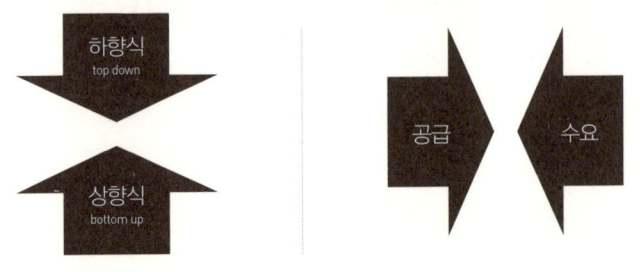

- 포터의 5가지 경쟁요인('매력적인 산업인가?'라는 질문에 대한 답을 제공한다)
- 포터의 본원적 전략과 포터의 가치사슬('특정 산업에서 지속 가능한 경쟁적 우위를 어떻게 확보할 수 있는가?'라는 질문에 대한 답을 제공한다)
- 균형성과관리(BSC, '실행을 어떻게 관리할 것인가'에 대한 답을 제공한다)

또 다른 방법으로 자기 자신만의 프레임워크(나는 이것을 DIY 골격 프레임워크라 부른다)를 개발할 수도 있다. 전략 분야에서 많은 경험이 쌓일수록 또는 기존 프레임워크가 현안을 다루는 데 적합하지 않다고 느껴질 때 자기만의 고유한 프레임 워크를 개발하고 싶을 것이다. 그럴 경우, 아주 기초적인 프레임워크에서 시작하여 골격에 살을 붙이듯 나중에 세부적인 것들을 추가하면 된다. 하향식 Top down - 상향식 bottom up 과 공급-수요는 골격의 예다. 이 장 후반부에는 트리 tree로 불리는 효과적인 DIY 골격 프레임워크가 제시되어 있다. 프레임워크가 일단 고안되고 나면, 전략계획 수립 프로세스는 프레임워크 상의 각 요인을 체계적으로 분석하고 나서 정보들을 통합하여 전략적 옵션을 도출해야 한다.

데이터 관리

과거와 현재의 데이터가 비록 완전할 수 없지만 전략은 가용할 수 있는 최고의 데이터에 기초해야 한다. 프레임워크에서는 단지 주요 요인과 현안만을 확인할 수 있다. 그 요인들과 현안을 분석하기 위해서는 데이터가 필요하다. 전략 수립을 전문으로 하는 컨설턴트들은 가용할 수 있는 데이터의 수집과 가용할 수 없는 데이터들에 대한 추정, 모든 데이터에 대한 유효성 검사, 그리고 그 데이터들의 이용을 위해 핵심 베스트 프랙티스와 도구들을 개발하였다.

고전적인 전략들

비록 각기 다른 비즈니스 상황에 따라 필요한 전략을 골라 적용할 수 있게 해주는 기본 전략들에 대한 정확한 체크리스트의 개발은 불가능하지만, 해를 거듭하면서 합리적으로 신뢰할 만한 전략들이 속속 등장했다. 이러한 전략들은 브레인스토밍을 자극하기 위한 참조와 벤치마킹용으로 유익하다. 그것들은 또한 경쟁사의 전략을 평가하기 위한 좋은 출발점이 되기 때문에 방어 전략 수립에도 유용하다.

프로세스

효과적인 전략계획 수립 프로세스는 미래의 불확실성을 관리하는 데 상당 부분 도움이 될 수 있다. 전략계획 수립 프로세스의 중요성은 미국의 34대 대통령 드와이트 D. 아이젠하워Dwight D. Eisenhower의 전쟁에 관한 발언에서 파악할 수 있다. "계획 자체는 쓸모없지만 계획세우기는 중요하다."

전쟁(그리고 비즈니스)을 둘러싼 불확실성 때문에 '계획 자체는 쓸모없다'

는 다소 극단적인 표현을 했을지도 모르지만, 아이젠하워 대통령의 그 발언은 상당 부분 맞는 얘기다. 전략이 필요 없다는 의미가 아니다. 전략은 필요하다. 그러나 모든 전략이 상황적 불확실성으로 인해 얼마 가지 않아 쉽게 차선책이 되거나 아예 비효과적인 수단이 될 수 있음을 인정해야만 한다. 그러므로 철저한 사고를 하고 전략을 세우는 과정은 전략계획 그 자체만큼 중요하다는 사실을 아는 것은 매우 중요하다. 효과적인 프로세스는 다음의 조건을 만족시켜야 한다.

- 체계적으로 포괄해야 한다. 핵심 요인들이 우선순위별로 고려·분석되고 있음을 프로세스에서 확인할 수 있어야 한다.
- 명시적으로 규명되어야 한다. 또한 고려대상 요인들과 그것들에 대한 모든 가정들, 그리고 전략 배후의 연역적 논리가 프로세스에 명시적으로 규명되고 기록되어 있음을 확인할 수 있어야 한다. 그래야 이러한 요인들과 가정이 변할 때 전략을 효과적으로 쉽게 갱신하여 변화에 대응할 수 있다.
- 실행 지향적이어야 한다. 1999년 〈포춘〉 지에는 최고경영자의 실패 중 70%가 잘못된 전략 때문이 아니라 실행력 부족 때문이라는 연구 결과가 실렸다. 그 이후로 경영 대학들과 기업 일선에서는 전략계획을 세우는 일뿐만 아니라 실행계획을 세우는 일의 중요성도 함께 강조되고 있다.

이 산업은 매력적인가? : 포터의 5가지 경쟁요인 프레임워크

이 산업은 매력적인가? 이것은 기업 경영을 하는 모든 사람들에게 백만 달러짜리 질문이다. 기업들은 다른 산업으로의 확장 가능성뿐만 아니라 자사 고유의 산업이나 산업 포트폴리오를 평가할 필요가 있다. 이를 통해 기업가와 투자펀드들은 새로운 시장을 평가하고 개인들은 사기업에 투자할 기회를 갖게 될지도 모른다.

산업 매력도 평가를 위해 가장 널리 사용되는 프레임워크는 '포터의 5가지 경쟁요인 분석'이다. 이 프레임워크는 경쟁 전략 분야의 세계적 권위자인 HBS의 마이클 포터Michael Porter 교수가 고안한 것이다. HBS에서뿐만 아니라 유수의 많은 학교와 산업현장에서 이 유명한 프레임워크를 가르치고 논의하며 또 사용하고 있다. 이 프레임워크의 가장 간단한 버전은 다음과 같다.

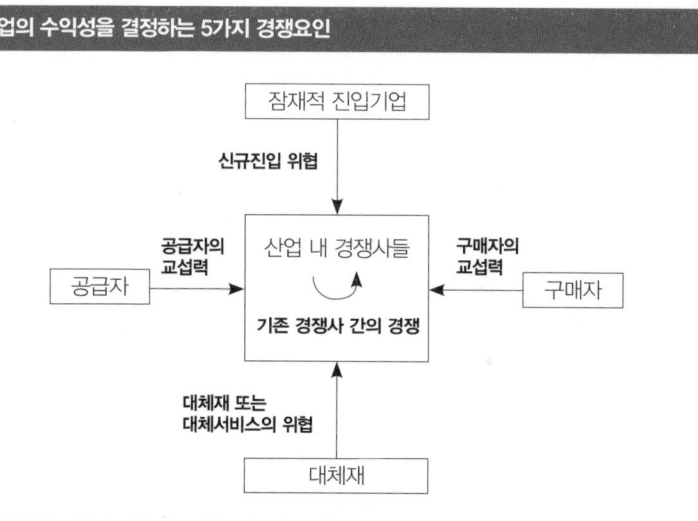

산업의 수익성을 결정하는 5가지 경쟁요인

이 5가지 경쟁요인에 대한 강·약점 분석 결과가 해당 산업이 매력적인지 여부를 결정할 것이다. 한 극단적인 예로 구매자와 공급자의 교섭력이 거의 없고, 현재 경쟁사들이 미약하며 대체재와 신규진입 위협이 극히 작다면 그 산업은 매력적일 가능성이 상당히 높다. 이 산업의 전형적인 예로 독점적으로 운영되는 공공사업 분야가 있다. 또 다른 극단의 예로 구매자와 판매자의 교섭력이 강하고, 현재 경쟁사 간에 경쟁이 치열하며, 대체재와 신규진입 위협이 크다면 그 산업은 매력적이지 않을 것이다. 동네 구멍가게들이 주로 이 영역에 포함된다. 그런 구멍가게들이 생존할 수 있는 유일한 이유는 가게 주인들이 시장 수준의 적정 급여를 벌지 않고 낮은 자본 수익률에 만족하기 때문이다.

앞에 그려진 프레임워크는 간단하고 명쾌하다. 그러나 그 프레임워크를 효과적으로 적용할 수 있으려면 공급자의 교섭력이 강한지 또는 약한지를 어떻게 판단할 수 있는지 질문해야 한다. 진입 장벽이 높은지 아닌지를 어떻게 말할 수 있는가? 5가지 경쟁요인별 강도를 평가하기 위해 포터 교수는 각 개별 요인에 영향을 미치는 요인들을 포괄하는 리스트를 개발했다. 이러한 요인들을 평가함으로써 개별 경쟁요인에 대한 강도를 판단할 수 있게 된다. 다음 표는 산업 매력도를 분석할 때 내가 가장 유용하게 사용했던 핵심요인들의 일부를 나열한 것이다.

물론 산업 성장률과 같은 일부 요인들은 시간이 지나면서 변하므로 그 변화가 산업 매력도에 주는 영향은 반드시 모니터링해야 한다.

다음 표는 전체의 일부만을 보여준 것이다. 포터 교수가 개발한 리스트는 거의 모든 것을 포괄하며 규명하고 있다. 그것은 특히 핵심 요인들을 고려 대상에서 빠뜨릴지도 모른다는 두려움을 가진 초보자들에게 체크리스트

산업분석의 요소와 요인들

매력적인 산업의 요소	가능한 핵심요인
신규 진입자에 대한 높은 진입장벽	• 현 경쟁사들이 특허 받은 디자인이나 기술, 고유 브랜드, 그리고 고객 기반과 같은 특화된 제품 차별성을 보유하고 있다(예. 이베이) • 현 경쟁사들은 경험과 유통 체인의 확보, 또는 규모의 경제로 높은 비용 우위를 점하고 있다(예. 월마트) • 신규 진입자가 산업에 진입하는 데 큰 자본이 요구된다(예. 중공업) • 현 경쟁사들이 공격적 신규 진입자를 상대로 보복을 결정할 수 있다. • 구매자에게 높은 전환비용(훈련, 프로세스, 장비 등) 또는 전환으로 좋아지는 측면을 정당화할 수 없는 위험이 존재한다(예. 제조회사의 주요 기계류) • 정부규제가 신규 진입을 저지한다(예. 중국 상업은행)
약한 공급자 교섭력	• 전환비용이 낮다. 즉 구매처를 다른 곳으로 바꿀 때 위험이 적고 대체재 위협이 낮다. • 구매자는 비교적 작은 규모의 많은 공급자들에게 접근할 수 있다.
약한 구매자 교섭력	• 구매자의 교섭력이 제한적이다(요인: 구매량이 작고, 구매자 전환비용이나 전환위험이 높고, 대체재가 제한적이거나 아예 없다). • 구매자의 제품 대체 동기를 강화시켜줄 만한 인센티브가 거의 없다.
낮은 대체재 위협	• 구매 전환에 따른 높은 전환비용이나 위험이 발생한다. 산업 성장률이 높다(그러므로 경쟁사들은 성장하기 위해 서로의 파이를 빼앗지 않아도 된다) • 고정비용이 낮고 생산능력이 적정하다(과잉생산이 지속되거나 간헐적으로 발생할 때마다 경쟁사들은 고정비용을 보상하는 수준까지 가격을 낮추려고 한다. 예. 항공업계)
현 경쟁사 간의 약한 경쟁	• 특허 받은 기술이나 브랜드 가치로 경쟁사 간의 제품차별성이 높다. • 구매자들은 높은 전환비용이나 전환위험에 직면한다.

로써 상당히 유익하다. 그러나 전체 리스트는 위압적으로 보일 수 있다. 나는 오래 전에 그 항목들의 치밀함에 압도당했었다. 하지만 몇 번 활용하다보면, 앞에서 논의했던 우선순위 원칙이 여기서도 분명히 적용되고 있음을 곧 깨닫게 될 것이다. 포터 교수는 이렇게 말했다. "특정 산업에서 5가지 경쟁 요인이 모두 동일하게 중요한 것은 아니며, 중요하게 다뤄지는 특정 요소들도 서로 다를 것이다."

비즈니스 모델에 영향을 미칠 수 있는 요인들을 분석하는 일에 높은 우선순위를 둬야 한다. 비즈니스 모델이란 '사업이 어떻게 수익을 낼 것인지' '회사가 어떻게 가치를 창출하고 획득할 것인지' '누가 그 제품과 서비스에 대가를 지불할 것인지'에 관한 것이다. 비즈니스 모델에는 회원가입 모델, 광고 모델, 커미션 모델, 마크업(mark-up, 이윤폭을 정해 가격을 책정하는 것)모델 등등이 있다. 이 개념은 특히 첨단 기술이나 새로운 발명품 관련 비즈니스에서 중요한데, 그러한 분야에는 기존에 정립되어 있거나 검증된 비즈니스 모델이 전혀 없기 때문이다. 인터넷 버블이 최고조에 달했던 시기에 많은 기업가들이 부가가치 사업을 창안하여 수백만 명의 유저들을 끌어 모았지만 그 비즈니스에서(비즈니스 모델이 아님) 수익을 창출할 방법을 찾아내는 데는 실패했다. 그들 중 일부는 운 좋게도 더 큰 기업에 인수되어 그 회사의 핵심사업 부문의 하나로 있으면서 수익을 낼 수 있게 되었다. 그러나 대부분의 사람들이 투자받은 돈이 바닥났을 때 그냥 무너져내렸다. 가장 심층적인 분석을 요하는 핵심적인 요인들은 주로 처음에 약간의 조사를 해보면 명확히 드러난다.

어떻게 실행해야 하는가? : 포터의 본원적 전략과 가치사슬

이기고자 한다면 어떻게 실행해야 하는가? 이 질문에 관한 포터 교수의 본원적 전략 프레임워크는 실제로 놀라우리만큼 간단하지만 대부분 효과적이다. 그에 따르면, 기업이 경쟁하기 위해 시도할 수 있는 방법은 수없이 많고 경쟁사 대비 다양한 강·약점들을 취할 수 있겠지만 경쟁을 효과적으로 하기 위한 방법에는 근본적으로 단 두 가지가 있다. 다음 표에 정리되어 있는 것처럼 낮은 원가 아니면 차별화 전략이다.

낮은 원가와 차별화라는 두 개의 전략은 전체 시장에 폭넓게 적용될 수도 있고 시장 내 특정 세분시장에 적용될 수도 있다. 특정 세분시장을 겨냥해서는 원가 집중화 또는 차별 집중화 전략으로 일컬어진다.

포터는 낮은 원가, 차별화, 그리고 집중화(원가 집중화 또는 차별 집중화)라는 세 가지를 본원적 전략이라 부른다. 본원적 전략 프레임워크는 어떻게 경쟁할 것인가에 대한 지침으로 활용될 수도 있고 어떻게 경쟁해서는 안 되는

본원적 전략

전략	구매자 구입 가격	제품 또는 서비스	원가구조
낮은 원가	업계평균 또는 그 수준의 가격	견줄만하고 적당하다는 인식	경쟁사 중 가장 낮은 원가
차별화	프리미엄 가격	독특하고 구매자에게 특별한 가치를 제공	업계평균 또는 그 수준의 원가. 만일 원가가 업계 평균보다 높은 경우라면 그 원가는 가격 프리미엄보다 절대 더 많아서는 안 된다.

지에 대해서도 깨우쳐준다. 만일 어떤 전략이 이 세 가지 본원적 전략 중 하나로 분류될 수 없다면 실질적인 경쟁우위를 확보하지 못할 위험이 있다. 그 제품은 경쟁사 제품에 비해 원가도 더 낮지 않으면서 차별화도 안 된 경우다. 고객이 왜 그 제품을 사야 되는가? 독점이나 정부 허가와 같이 시장에서의 위치를 보호받는 것이 아니라면 그 기업은 해당 산업에서 효과적으로 경쟁할 수 없을 것이다.

어떤 본원적 전략을 채택하고 세부 사항들을 정비할 것인지 결정하기 위해 포터는 다음 그림에 예시되어 있는 가치사슬 value chain 프레임워크를 개발했다. 이 프레임워크는 복잡하거나 어렵지 않다. 기업이 사업운영을 위해 수행하는 모든 핵심적인 활동들을 시스템적으로 분해하는 데 유용한 기본 도구다. 이러한 개별 활동들이 어떻게 수행될 수 있고 각각의 활동이 차별화와 원가에 어떤 영향을 미치는지 검토함으로써, 경쟁우위의 원천을 이해할 수 있고 경쟁에서 이기기 위해 어떤 전략을 채택해야 할지 알 수 있게 된다. 예컨대 포터의 5가지 경쟁요인 분석에 입각하여 슈퍼마켓 체인이 당신이 살고 있는 지역에서 매력적인 비즈니스라는 것을 알게 되었다고 하자. 그러고 나서 진입한다면 당신은 가치사슬을 활용하여 어떻게 경쟁할 수 있을지 분석한다. 만일 효율적인 구매조달, 배송 그리고 운영에서 강점이 발견된다면 당신은 낮은 원가 전략을 채택할 것이다. 만일 독특한 제품의 구매조달과 고부가 서비스 제공에 강점이 있다면 당신은 차별화 전략으로 결정할 것이다. 경험상 이 프레임워크는 매우 유용한 시작점이 된다. 본원적 활동과 지원 활동은 구체적인 분석 목적에 따라 업계와 업종에 적합하게 가감될 수 있다.

가치사슬 프레임워크

본원적 활동을 지원하는 활동
support activities

- 회사 인프라 Firm Infrastructure : 일반관리, 정부 관련 업무, 지원부서
- 인적자원관리 HRM : 고용, 해고, 협상, 훈련
- 기술개발 Technology Development : 절차, 프로세스, 기술
- 구매조달 Procurement : 구매기능과 실행(공급업체 자격기준과 선정, 커뮤니케이션, 정보시스템)

물류투입	운영/생산	물류산출	마케팅 및 영업	서비스
IL, Inbound logistics : 투입물 수령, 저장, 보급	OP, Operation : 투입물을 제품으로 변형, 가령 기계가공, 조립, 포장 등	OL, Outbound logistics : 수집, 저장, 물리적으로 구매자에게 배송	M&S, Marketing & Sales : 광고, 홍보, 판매채널과 영업인력 관리	Services : 판매 후 서비스 (설치, 훈련)

본원적 활동
primary activities

측정할 수 있다면 실행할 수 있다 : 균형성과관리 BSC

판매성과 측정에 대해 이미 말했던 것처럼 측정할 수 있으면 실행할 수 있다는 것, 그것은 인간의 본성이다. 전략 실행을 확실히 하기 위해서는 진전 상황을 측정해야만 모니터링을 하며 추진해나갈 수 있다.

핵심성과지표 KPI, Key Performance Indicator 는 최근 몇 년 사이 뜨거운 관심의 대상이 되고 있다. 이 용어 의미는 자명하다. 성과를 모니터링하는 데 사용되는 지표를 뜻한다. 전략실행을 측정하는 데 사용되는 가장 강력한 KPI 중 하나가 균형성과관리 BSC 이다. 이 프레임워크를 적용할 수준만큼 상세히 설명하는 것은 이 책의 범위를 넘어선다. 이것을 처음 실행하려고 했을 때 나는 세 권의 책을 읽어야 했고 BSC전문 컨설턴트의 도움을 받아야 했다. 하지만 적어

도 이 프레임워크의 개념을 설명하고 넘어가는 것은 충분히 가치 있는 일이다. 그 개념이 각자 고유의 목적에 적합하고 보다 간편한 프레임워크를 고안해내려는 사고를 자극하기 때문이다.

BSC는 1990년대 초반 HBS 교수인 로버트 캐플런Robert Kaplan과 보스턴 출신의 데이비드 노튼David Norton에 의해 공동 개발되었다. 비교적 짧은 역사에도 불구하고 하버드 비즈니스 리뷰는 그것을 20세기 기업에 지대한 영향력을 끼친 75가지 비즈니스 개념 중 하나로 선정하며 환호를 보냈다. 미국의 〈포춘〉 선정 1000대 기업 중 적어도 절반이 BSC를 채택하고 있으며 HBS의 수많은 케이스 연구들이 이것을 주제로 다루고 있다. 사실 하버드 비즈니스 출판사가 이 주제만을 다루는 정기간행물을 발행할 정도로 중요한 개념이다.

포터의 프레임워크와 마찬가지로 BSC 개념도 복잡하지 않다. 시작점에는 비전과 전략이 있어야 한다. 비전은 회사의 장기적 목표 순위를 정한다. 전략은 그 비전을 성취하는 것이다. BSC 개념의 윤곽은 다음과 같다.(227쪽 그림 참고)

각각의 관점에 대한 성과관리를 하기 위해서 다음의 세부항목이 정의되어야 한다.

- 전략과 비전에 연계된 목표
- 목표달성 여부와 달성 정도를 평가하기 위해 선정된 성과지표
- 각 성과지표에 대한 목표 수준
- 목표 수준과 전략적 목표달성을 위한 실행계획(또는 프로젝트)

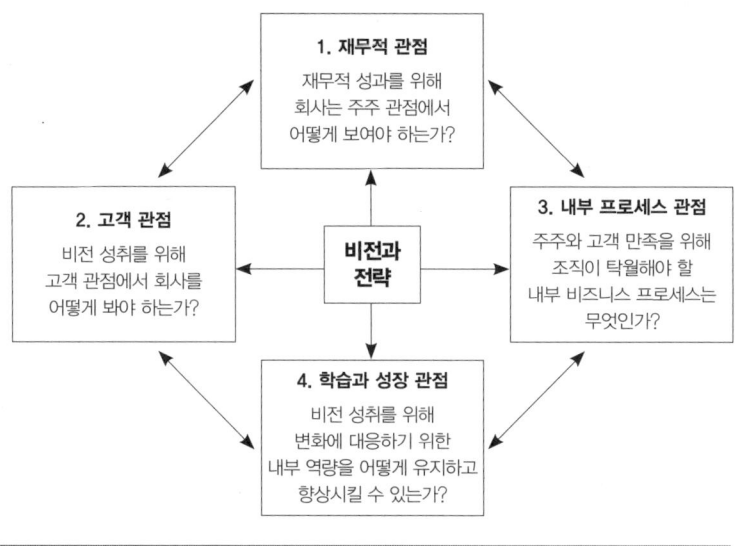

모든 관점에 대한 성과관리표가 정의되고 나면 정기적으로 회의를 열고 보고서를 작성하여 목표 수준 대비 실제 성과를 관리하고 끊임없이 변화하는 비즈니스 상황에 맞게 성과관리표를 조정한다. 지속적이고 성공적인 실행을 위한 동기를 부여하기 위해 보상시스템이 마련되어야 한다.

228쪽 그림은 HBS의 모빌Mobil 정유회사 사례를 통해 본 BSC의 일부이며 그 다음 표는 연관된 성과관리표의 세부사항을 간단히 보여주고 있다.

이 프레임워크에 대해 많은 궁금증이 생길지도 모르겠다. 과연 비전이 필요한가? 비전을 어떻게 정의할까? 정확하게 각각의 관점을 어떻게 바라봐야 하는가? 더 중요한 지표를 강조하려면 가중치를 적용해야 되지 않은가? 등등. 앞서 말했듯이 BSC의 실행은 쉽지 않다. 모빌 사례의 경우 컨설턴트로

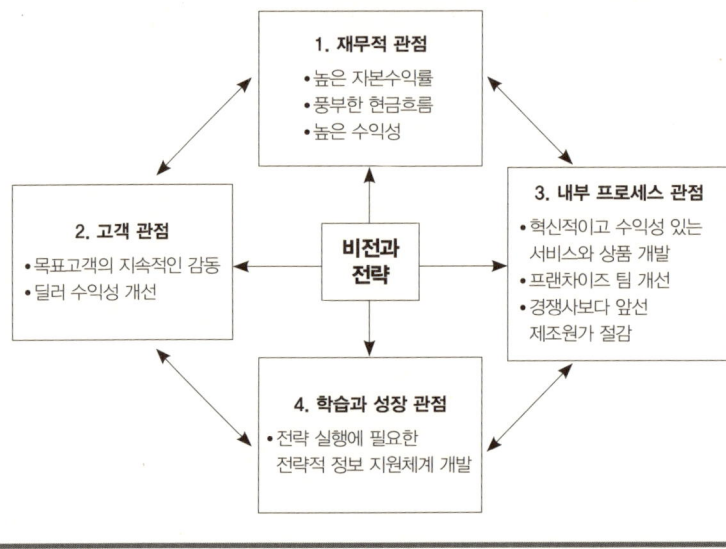

참여한 리차드 노튼과 전사적 차원의 대규모 팀이 함께 BSC 초안을 작성하는 데만 8개월이 소요되었다. 그러므로 BSC를 보다 상세히 다루는 대신 BSC 프레임워크가 강조하는 것처럼 전략 실행을 제고할 수 있는 주요 베스트 프랙티스를 인지하는 것이 핵심이다.

전략 실행을 측정하기 위해서는 분명하고 명확한 목표, 성과 지표, 그리고 목표 수준을 설정해야 하고, 그러고 나서 구조화된 프로세스와 시스템으로 그것들을 관리해야 한다. 구조화된 프로세스와 시스템에는 정기적인 회의와 정기적인 보고, 보상 시스템이 포함된다.

다양한 관점은 필수적이다. 재무적 지표에만 집중하고 싶은 유혹이 있겠지만 재무적 성공이란 고객이 만족하고 조직 운영이 원활하며 직원들이 훈

HBS 모빌 정유회사 사례에 대한 고객관점(발췌)

전략과 비전의 연계 목표	관리 성과지표	각 지표에 대한 1995년 달성 목표	목표수준 및 전략적 목표 달성을 위한 실행계획
목표 고객을 지속적으로 감동시킨다	1. 고객 불만족 건수	824	없음
	2. 미스터리 쇼퍼mystery shopper의 평가	82	제3자 판매상a third-party vendor이 월 단위로 가솔린과 스낵을 구매하는 모든 개별 모빌 주유소에 시행할 미스터리 쇼퍼 프로그램 개발. 미스터리 쇼퍼는 서비스, 화장실, 직원, 그 밖의 다른 요소들에 관한 23개의 구체적인 항목들에 대해 주유소의 성과를 평가함.
딜러 수익성을 개선한다	딜러 총수익 퍼센트	60%	마케팅 담당자를 위한 툴킷을 개발하여 7개 비즈니스 영역에 대해 딜러들을 지원하도록 한다. 7개 영역은 재무관리, 편의점 운영, 그리고 가솔린 구매를 포함한다.

* 기밀유지를 위해 숫자는 임의 변경됨

련받고 역량을 갖춰야만 성취될 수 있는 것이다. 또한 재무적 성과지표는 후행지표다. 즉 그것들은 이미 실행한 활동들에 대한 결과를 보여준다. 전략을 추진하기 위해서는 반드시 선행지표들에도 초점을 맞춰야 한다. 가령 미래의 성과 견인에 필요한 직원 훈련이나 역량 개발과 같은 지표들 말이다.

어떠한 지표라도 게임화가 될 수 있다. 예컨대 성장만 평가한다면 수익이나 비즈니스와 전략의 다른 중요한 측면들은 무시한 채 성장을 달성하려는 유혹이 생긴다. 이러한 게임화의 위험은 비전과 전략을 추진하는 데 작용하는 모든 지표들을 전체적으로 포괄함으로써 감소시킬 수 있다.

커뮤니케이션은 명시적이어야 한다. BSC는 단순히 측정도구가 아니다. 그것은 또한 커뮤니케이션 도구다. 그것을 통해 비전과 전략이 어떻게 달성될 것인지 커뮤니케이션해야 한다. 또한 경영진이 실행과 그 진척사항들에 대해 진지하다는 것도 알려야 한다.

DIY 골격 프레임워크: 트리

사용하기 가장 간편한 골격 프레임워크 중 하나는 트리tree이다. 이것은 매킨지 컨설턴트들뿐만 아니라 비즈니스 안팎으로 복잡한 문제를 해결하는 데 널리 사용되고 있다. 트리는 요인들을 점진적으로 나열할 수 있는 간편한 방법론을 제공한다. 트리에 대한 4가지 핵심 포인트는 다음과 같다.

- 중앙의 전략적 질문으로 시작한다. 그리고 나서 그 질문을 논리적으로 한 번에 한 수준씩 하위 질문으로 분해하고 그것을 다음 하위 질문으로 분해하는 식이다.
- 같은 수준에 있는 질문들은 모두 상호 배타적이어서 겹치는 부분이 없어야 한다. 겹친다는 것은 중복을 뜻하므로 비효율적이다. 겹치는 부분이 있다는 것은 그 질문이 재구성될 수 있음을 의미한다.
- 하나의 집합체로 봤을 때 질문과 하위 질문들은 전체를 총망라해야 한다. 이들을 합하였을 때 중앙의 질문에 답하기 위해 논의되어야 할 모든

문제들을 포괄하고 있어야 한다.
- 가능한 한 상위 수준의 질문들은 폐쇄형이어야 한다. 즉 모든 질문에 예-아니오로 답할 수 있어야 한다. 이러한 접근은 결론을 이끌어내는 데 집중하도록 도와준다. 질문이 하위 범주로 옮겨갈수록 폐쇄형 질문들이 구체적 설명식의 답을 요하는 개방형 질문으로 변경될 수도 있다.

이 프로세스는 예를 들어 설명하면 더 쉽다. 중앙의 질문을 '내가 HBS에 관한 책을 쓴다면 돈을 벌 수 있을까?'라고 해보자. 아래 그림은 트리의 일부다. 보통 트리를 그리는 데는 한 가지 이상의 방법이 있다. 강조하고 싶은 이슈와 검증해야 할 가설에 따라 선택이 달라진다. 또한 데이터의 이용 가능한 방식에 따라 영향을 받을 것이다. 만약 질문과 하위질문들이 전체를 포괄하고 있는데, 그리고 나서 트리를 그린다면 그래도 그것은 중앙의 질문에 대한 답이 되어야 한다.

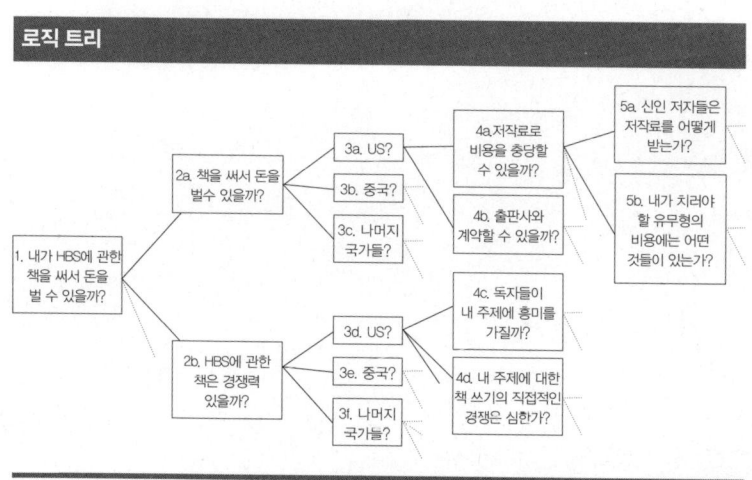

로직 트리

12

HARVARD BUSINESS SCHOOL CONFIDENTIAL

빈 칸 채우기 게임

필요한 데이터는 무엇인가?

프레임워크가 정해졌다면 다음 단계는 프레임워크의 요인들을 분석하는 데 필요한 데이터를 정의하고 가설을 검증하는 일이다. 그렇게 하기 위한 가장 효율적인 방법은 역순으로 유추하는 것이다. 먼저 로직트리에 기초한 분석 결과에 대해 의사결정을 하고(그 데이터를 어떻게 활용할 것인지) 그 후 데이터를 수집하라. 앞선 장의 마지막에 제시된 비즈니스 책 집필에 대한 로직트리에서 어느 한 질문에 대해 필요한 데이터를 나열한 워크시트는 다음 그림과 같다.

필요 데이터 분석

미국 출판 시장에서 내가 쓰고자 하는 주제에 대한 직접적인 경쟁은 심한가?

이슈	분석	데이터 출처
기존 경쟁은 얼마나 심한가?	판매가 / 경쟁도서1 / 경쟁도서2 / 출판 후 판매부수 / 책제목, 저자 인지도, 책의 강점, 책의 약점	베스트셀러 목록과 판매 데이터 조사 도서 비평가들과 독자들의 책 비평 조사 (아마존닷컴 포함) 주요 비평가들과의 인터뷰 포커스그룹, 북클럽들과 논의
향후 2년간 새로운 경쟁은 얼마나 심할 것으로 예상하는가?	2년 후 출판될 책제목, 저자 인지도, 책 내용, 책의 핵심 중복 내용	구글, 아마존, 출판사 웹사이트를 포함한 조사 주요 출판업자와 비즈니스 도서 비평가들과의 인터뷰

이 워크시트 예시를 기준으로 살펴보자.

- 왼쪽 열은 그 로직트리에 대한 이슈를 정리한 것으로 질문에 답하기 위해 분석이 요구된다. 심층 분석이 필요한 대부분의 이슈들은 로직트리의 하위 수준에 위치한다. 하위 수준의 이슈들을 분석하고 결론을 도출함에 따라 상위 수준의 이슈들이 이러한 결론에 기초하여 해결될 수 있다. 예를 들면 231쪽의 로직트리에서 5a와 5b를 분석함으로써, 그 이상의 분석 작업 없이 4번 이슈에 대한 결론 도출이 가능할지도 모른다.
- 가운데 열은 각 이슈에 대한 분석계획을 정리한 것이다. 이미 알다시피 가장 효율적인 방법은 역으로 유추하는 것이다. 워크시트는 파워포인트

슬라이드로 보여주게 될 분석 결과의 아웃풋 이미지(또는 텍스트 형식의 다이어그램)를 나열하고 있는데, 최신의 가설에 기초하여 결론을 이끌어내는 타이틀을 포함할 수도 있다. 각각의 분석을 완수하는 데 필요한 데이터는 명확히 분류되어 있다. 물론 분석계획 목록은 시작점에 불과하다. 그것들 중 대부분이 데이터의 가용성과 가설의 변경에 따라 조정될 것이다. 예컨대 '출판 이후 판매부수' 데이터는 입수가 불가능하겠지만, 2000년 이후 판매 기록에 대한 데이터는 쉽게 구할 수 있다는 것을 알게 되었다고 하자. 이럴 경우 나는 '2000년 이후 판매부수'로 분석 내용을 조정하더라도 경쟁관련 이슈를 파악하는 데 유용하다고 판단할 수 있다. 또는 인터뷰를 하면서 너무 많은 경쟁 도서들을 그래프에 포함시켰다는 것을 알게 될 수도 있다. 그런 경우라면, 개별 경쟁 도서들에 대한 분석이 아니라 카테고리 별로 책들을 분류하여 그룹으로 비교할 수 있다.

- 오른쪽 열은 가운데 열에 있는 각각의 분석을 완수하는 데 필요한 데이터들의 출처를 나열한 것이다.

분석을 할 때 정성 데이터와 정량 데이터 모두 중요한데, 그것들을 수집하기는 쉽지 않다. 둘 중에 정량 데이터가 주로 더 가치 있는 것으로 간주된다. HBS의 한 교수는 켈빈 경Lord Kelvin의 이 말을 즐겨 인용했다. "당신이 논하고 있는 것에 대해 측정할 수 있고 또 그것을 숫자로 나타낼 수 있다면, 당신은 그것에 대해 알고 있는 것이다. 반면 그것을 측정할 수 없고 숫자로 표현할 수 없다면, 당신의 지식은 빈약하고 불완전한 것이다."

정량적인 데이터는 특히 유용한데, 그러한 값들을 종합적으로 다룰 수 있기 때문이다. 예컨대 현재의 시장규모와 성장률을 서로 곱하면 미래의 시장

규모를 추정할 수 있다. '큰 시장이다'거나 '빠르게 성장하고 있다'와 같은 정성적 견해는 그와 동일한 방식으로 종합할 수 없다.

또한 정량적 측정값은 자원의 필요, 잠재적 보상, 그리고 위험에 대한 실질적 추정뿐만 아니라 편견과 모호함 없이 전략적 대안들과 시나리오, 상쇄 관계에 대해 비교할 수 있게 해준다. 전략은 언제나 한정된 자원 배분에 관한 것이므로 핵심 포인트는 이것이다. '어느 산업에 자원을 투입할 것인가(자본, 시간, 인력), 그리고 경쟁적 우위를 개발하기 위해 어디에 투자할 것인가.'

실효성 있는 정성 및 정량 데이터를 획득하는 비결은 다양한 데이터 소스들의 접속, 불완전한 데이터를 연역적으로 유추하는 능력, 그 데이터를 검증하는 훈련, 그리고 실용주의적 데이터의 사용에 있다.

어디서 데이터를 구할 것인가?

접근하기 가장 손쉬운 정보 소스부터 시작해보면 데이터 주요 제공처로 다음의 것들이 있다. 인터넷, 협회와 기관, 인터뷰, 애널리스트 보고서, 전문가 데이터베이스, 벤치마킹, 샘플링 등이다.

인터넷

인터넷이 강력한 데이터 제공처라는 사실은 자명하다. 전략 연구를 위해 다음의 데이터 소스를 온라인에서 찾을 수 있다.

- 아마존 같은 인터넷 서점에서 조사하고 있는 산업과 연관된 검색어를 활

용하면 다양한 책들에 대한 정보를 매우 손쉽게 얻을 수 있다.

- 5가지 경쟁요인(공급자, 구매자, 경쟁자, 그리고 대체재)에 속해 있는 현재 그리고 잠재적 시장 참여자들의 웹사이트는 경쟁 시장에 대한 정보를 제공할 수 있다.
- 현 경쟁사가 공기업이라면 연간 경영보고서가 공시된다. 이 자료에서 그 기업의 재무 데이터뿐만 아니라 그 기업과 관련된 산업들, 각 산업에서 그 기업의 성과, 기업 비전과 전략, 시장 전망 등의 정보도 확인할 수 있다. 회사들은 이러한 보고서를 주로 자사의 웹사이트에 올려놓을 것이다. 전화나 메일로 기업 IR(Investor Relations) 부서에 연간 경영보고서를 요청하면 무료로 보내줄 것이다.
- 구글이나 야후와 같은 검색 포털에서 특정 회사와 연관된 키워드, 예컨대 제품, 브랜드명과 같은 검색어로 검색을 하면 수많은 정보가 나타날 것이다.

협회와 기관

무역협회, 준정부 기관, 그리고 정부 당국은 통계자료를 수집한다. 그러한 데이터는 주로 발표되기도 하고 적정 가격에 판매되기도 한다. 공식적으로 발표되는 데이터 외에 일부 협회들이 무료로 제공하기도 하는 맞춤형 보고서가 있는데, 그것은 공식적으로 발표된 데이터와 그 자료의 토대가 된 원본 데이터 둘 다에 기초하고 있다. 만약 발표된 데이터가 '로직트리' 질문에 답이 될 수 없지만 그 자료의 근거가 되는 원본 데이터를 어떻게 분석하여 답을 구할지 알 수 있다면 이런 종류의 보고서는 유용할 것이다.

인터뷰

업계 지식을 가지고 있는 사람들(업계 전문가, 전 직원, 공급자, 구매자, 투자은행 애널리스트 등)은 자신들이 알고 있는 것들에 대해 기꺼이 말해줄 것이다. 이것은 현장의 정보를 얻을 수 있는 가장 빠르고 직접적인 방법 중 하나다.

    컨설턴트로 처음 일을 시작했을 때 나의 업무는 주로 상사를 대신하여 기업 고위 임원에게 전화를 걸어 전화나 대면 인터뷰 일정을 잡는 일이었다. 처음 이 일을 요청받았을 때 나는 매우 회의적이었다. '무슨 이유로 사람들이 우리의 인터뷰 요청에 동의하겠는가?' 그러나 곧 그것은 내가 생각했던 것보다 쉬운 일임을 알게 되었다. 물론 잘 알려진 컨설팅 회사에서 일했기 때문이기도 했다. 전화로 내 소개를 했을 때 많은 잠재적 인터뷰 대상자들이 그 회사의 이름을 알고 있었다. 놀랍게도 많은 사람들은 대화 주제가 기밀이 아니거나 미래에 비즈니스 잠재성이 있다면, 자기 자신과 자신의 일에 대해 말하기를 좋아한다. 여러 해에 걸쳐 나는 많은 인터뷰를 계획하고 실행했다. 그 경험을 통해 내가 배운 몇 개의 베스트 프랙티스를 정리하면 다음과 같다.

인터뷰 계획하기

주로 무작정 전화를 거는 것은 가장 마지막 수단이다. 연결 라인을 통해 인터뷰 약속을 잡는다면 일은 항상 생각보다 순조롭게 진행될 것이다. "피터 챈이 제게 당신을 추천했어요. 그는 당신이 제게 조언을 해줄 적임자라고 말했습니다." 이렇게 말할 수 있다면 성공 가능성은 훨씬 더 높아질 것이다. 당신과 인터뷰 대상자 모두 이 중개자를 잘 알고 있다면, 그 중개자에 대한 적의 없고 긍정적인 화두로 대화를 시작하여 첫 만남의 어색함을 누그러뜨릴 수 있을 것이다. 이것은 앞부분에서 논의된 사회적 네트워킹과 관련이 있다. 네트워크 규모가 클수록, 적합한 인터뷰 대상자를 찾기가 더 용이하다.

수행 비서들은 인터뷰 약속을 잡아야 할 때 가장 영향력 있는 사람들 중 일부다. 연결통로가 되는 이들에게 존경을 표하고 그들의 도움에 감사함을 전달하라. 전혀 모르는 사람과의 처음 통화에서 자신이 다시 연락할 가능성이 있다면, 대화 말미에 항상 그들의 이름을 물어라. 다음번에 전화할 때는 가벼운 대화를 조금씩 시도하며 그 사람을 알아갈 수 있다.

인터뷰 준비하기

인터뷰 동안에 해야 할 질문들을 떠올릴 수 있도록 질문 목록을 항상 준비하라. 목록이 없으면 위험 부담이 상당하다. 논점에서 이탈할 수도 있고 흐름이 논리적이지 않아 어색한 분위기가 조성될 수 있다. 그러면 당신은 준비성이 부족하고 실제보다 능력 없는 사람으로 보일 수 있다. 질문 목록은 대략적으로 질문할 순서대로 정리되어야 한다. 그 순서와 흐름은 어느 정도 논리적이어야 하며, 그래야 한 주제에서 다른 주제로 건너뛰지 않을 수 있다. 더 중요한 질문들은 시간 부족에 대비하여 인터뷰 초반에 물어봐야 한다.

그러나 중요하지만 다소 민감할 수도 있는 질문들(재무상태, 시장 점유율 등과 같은 것들)은 할당된 시간 내에서 거의 마지막 부분으로 남겨둬야 한다. 답하기를 거부하더라도 이러한 질문들을 끝으로 미뤄두었기 때문에, 적어도 다른 질문들의 답을 들을 가능성을 위태롭게 하진 않는다.

어떤 이들은 인터뷰 전에 질문 목록을 보내달라고 요청할 수 있다. 이런 경우 목록을 세부적으로 다듬어서 인터뷰 대상자가 보기에 질문이 명확하고 적절한 말로 잘 표현이 되어 있는지 확인하라. 그리고 민감한 질문들은 제외시켜라. 그렇게 하더라도 실제 인터뷰에서, 특히 인터뷰를 끝낼 즈음에 그 질문들을 시도할 수 있다.

인터뷰 실행하기

인터뷰 동안에 메모를 하라. 핵심 정보를 놓쳐서 인터뷰 대상자에게 다시 전화를 걸어야 할 위험을 감수하느니 안전하게 적어두는 편이 더 낫다.

깊이 들어가라. 참조용으로 정리된 인터뷰 질문 목록이 있긴 하지만, 핵심적인 부분에 대해서는 인터뷰 대상자의 대답을 쫓아 질문함으로써 가능한 한 심층적으로 다룰 수 있어야 한다. 근본원인을 밝혀내고 가장 근본적인 이슈가 무엇인지 알아내기 위해서는 5번 반복해서 '왜why' 질문을 해야 한다.

인터뷰 대상자 저는 이 산업이 급격히 쇠퇴할 것으로 믿습니다.
인터뷰 담당자 왜 그렇죠?
인터뷰 대상자 고객들이 모두 해외로 이주하고 있기 때문입니다.
인터뷰 담당자 그들은 왜 이주를 하는 것입니까?
인터뷰 대상자 인건비가 더 싸기 때문이죠.
인터뷰 담당자 더 저렴한 인건비가 왜 중요합니까? 자동화를 하면 안 되나요?
인터뷰 대상자 총 비용에서 인건비가 60% 이상을 차지합니다. 자동화는 엄청난 돈이 들어 소용이 없습니다.

인터뷰 대상자가 답할 수 없는 어떤 질문들이 있을 때, 다른 자료 제공처를 겸손하게 부탁할 수도 있다. 인터뷰 대상자가 다른 사람을 소개해주거나, 또는 다른 사람과의 대화 일정을 잡을 때 추천인으로 인터뷰 대상자의 이름을 말할 수 있다면 특히 도움이 된다.

인터뷰를 마친 후에

인터뷰를 마친 후에는 가능한 한 빨리 적어둔 메모를 읽어보고 내용을 정리하라. 인터뷰 동안 빨리 적어야 하기 때문에 대충 간략하게 기록할 때가 많을 것이다. 그러한 속기를 기억해내기에는 인터뷰 직후가 가장 좋다. 모든 인터뷰 후에는 우편이나 이메일로 감사 카드나 짧은 메시지를 적어 보내라. 카드나 짧은 메시지는 개인적이어야 하며, 인터뷰 동안에 새롭게 알게 된 두세 가지 핵심 포인트를 상기할 수 있으면 좋다. 이것을 통해 인터뷰 대상자는 상대방이 자신의 말을 경청했고, 자신과 보냈던 시간을 가치 있게 여기며, 일회성의 데이터 수집 창구가 아니라 오래토록 지속될 협력자로 생각하게 될 것이다.

애널리스트 보고서

골드만삭스와 같은 투자은행들은 증권 애널리스트를 고용하여 주요 산업과 그 산업에 속한 주요 기업들을 조사, 연구하고 평가한다. 애널리스트들은 자신들이 발견한 것에 관한 보고서를 작성한다. 이러한 보고서의 목적 중 하나는 은행의 자산관리담당자private bankers와 외부 중개인이 자신의 고객에게 주식 거래에 대한 조언을 할 수 있게 해주는 것이다. 애널리스트들은 대개 이러한 보고서가 자사의 주식 거래에 도움이 될 수 있다는 것을 알고 있는 기업의 고위 임원에게 접근하기 때문에 이러한 보고서는 가치가 있다. 불행히도 이 보고서들은 무료로 제공되지 않는다. 그것들을 획득하는 가장 손쉬운 방법은 이러한 은행에서 일하는 친구를 통하거나 계약을 통해서다. 이 부분은 사회적 네트워킹에 관한 장과 연관된다. 아는 사람이 아무도 없다면 인터넷을 통해 그 은행에 이메일을 보내거나 또는 그러한 연구 보고서를 파는 재무관련 웹사이트를 찾아 구매할 수 있다.

전문가 데이터베이스

블룸버그와 렉시스넥시스Lexis-Nexis와 같은 전문가 데이터베이스는 키워드 검색을 통해 여러 종류의 저널과 신문 기사에 접근을 제공하므로 매우 효과적이다. 회원으로 가입하면 서비스를 제공받을 수 있다. 어떤 회사들은 연구조사 부서를 만들고 이러한 서비스에 가입한다. 그렇지 않으면 접근을 제공할 수 있는 도서관을, 특히 경영대학 도서관을 선택한다. 또한 이러한 서비스 중 일부는 개인 가입자에게도 제공된다. 구글에 접속하여 이러한 데이터베이스의 지역 판매담당자를 검색해보라. 그들에게 연락해서 개인 가입에 대한 문의를 하거나 이러한 데이터베이스를 제공하는 도서관 리스트를 요청할 수 있다.

벤치마킹

벤치마킹은(가능성의 지표로서 또는 통찰력을 촉진시키는 비교로써 유사한 것을 찾아내고 연구하는 것) 매우 편리한 데이터 제공처다. 예컨대 2007년에 어떤 고객사가 R&D예산을 혁신적인 가전제품 기술에 투자해야 할지를 놓고 평가하기를 원했다. 포터의 5가지 경쟁요인 분석을 시도하면서 우리는 제품의 수명 사이클, 유사제품의 출현 속도, 그리고 혁신적인 가전제품에 대한 여러 가지 것들을 이해하기 위해 워크맨, 디지털 카메라, 그리고 아이팟을 벤치마킹으로 활용했다.

 2000년에 나는 외국 경쟁사들에 대한 금융시장 개방을 대비하여 중국 국영은행의 전략 수립 작업에 참여했다. 연구에서 중요하게 차지했던 부분은 가령 일본과 같이 유사한 규제철폐를 이미 겪은 다른 나라들의 시장개방을 분석하고 국영은행의 성공과 실패를 평가하는 일이었다. 벤치마킹 대상에 대한 정보는 이 장에서 다른 유형의 데이터와 관련하여 논의된 소스들을 활용하여 얻을 수 있다.

샘플링

샘플링은 전체 집단에 대해 단서를 제공하는 비교적 소수의 경우들을 살펴보는 것이다. 통계 전문가들은 '통계적 의미'에 대해 종종 말하는데, 그것은 수집된 데이터가 받아들일 만한 수준의 정확성을 가지고 있다고 신뢰하기 위해서는 일정량의 표본 조사수 같은 것이 필요함을 의미한다. 실제 비지니스에서는 시간과 여러 자원들의 제약 때문에 충분한 데이터를 획득하는 것이 불가능하거나 대개의 경우 어렵다. 하지만 통계적 의미가 없는 적은 수의 표본도 추정으로서 매우 값질 때가 있다. 예를 들어 나의 고객사였던 다국적 음료 회사는 한때 태국의 생수 시장에 진입하길 원했다. 우리는 주요 경쟁사들의 판매량을 알아야 했지만 데이터를 쉽게 구할 수 없었다. 그래서 팀원 몇몇이서 제일 큰 경쟁사 두 곳의 제품저장소가 있는 길 건너편에 렌터카를 세워놓고 일주일 동안 매일 저장소로 들어오는 트럭의 수를 세었다. 우리는 트럭 사진을 찍었고 트럭 판매 딜러로부터 트럭의 용적량을 알아냈다. 이러한 일일 운송 물량에 기초하여 우리는 계절에 따른 수량을 약간 조정하여 월별과 연도별 판매량을 추정했다.

결정적 데이터는 쉽게 구할 수 없다

결정적인 데이터는 사용하기 편한 형태로 존재하지 않으며 원하는 시간 내에 찾아낼 수 없을 때가 있다. 이러한 결정적인 숫자를 유추하는 능력은 전략에서 가장 중요하다. 다음은 HBS에서 배우는 기법들이며 전략가라면 반드시 알고 있어야 한다.

- 한정된 데이터를 활용한 논리적 유추
- 연평균복합성장률 CAGR, Compound annual growth rate
- 인터뷰 기법: 대략적인 범위 제시 Ballpark interview technique
- 시나리오
- 최소 임계치

한정된 데이터를 활용한 논리적 유추

대부분의 HBS 케이스 스터디에서 학생들은 본문 내에서나 표에서 어느 정도의 데이터를 구한다. 그러나 각 케이스는 실제 상황에 기초하기 때문에 그러한 현실을 반증이라도 하듯 가용할 수 있는 데이터는 케이스의 이슈를 분석하기에 늘 불충분하다. 요구되는 핵심 스킬은 원하는 데이터가 무엇인지 알고 나서 주어진 숫자들을 활용하여 합리적인 추정을 하는 능력이다. 간단한 예로 X도시의 텔레비전 세트에 대한 시장 규모를 알아내야 된다고 하자. 케이스 스터디에서 X도시 인구가 1억 명이고 텔레비전의 평균 수명은 3년이라고 주어졌다. 다른 정량적 데이터는 제공된 것이 전혀 없다고 가정할 때 여기에 시장 규모를 추정하기 위한 한 가지 방법이 있다.

1. X도시는 선진국에 있으므로 평균적인 가구당 인원 수는 미국의 평균치인 약 2.5명과 비슷하다고 가정하자. 이것은 1억 명의 사람들이 4천만 개의 가계를 꾸리고 있음을 의미한다.
2. 대부분의 가정에는 수입이 최저 수준인 가정에서조차도, 텔레비전이 적어도 한 대는 있기 때문에 각 가정에 1.5대의 텔레비전이 있다고 가정하자. 총 4천만×1.5, 즉 6천만 대의 텔레비전이 있다는 것을 적어둬라.
3. 그것들의 평균 수명이 3년임을 감안하면, 매년 약 1/3의 텔레비전이 교체되어야 할 것이다. 이것은 대략 4천만×1.5×1/3, 즉 2천만 개의 시장을 의미한다.
4. 기억해야 할 것은 결과적으로 얻은 2천만이란 숫자는 단지 대략적인 것이며 객관적인 데이터가 아니라는 점이다. 그것의 민감성과 타당성은 다음 장에서 다루게 될 기법을 사용하여 검증할 필요가 있다.

주어진 데이터에 근거하여 핵심 요인을 계량화하는 연역적 논리에 의한 추정 기법은, HBS의 많은 케이스들과 실제의 전략 수립에 적용할 수 있는 매우 중요한 도구이다. 사실 이 기법은 너무도 중요해서 많은 컨설팅 회사들이 이 부분을 인터뷰 질문에 포함시키길 좋아한다. 예컨대 내가 BCG 중국인 채용을 담당했을 때 MBA 졸업생들에게 내가 즐겨 했던 인터뷰 질문은 "홍콩에 도요타 자동차가 얼마나 많이 있다고 생각하는가?"였다. 지원자들에겐 컴퓨터나 심지어 종이와 연필조차도 허용되지 않았다. 내가 보고자 했던 것은 연역적 논리에 의한 추정 기법이지 정확한 숫자가 아니었다. 나 자신도 답을 몰랐다. 나는 다음과 같은 어떤 것을 기대했다. "홍콩에 7백만 인구가 있다. 가구당 4명이라고 했을 때 대략 180만 가구가 나온다. 도요타는 중산층 가정을 위한 차다. 총 가구의 약 1/5를 중간소득층으로 보면 대략 40만 대의 중형차가 산출된다. 이 시장에는 혼다, 마츠다, 그리고 스즈키와 같은 다른 브랜드들도 있다. 그들 중 어떤 브랜드도 도요타의 시장점유율보다 높지 않을 것 같다. 그러니 도요타는 아마도 10만 대 정도 될 것 같다." 이러한 가정들이 맞는지 여부는 상관없다. 핵심은 논리적으로 사고하는 능력과 숫자와 추정에 편안함을 느끼는 것이다. 논리와 편안함이 있다면 연구 가정과 그것의 타당성 검증은 어렵지 않다.

논리적 유추를 해야 할 때 두 개의 프레임워크를 참조하면 서로 다른 체계적 접근법에 대해 생각하는 데 도움이 된다.

- 하향식-상향식 Top down-Bottom up. 하향식 Top down 은 거시적인 숫자에서 출발하여 추정하려는 변수에 이를 때까지 좁혀 내려오는 것을 의미한다. 상향식 Bottom up 은 극소의 숫자에서 출발하여 그 변수에 이를 때까지 확대해 나가는 것이다.
- 공급과 수요. 굳이 설명이 필요 없다.

도요타 예시는 거시적 데이터인 인구와 가구 수에서 출발하여 아래로 좁혀왔으므로 하향식 Top down 접근법이다. 도요타에 상향식 Bottom up 접근법을 적용하면 도요타 대리점 수에서 출발하여, 대리점 당 월별 판매 대수를 추정하고 12개월을 곱하여 연간 판매 대수를 구할 수 있을 것이다. 도요타의 수명이 약 5년이라 가정하면 5를 곱하면 된다.

인구통계를 활용한 도요타 대수의 추정은 수요 측면의 연역이다. 대리점 수에 기초한 도요타 대수의 추정은 공급 측면의 연역이다.

연평균 복합성장률

연평균 복합성장률(CAGR, 카이거라고 발음)은 논리적 유추에 매우 유용하다. CAGR는 매우 다양하게 활용되기 때문에 중요한 수량 개념이다. HBS에서는 명시적으로 배운 적이 없지만 교수들은 학생들 모두 이미 그것을 안다고 전제했다!

CAGR 개념은 복리 개념과 유사하다. 그것은 복리를 고려한 연평균 성장률이다. 예를 들면, 만일 시장이 5년 내에 1,000달러에서 5,000달러로 성장한다면 CAGR는 연 38%다. 계산은 $1,000 \times 1.38 \times 1.38 \times 1.38 \times 1.38 \times 1.38 = \$5,000$와 같다(500%를 5년으로 나누는 것은 성장률이 아니다).

공식은 복리이자 계산과 유사하다. 다음은 CAGR 공식이 어떻게 도출되는지 설명해준다.

$PV \times (1+CAGR)^n = FV$

그러므로, $(1+CAGR)^n = FV/PV$

$1+CAGR = (FV/PV)^{(1/n)}$

$CAGR = (FV/PV)^{(1/n)} - 1$

FV는 미래 또는 말기 가치, PV는 현재 또는 초기 가치, 그리고 n은 PV와 FV사이 년 수이다. 다음 예시들을 살펴보자.

예시1 만일 2000년에 3억 달러였던 시장이 2007년에 4억 달러가 되었다면, n=2007-2000=7, CAGR = (4억/3억)$^{(1/7)}$-1=4%가 된다.

예시2 최근 3년간 그 시장의 역사적 평균 CAGR가 15%이고 시장이 동일 성장률을 유지한다면 5년 후 시장의 규모는 다음과 같이 예상된다.

미래 시장규모 = 현재 시장규모 × $(1+15\%)^5$

예시3 지난 4년간 X사의 판매량은 두 배가 되었다.

두 배가 되었다는 것은 (FV/PV) = 2를 의미한다. 그러므로

CAGR = $2^{(1/4)} -1$ = 대략 20%

CAGR는 핵심 요인변수를 추정하는 데 매우 유용하다. 예를 들면 다음과 같다.

역사적 CAGR는 예시2에서 살펴본 것처럼 미래를 예측하기 위한 토대로 활용될 수 있다. 종종 역사적 CAGR는 정성적 데이터에 기초하여 더 높아지거나 낮아지도록 조정된다. 예컨대 예시2의 시장이 다음 몇 해 동안 성장이 주춤할 것으로 예상된다면 15%의 역사적 CAGR는 최대 성장을 할 경우로 간주되어 공식에는 15%가 아니라 10%나 12%를 적용할 수 있다(어떤 숫자로 정할지는 민감도 평가와 다양한 추정치, 그리고 대략적인 추정일지라도 10%나 12%의 적용이 타당함을 확인하는 데 도움이 되는 트라이앵귤레이션triangulation을 포함한다. 이러한 기법들은 조금 뒤에 다룰 것이다). 시장 크기와 더불어 CAGR는 경쟁사의 규모와 성장, 가격 상승, 그리고 그 밖의 성장 관련 추정에 적용될 수 있다.

많은 경우 인터뷰나 잡지에서 얻은 데이터로는 성장률을 정확히 알 수 없다. 어떤 인터뷰 대상자는 "5년 안에 두 배가 될 겁니다"라고 말하거나 한 잡지는 "향후 10년 내에 세 배가 될 것으로 기대된다"라고 할지도 모른다. CAGR를 이용하여 미래시장이나 사업규모를 예측하거나 다른 산업과 비교될 때 활용할 수 있는 성장률을 구할 수 있다. CAGR가 구해지면 GDP 성장, 인플레이션 또는 주가지수 성장과 같은 기준 지표들과의 비교를 통해 이 성

장률을 평가하기가 쉬워지며 그에 따라 그것이 실현가능한지 여부를 판단할 수 있다.

많은 MBA 졸업생들이 명석해 보이기 위해 사용하는 CAGR 속산법이 있다. 나는 그것을 75% 규칙이라고 부르는 데 다음과 같다. CAGR는 대략 0.75를 질문 상의 년 수로 나눈 값과 같다.

이 규칙을 예시3에 적용해보면, CAGR는 대략적으로 0.75/4 = 0.19(또는 약 20%)가 된다. 이 규칙은 CAGR를 머릿속으로 재빨리 계산해야 될 때 유용하다.

인터뷰 기법: 대략적인 범위 제시 Ballpark interview technique

인터뷰 조사를 할 때 많은 인터뷰 대상자들은 계량화된 데이터의 제시를 꺼린다. 이것은 인터뷰 가치에 엄청난 영향을 미친다. 사람들이 '빠른' '느린' 또는 '큰' '작은' 등과 같은 정성적인 데이터로 말한다면 그것들의 진정한 의미를 이해할 수 없다. 보통은 그들이 계량화를 원치 않아서가 아니라 그들에게 데이터가 없기 때문이며 괜히 잘못된 숫자를 제시하여 책임지고 싶지 않기 때문이다. 대략적인 추정조차도 전략계획을 위한 계량화의 시작점으로 대단히 유용하다는 점을 그들은 모르고 있는 것이다. '대략적인 범위 제시 기법'은 내가 그렇게 부르는 것처럼 인터뷰 대상자로부터 최소한의 대략적인 추정치를 얻어내는 데 도움이 된다. 방법은 인터뷰 대상자에게 몇 가지 옵션을 제시하며 선택하도록 하는 것이다. '대략적인 범위'가 선택되고 나면 인터뷰 대상자가 더 이상 제공할 정보가 없을 때까지 범위를 좁혀 들어간다. 이 기법을 적용한 인터뷰 사례는 다음과 같다.

인터뷰 담당자 지난 몇 년 간 냉장고 시장이 얼마나 빠른 속도로 성장해오고 있다고 보십니까?

인터뷰 대상자 글쎄, 잘 모르겠는데요. 데이터가 전혀 없군요.

인터뷰 담당자 그러면 0.5%, 5%, 15% 아니면 25% 중 어디에 더 가까울까요?

인터뷰 대상자 시장이 좀 주춤하긴 했어도 성장이 전혀 없는 것은 아니니 15%보다는 5%에 가깝겠네요.

인터뷰 담당자 그렇다면 3~6%와 6~9% 중 어느 쪽에 더 가깝다고 보십니까?

인터뷰 대상자 잘 모르겠지만 아마도 높은 쪽보다는 낮은 쪽일 것 같네요.

인터뷰 담당자 그러면 대략 3~6%로 추정하고 계시는군요?

인터뷰 대상자 아마도요.

논리적 유추로 얻어진 결과와 같이 이러한 대략적인 숫자는 검증과 재검증의 절차를 거쳐야 한다. 그러나 최소한 이런 접근 방법은 필요한 추정치의 시작점을 제시해준다.

시나리오

핵심 요인변수의 추정은 상당히 어렵거나 불가능하다. 그러나 여기에 'what if' 질문을 하는 시나리오 기법이 있다. 개념은 목표 요인변수에 대해 몇 개의 시나리오를 정하고 나서 다양한 시나리오 결과들에 대해 그 의미와 시사점들을 서로 비교하며 평가하는 것이다. 텔레비전 사례에서 시장 성장률 추정이 매우 어렵다고 해보자. 모든 조사 자료들을 검토했고 많은 사람들을 인터뷰했지만 성장률과 관련하여 어떠한 추정치도 얻을 수 없다. 그래서 세 개의 시나리오를 구상하고 각각의 의미를 알아보자.

지금부터 2015년까지 시장 CAGR에 대한 시나리오

비관적: 제로 성장

평균적 성장: 매년 5%

낙관적: 매년 10%

이 예시의 요지는 다음과 같다.

- 시나리오는 오직 세 개만 존재한다. 시나리오 개수를 한정하는 것이 중요한데 너무 많은 시나리오를 수립하면 혼돈과 분산이 야기될 수 있기 때문이다.
- 이 예시는 한 개의 요인변수 추정에 대한 것이다. 몇 개 이상의 요인변수를 적용하는 것은 적합하지 않다. 너무 많은 변수에 시나리오를 적용하는 것 또한 혼돈과 분산을 유발한다.
- 시나리오는 가용할 수 있는 모든 정보를 주의 깊게 고려하여 정의되어야 한다. 그것들은 실제적이어야 한다.
- 여기 제시된 것처럼 결과의 범위를 보여주는 시나리오를 택하는 것이 유용하다. 다른 대안들로 최대/평균/최소, 공격적/기본적/수동적, 또는 기본적/가속적/폭발적이 있다.

최소 임계치

광범위한 가능성 때문에 시나리오 분석으로 요인변수를 추정하기가 여전히 너무 어렵다면, 활용할 수 있는 도구로 최소 임계치가 있다. 투자가 매력적이려면 매년 시장 성장률이 최소 X퍼센트는 되어야 한다고 가정해보자. 그러면 문제는 이 시장 성장률의 실현 가능성을 믿을 것인가로 좁혀진다.

일관성과 트라이앵귤레이션 Triangulation

당연히 유추에 의한 추정 데이터와 인터뷰와 같은 소스에서 얻어진 데이터의 정확도와 타당성은 반드시 검증되어야 한다. 믿을 만한 제공처에서 획득한 데이터라 할지라도 검증해야 한다. 몇 해 전에 나는 중국 지방 정부의 통계 책자에서 얻은 어떤 인구 데이터를 곧바로 사용했다. 나는 서둘러 분석 작업에 돌입했고 시간을 들여 데이터를 검토하지 않았다. 그저 그 데이터를 복사했을 뿐이다. 내가 한참 프레젠테이션을 하고 있는데 나의 고객이 그 지방의 도시와 비도시 지역의 인구를 모두 합한 수가 그 지방의 총 인구수보다 많다고 지적했다. 당연히 그 실수는 전체 프레젠테이션의 신뢰도에 영향을 끼쳤다.

시시때때로 데이터를 검토하라. 데이터의 정확성을 확보하기 위한 가장 직접적인 두 가지 방법은 데이터의 일관성을 확인하고 문제가 되는 데이터들을 트라이앵귤레이션 triangulation 하는 것이다.

일관성

어떤 요인변수가 전략에 중요하다면 다양한 데이터 소스나 유추 기법들을 활용하여 결과 값을 서로 간에 비교해봐야 한다. 인터뷰에서 얻은 데이터와 도구를 활용해서 유추된 데이터는 주로 대략적인 숫자이므로 그것들이 전부 일관되고 타당하다 할지라도 그 숫자들이 서로 동일할 것이라고는 기대할 수 없다. 그것들이 '서로의 범위 내에' 있다는 확인만이 필요할 뿐이다. '범위

내'라는 것에 대해 명확히 고정된 정의가 없다. 분석에서 요구하는 정확도에 달려 있다. 대부분의 경우 대략적인 추정치들 간에 10~15%의 차이를 허용하는 편이다. 30%나 그 이상의 차이는 쉽게 용인되지 않는다. 두 개나 그 이상의 추정치들이 '서로의 범위 내'에 있지만 정확히 같지 않다면 실용적인 선택은 평균을 취하든지 아니면 최소값과 최대값의 범위를 활용할 수도 있다.

트라이앵귤레이션 Triangulation

서로 다른 요인변수들에 대한 데이터는 반드시 트라이앵귤레이션 해야 한다. 모든 데이터들을 통합했을 때 이치에 맞아야 한다. 앞서 인구 데이터 예시에서 각 개별 도시에 대한 데이터와 그 지방의 전체 통계치가 모두 합했을 때 이치에 맞지 않는다. 또 다른 예로 주요 경쟁사들의 시장 점유율을 추정한다고 해보자. 이 경우 주요 경쟁사들의 점유율 퍼센트의 총합은 100을 넘어설 수 없다. 다양한 경쟁사들의 매출액을 추정할 때 그 총합은 전체 시장 규모의 추정치를 초과할 수 없다. 2006년 시장 매출액과 2007년 매출액 추정치가 있다면 성장하는 시장일 경우 2007년 매출액이 2006년보다 어느 정도 더 커야 한다.

트라이앵귤레이션은 핵심 요인변수를 추정하는 다양한 방법을 시도할 때 타당성 검증을 위해 매우 효과적일 뿐 아니라, 다른 사람들의 추정치를 신속히 평가해야 할 때도 상당히 유용하다. 놀랍게도 전문적인 컨설턴트조차도 트라이앵귤레이션 하지 않는 데이터를 그대로 사용하며 보고서를 발표하거나 프레젠테이션 하는 경우가 자주 있다. 다음 표는 최근에 전문가들이 모인 자리에서 내가 목격한 것으로 캐나다 출신의 부동산 컨설턴트가 프레젠테이션 했던 자료다.

핵심 시장별 점유율 보고				
	미국	중국	오스트레일리아	중국
고부가 제품	39	26	23	37
중간 제품	41	43	29	39
저부가 제품	20	31	58	24

이 표에 문제가 있다는 것을 알고 있는가? 오스트레일리아 시장의 합이 110%이다. 가끔 이런 종류의 불일치는 오타도 있지만 어떤 때는 실제 추정에도 문제가 있다. 트라이앵귤레이션 개념이 잘 잡혀 있는 사람이라면 이러한 실수를 재빨리 집어낼 수 있을 것이다. 그런 사람은 회사가 중대한 요인변수의 오류에 기초해 잘못된 의사결정을 하지 않도록 도움을 줄 수 있다. 그 실수가 비록 중대한 요인변수에 따른 것이 아니더라도 그 사람은 상사나 고객 앞에서 명석하고 철저한 사람으로 보일 수 있다(이것은 MBA 졸업생들을 실제보다 더 똑똑해 보이도록 해주는 핵심스킬 중 하나다). 그러나 그 작업을 한 사람을 당혹스럽게 하는 식으로 실수를 지적하지 않도록 조심해야 한다. 항상 적보다는 친구를 만드는 편이 더 낫기 때문이다.

데이터가 중요할수록 더 많은 검증이 필요하다. 중요성에 대한 주요 측정 기준 중 하나가 민감도다. 민감도는 그 데이터가 당면한 의사결정에 미치는 영향이 얼마나 지대한지 의미한다. 예컨대 검토하고 있는 어떤 사업의 기회가 높은 고정비용을 안고 있다면 매출액 추정은 매우 중요해진다. 일단 고정비가 충족되어야만 소액의 변동비를 제한 나머지 대부분의 매출액이 순익으로 이어질 수 있기 때문이다.

정확성의 법칙

추정치들을 가지고 추가적인 계산을 해야 할 때가 자주 있다. 찾으려는 결과를 얻기 위해 추정 데이터들을 가지고 덧셈, 곱셈, 뺄셈, 그리고 나눗셈을 해야 한다. 예컨대 시장을 약 2,500만 달러로 보고 어느 회사의 시장점유율을 약 1/3로 추정한다면, 다음과 같은 값을 계산기를 통해 얻을 수 있다.

$25,000,000 × 1/3 = $8,333,333.33

이러한 종류의 숫자를 회사의 추정매출액으로 보고하고 싶은 유혹이 들겠지만 그대로 공표하는 것은 매우 중요한 수학적 규칙을 위반하는 것이다. 그것은 바로 정확성의 법칙이다.

추정치들을 다양한 유효숫자significant figures들과 결합할 때 결과의 정확성은 최소의 정확성을 보이는 추정치보다 크지 않다. 이것은 추정 값들 간에 더하거나, 빼거나, 곱하거나, 또는 나눠서 얻어진 결과는 원래 추정치들보다 더 많은 유효 숫자를 가질 수 없음을 의미한다.

유효숫자의 수는 마지막 숫자와 더불어 어느 정도의 정확성을 가지는 숫자의 자리수다. 대부분의 MBA들은 수학자가 아니며 유효숫자 정의에 그렇게 전문적이거나 정확하지 않다.

중요한 점은 어떤 추정치는 번번이 정말 대충 추론되어서 한두 개의 유효숫자만 가진다는 것을 알아채는 것이다. 예를 들어 250만 달러와 같은 8자리 숫자의 추정치는 200만 달러와 300만 달러 사이의 어느 지점이라는 것만 의미하기 쉽다. 그 결과 추정 데이터들 간의 결합은 과도한 개수의 유효

숫자나 십의 자리수를 포함해서는 안 된다. 예를 들어 250만 달러 시장 추정치를 적용한 계산에서 $8,333,333과 같은 숫자를 만난다면, 대부분의 경우 800만 달러와 900만 달러 사이인데 아마도 더 낮은 쪽인 것 같다고 보는 것이 적절한 해석이다. 그래야 그것이 800만 달러 또는 850만 달러에서 반올림될 수 있기 때문이다. 더 많은 계산(덧셈, 곱셈, 등등)이 특히 스프레드시트 상에서 필요하다면 대부분의 사람들은 간편하게 $8,333,333 숫자로 계산을 지속하려고 할 것이다. 보이는 최종 숫자가 적절히 반올림이나 절사된다면 이렇게 하는 것도 괜찮다. 예컨대 $8,333,333의 매출이 40% 성장하면 총 매출액은 얼마가 될 것인지 알고 싶다고 하자. 스프레드시트나 계산기를 이용해 $8,333,333×1.4 (즉 140%) 계산을 하고나서 ($11,666,666) 결과를 프레젠테이션과 의사결정 용도로 1,200만 달러로 반올림하거나 구간으로 제시할 수 있다.

데이터의 쓰임새와 한계를 인식하라

전략계획에 필요한 데이터를 추정하고 검증하기 위해 이러한 섬세한 도구들을 사용하면서, 이 모든 것이 무엇을 의미하는지 자신의 관점을 유지하는 것은 매우 중요하다.

So what?
다음은 성인 남자와 8살짜리 여자아이의 대화다.

남자(아이 아빠의 친구) 안녕 데이지, 만나서 반갑구나. 꼭 네 엄마를 빼 닮았구나.
아이 그래서요(So what)?
남자 어, 그러니까 내 말은 네가 네 엄마만큼 예쁘다고.
아이 그래서요(So what)?

나는 이 꼬마 아이가 나중에 자라면 데이터 분석을 잘 할 것이라 믿는다. 'So what?'은 데이터 분석에서 가장 중요하다. 데이터는 수단이지 목적이 아니다. 핵심 스킬은 데이터 수집을 계획한 순간부터 그 데이터를 적용하는 순간까지 'So what?'을 끊임없이 묻는 것이다. 가장 큰 경쟁사의 시장 점유율이 50%라는 것을 알게 되었다고 하자. So what? 그 사실이 당신의 가설에 무엇을 의미하는가? 점유율이 40%나 60%였다면 당신의 전략에 변화가 있을 것인가? 이 데이터를 검증할 필요가 있는가? 아니면 이 대략적인 추정치로 충분한가? 사실 BCG에서는 슬라이드의 제목 란이나 아래 부분에 'So what?'이 없으면, 어떤 슬라이드도 작성할 수 없고 차트도 그릴 수 없다. 이러한 규칙의 의도는 모든 분석에 'So what?' 접근법을 적용하는 것이다.

다국적 음료회사였던 나의 한 고객사는 태국의 생수 사업에 진출하길 원했다. 시장이 매력적으로 평가되고 나면 진입을 위한 두 가지 대안은 '신설투자' 또는 '작은 브랜드를 인수해서 키워나가는 것'이었다. 그 프로젝트의 첫 단계는 시장 매력도를 확인하기 위해 포터의 5가지 경쟁요인을 연구하는 것이었다. 두 번째 단계는 두 가지 대안에 드는 각각의 비용을 서로 비교하는 것이었다. 두 번째 단계 작업 중이던 어느 늦은 밤, 나는 마침내 신설투자 시의 비용과 작은 브랜드 인수 시의 비용(그 브랜드를 키워나가는 부분은 제외함)을 평가하는 작업을 마무리했다. 나는 그 작은 브랜드를 키워나가는 비용을 평가하려던 참에 그 브랜드의 추정 인수비용이 신설투자 비용보다 이미 세 배 이상 초과했다는 사실을 문득 깨달았다. 비용의 차이가 너무 컸기 때문에 비용이 덜 드는 대안은 신설투자라는 결론을 낼 수 있었다. 이 사실을 알고 나서 나와 팀은 많은 시간과 노력을 절약할 수 있었다.

데이터를 수집하고 검증한 직후 'So what?'을 말하기가 항상 쉬운 것은 아니다. 다양한 종류의 데이터에 대해 벤치마킹 비교 대상들은 유용한 도구가 될 수 있다. 예를 들면, 말레이시아 IT업계에 속한 어떤 회사의 연 성장률이 15%라는 것을 알았다고 하자. 이 성장률은 높은 편인가? 아니면 낮은 편인가? 이런 경우 이것을 말레이시아 IT산업 성장률, 말레이시아와 해외의 경쟁사들, 그 회사 고유의 역사적 데이터, 또는 자신의 포트폴리오에 있는 다른 회사들을 비교하는 것이 도움이 된다.

가끔 비교를 하기 위해 절대 수치 absolute numbers 를 비율로 전환해야 할 때가 있다. 예를 들면 한 독자가 한번은 내게 이렇게 물어왔다. "저는 B회사에 투자를 원합니다. 이 회사는 5천만 달러 부채를 지고 있습니다. 부채가 높은 편인가요? 낮은 편인가요?" 이 부채가 높은지 아니면 낮은지 말하기란 어렵다. 왜냐하면 그것은 회사의 현재와 미래의 부채상환 능력을 포함하는 다양한 요인들에 달려 있기 때문이다. 그 수준을 평가하기 위해 부채는 부채총액/자기자본, 또는 '이자 보상율'과 같은 비율로 전환될 수 있다. 그리고 나서 그 비율들을 산업평균, 경쟁사의 비율, 자사의 역사적 데이터, 은행의 요구사항, 또는 평가기관의 요구사항 등과 비교할 수 있다.

만약 어떤 회사의 순이익이 1억 달러라는 것을 알았다고 하자. 이것이 큰 편인지 평가하기 위해 경쟁사나 다른 관심 회사들의 순이익과 비교할 수 있다. 또한 그 회사의 시장 중요성과 매출을 순이익으로 전환하는 능력을 평가하기 위해 시장점유율이나 순이익률(순이익/매출액)을 계산해볼 수 있다.

각각의 전략연구를 위해 어떤 비율을 수량화할 것인가에 대한 결정은 어떤 가설과 프레임워크를 선택하느냐에 따라 달라질 것이다.

자신을 기만하지 마라

엔지니어 출신으로서 나는 훌륭한 전략가란 확신을 가지고 분명한 답을 제시할 수 있어야 한다고 생각했다. "지금 상황은 이렇습니다. 그러므로 이것이 우리가 해야 할 일입니다." 입사 초기에 나는 선배 컨설팅 파트너와 다른 신입사원의 대화를 엿들었다. "자네는 아주 훌륭해. 출근 첫날부터 '~처럼 보인다'와 '데이터에 따르면 ~처럼 보인다'를 구분해서 사용할 줄 아니까 말이네. 데이터에 대해 올바른 관점을 가지고 있어."

나는 정신이 번쩍 들었다. 나는 데이터가 완전하고 명확한 답을 줄 것으로 기만하는 대신, 데이터는 불완전하며 대부분의 경우 대략적이고 방향 지시적일 뿐이라는 것을 인정해야 했다. 데이터의 쓰임새와 데이터의 한계를 명확히 인식하면 더 많은 브레인스토밍을 통해 다른 이들의 건설적인 도전을 불러일으킴으로써 전략의 타당성을 높일 수 있다.

데이터에 너무 집착하지 마라

데이터에 충분한 작업을 가하면 원하는 바를 얻을 수 있을 것이다. 이 세 번째 포인트는 앞의 두 논점과 관련이 많다. 즉 'so what'을 추론하기 위해 데이터를 사용해야 한다. 그러나 데이터는 불완전하다(모든 종류의 추정을 포함하고 있기 때문이다). 이것은 많은 경우 데이터가 어떤 특정 방향이나 결정을 이끌어내기 위해 고의적으로 조작될 수 있음을 의미한다. 절반의 물이 담긴 컵을 생각해보라. 그것을 보고 '절반이 찼다' 또는 '절반이 비었다'라고 말할 수 있는데, 이는 매우 다른 'so what' 결론을 가져올 수 있다. 아니면 그 컵에 75%의 물이 차 있다고 말해보자. 그것은 반내림해서 50% 차 있는 것이 될 수 있고, 또는 반올림해서 100% 차 있는 것이 될 수 있는데, 이것 역시 매우 다른 답을 줄 수 있다. 그러므로 데이터를 분석하거나 분석된 데이터를 검토할 때 이 격언을 명심하는 것이 중요하다. '데이터에 충분한 작업을 가하면, 원하는 바를 얻을 수 있다.'

13

HARVARD BUSINESS SCHOOL CONFIDENTIAL

계획보다 계획 세우기가 중요하다

스토리텔러가 되어라

전반적인 계획수립 과정을 살펴볼 수 있는 하나의 방법은 '이야기'에 대한 탐색이다. 전반적인 계획수립의 목표는 핵심 요인들에 대한 이야기를 하나의 전체적인 이야기로 구성하는 것이다. '어떻게' 이야기를 구성하는가에 대해서는 앞서 4장에서 살펴보았다. 이 장에서는 '언제' 이야기 구성을 하는지에 대해 살펴본 후 '엘리베이터 피치' 훈련을 통해 언제 어떻게 이야기할 것인지 배울 것이다.

언제 이야기 구성을 하는가

가능하다면 최소한의 데이터를 확보하자마자 이야기를 시작하라. 그 시점의 이야기는 한정된 데이터에 기초한 가상이다. 공식적으로 이 가상을 '가설'이라 부른다. 그리고 나서 그 가설을 증명하거나 반증하기 위한 프레임워크와 데이터 수집이 설계된다. 데이터 수집을 하면서 가설을 수정하고 그에 따라 프레임워크와 데이터 수집 계획을 조정한다. 다음 그림은 그 반복적인 프로세스를 보여준다.

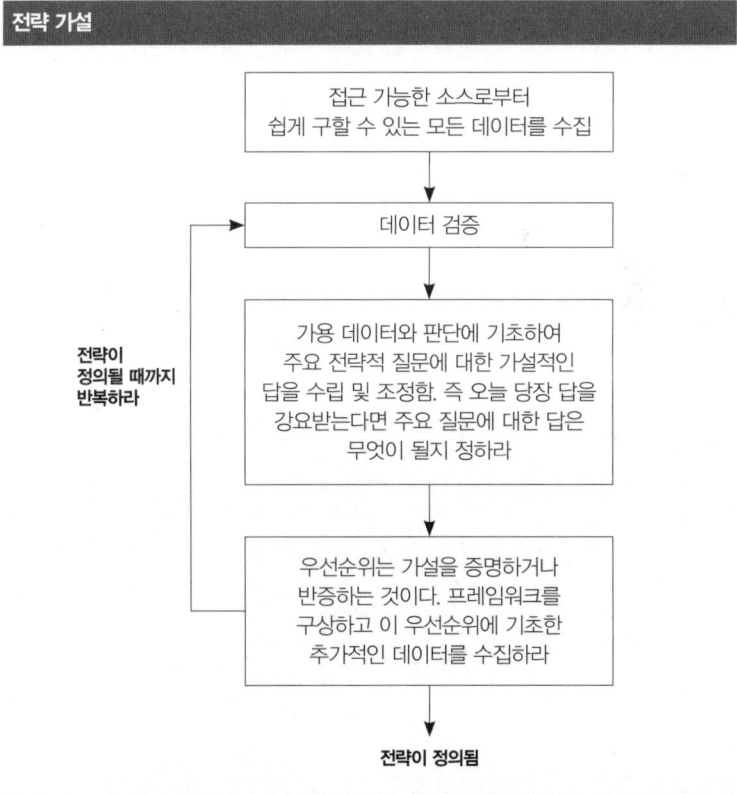

전략 컨설턴트로 처음 일할 때, 이 기법을 배웠지만 나는 그것을 신뢰하지 않았다. 종종 매우 피상적인 데이터 조사만으로도 초기 가설을 손쉽게 수립했고, 일단 초기 가설을 수립하고 나면 프레임워크와 데이터 수집의 상당 부분이 그것을 증명하기 위한 방향으로 치우치게 되어 신경이 쓰였다. 나는 그것을 단지 전략 컨설턴트가 해답(굳이 올바른 답일 필요는 없는)을 빨리 얻을 수 있는 하나의 수단으로만 여겼을 뿐이다. 그러나 나는 곧 가설 활용의 유익함을 알게 되었다.

- 대부분의 경우 제한적 데이터에 기초한 가설이라도 방향은 올바르다. 정확하게 맞진 않아도 최종적인 해답과 가까운 경우가 많다. 이것은 앞에서 다뤘던 80/20 법칙의 또 다른 예가 될 수 있다.
- 가설이 올바르지 않더라도 프로세스가 반복적이므로 가설, 프레임워크, 그리고 데이터 수집 모두 신속히 조정될 수 있다.
- 결과에 초점을 맞추는 것은 데이터 수집 프로세스를 촉진하고 우선순위를 정하는 데 효과적이다.

엘리베이터 피치

최고의 전략가는 '엘리베이터 피치' 전문가다. 즉, 우연히 높은 상사나 잠재 투자자와 함께 엘리베이터 탑승을 했다고 상상해보라. 탑승 시간 동안 이야기를 요약해서 말할 수 있어야 하며 엘리베이터 문이 다시 열릴 때까지 끝내야 한다. 높은 상사나 잠재 투자자는 이야기의 논리와 결론을 이해할 수 있어야 한다. 엘리베이터 피치는 스토리텔링을 유도하기에 좋은데, 왜냐하면 그러한 시간의 제약으로 논리가 탄탄하고 설득적이어야 하기 때문이다. 그것은 또한 처음부터 가설 반복을 유도한다. 어느 때라도 '엘리베이터 피치'를 할 준비가 되어 있어야 하므로 가설을 언제라도 말할 수 있어야 한다.

스토리텔링과 가설에 대한 개념을 설명하기 위해 앞에서 다뤘던 나의 질문 'HBS에 대한 책을 집필해서 나는 돈을 벌 수 있을까?'로 되돌아가보자. 저자로 활동 중인 내 친구들과 의논을 하고 인터넷 조사를 해본 결과 이와 같은 비즈니스 책 시장에 대한 충분한 잠재성을 발견했다고 치자. 진입이 가장 쉬운 시장은 출판업이 모두 국영화된 중국이다. 가장 어려운 곳은 미국인데, 시장이 매우 복잡하고 세분화되어 있기 때문이다. 그러나 미국의 주요 출판사인 존 와일리 앤 선즈John Wiley and Sons는 싱가포르에 사무실이 있어서 그 시장에 대한 접근을 용이하게 해준다. 저작료는 저자들에게 판매액의 일정 비율로 지급된다. 신인 저자에 대한 인세율은 매우 기본적인 수준이지만 나는 여분의 시간에 책을 쓸 수 있기 때문에 내게는 충분히 수지맞는 일이다. 그것이 나의 다른 업무나 개인적인 삶에 방해되지 않을 것이다. 그러므로 책 집필로 인한 기회비용은 거의 미미하다. 이러한 논리에 기초하여 앞의 전략적 질문에 답하기 위한 내 가설은 다음과 같다.

- 만약 중국어 버전으로 먼저 중국 시장에 진입하고 나서 영어 버전으로 미국 시장에 진입할 수 있다면,
- 중국 국영 출판사와 계약하고 나서 그 책을 존 와일리 앤 선즈에 팔 수 있다면,
- 나의 속도로 집필할 수 있는 일정 계획과 함께 신인 저자에 대한 기본적인 조건 합의를 할 수 있다면,

그렇다면 나는 HBS에 대한 책을 집필하여 돈을 벌 수 있다. 전체적으로 이것은 각각의 포인트가 나란히 전부 결론을 지원하는 연역적 논리다. 그러고 나서 각 포인트는 더 상세하게 나뉠 수 있다. 예컨대 두 번째 포인트는 다음과 같이 더 자세하게 나눌 수 있다.

- 중국 국영 출판사와 계약하고 나서 그 책을 존 와일리 앤 선즈에 판다.
- 중국 국영 출판사가 내 책을 출판한다면 내 책에 대한 신뢰가 구축될 수 있다.
- 신뢰는 존 와일리 앤 선즈가 책을 선택하는 기준 중 하나다.
- 그러므로 중국 국영 출판사를 통한 출판이 내가 존 와일리 앤 선즈에 접근하는 데 도움이 될 수 있다.

이것은 연역적 논리의 한 예다. 로직 트리logic tree와 데이터 수집을 설계하여 주요 전략적 질문에 대한 답을 유도하는 모든 논리적 논점들을 증명하고 반증하는 데 더욱 집중할 수 있다. 다음 그림은 로직 트리로 표현했을 경우의 일부 모습을 나타낸다.

트리의 가지들은 모든 핵심 사항들이 다루어질 때까지 분화되어야 한다. 더 많은 데이터가 수집될수록 가설, 프레임워크, 그리고 데이터 수집의 초점이 조정될 것이다. 잘 설계된 프레임워크는 전체를 포괄한다. 그러므로 가설이 잘못된 것으로 판명 나더라도 많은 경우 프레임워크는 여전히 타당하다. 재조정되어야 할 것은 단지 연구의 초점이다. 데이터 수집과 미세조정의 반복은 주요 전략적 질문에 대한 만족스러운 답을 얻을 때까지 계속한다.

로직트리

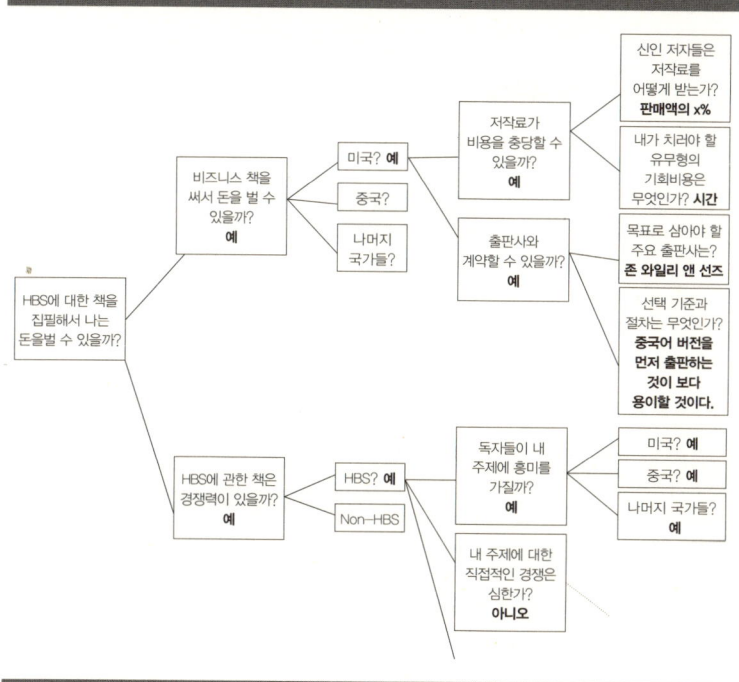

일정계획

스토리텔링은 계획수립 프로세스의 내용을 관리하기 위한 도구다. '일정계획'은 프로세스 자체의 진행 현황을 관리하는 데 유용한 도구이다. 다음 그림은 컨설턴트들이 자주 사용하는 일정계획의 한 형태이다.

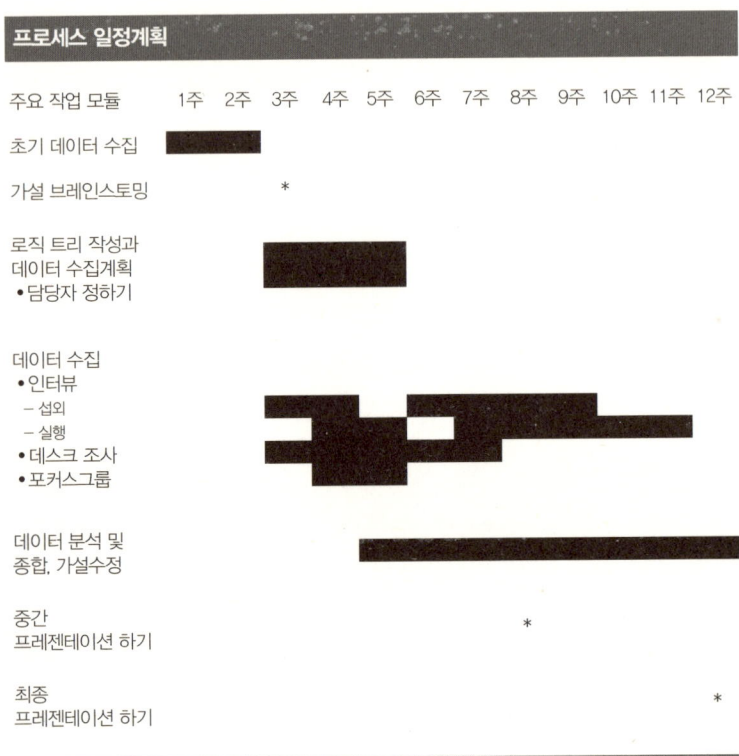

다음은 일정계획의 주요 구성 요소들이다.

- 전체 프로젝트 시간계획. 대부분의 전략 연구는 3~6개월이 소요된다.
- 주요 작업 모듈과 각각의 소요시간. 두 가지 점에 유의해야 한다. 첫째, 앞에서 설명한 것처럼 데이터의 수집과 가설 수정은 순차적인 프로세스라기보다는 반복적인 프로세스다. 이러한 작업 모듈에 대한 일정은 서로 중복된 것처럼 보일 수 있다. 둘째, 작업은 대부분 처음 예상했던 것보다 훨씬 더 많은 시간이 소요된다. 예상치 못한 지연과 피할 수 없는

비효율성은 언제나 발생한다. 앞 장에서 논의한 바와 같이 '1.5×규칙'이 있다. 계획수립 작업에 1개월이 소요될 것 같으면 1.5개월로 일정을 잡는다. 2개월이 걸릴 것 같으면 나는 3개월로 일정을 잡는다. 여분의 시간이나 휴식 시간의 확보를 위해서가 아니라 그것이 적당한 시간이다.

- 이 프로세스는 전략실행을 모니터링하기 위한 핵심성과지표KPI의 개발을 포함하지 않는다. 이것은 보통 전략 추천에 대한 보고와 전략실행 간에 시차가 존재하기 때문이다. 전략보고는 이사회와 최고 경영진의 수락과 승인을 필요로 한다. 그러고 나면, 실행계획 수립을 시작하기 전에 전략계획이 세부적으로 조정될 수 있다. 그러므로 전략실행을 모니터링하기 위한 KPI는 전략 연구와 함께 진행하는 것이라기보다는 보통 분리되어 고유의 일정계획을 가지고 지속되는 관리 노력이다.

- 세부적인 일정계획 수립을 위해 전문화된 소프트웨어를 사용할 수 있다. 이러한 종류의 프로그램은 세부사항을 다루는 데 매우 유용하지만, 마이크로소프트의 엑셀 정도면 상위 수준의 계획수립에 충분하다.

- 중간 및 최종 보고는 관계자들을 대상으로 한 공식적인 커뮤니케이션이다. 그것들은 일정계획 안에 포함된 주요 결과물들이다. 그러한 보고를 하는 것은 관계자들에게 진척 사항을 알려주고 그들의 피드백을 구하며, 팀으로 하여금 데이터와 스토리를 문서화하도록 강제하여 나머지 작업들의 초점을 맞추는 데 도움이 되므로 중요하다. 그러나 중간보고를 위한 준비 작업은 소모적이기 때문에 반드시 주의를 기울여야 한다. 중간 프레젠테이션의 횟수와 타이밍은 비용과 이익 면에서 균형을 이뤄야 한다.

큰 그림 떠올리기

프레임워크, 데이터, 로직, 그리고 일정계획은 세부적인 사항을 다루는 것과 관련 있다. 세부사항은 효과적인 전략과 전략계획 프로세스에서 매우 중요하다. 그러나 세부사항들에 너무 몰두하여 주의력을 빼앗기면 큰 그림을 볼 수 없다. 여기에 전략과 연관된 몇 가지 베스트 프랙티스가 있는데, 세부사항들로 압도될 때마다 내게 매우 가치 있게 다가오는 것들이다.

워렌 버핏의 '똑똑한 사람들과 멍청한 사람들'. 비즈니스 스쿨의 친구 중 한 명이 워렌 버핏으로부터 직접 들었다며 말해준 조언이 있다. 얘기인 즉, '똑똑한 사람들조차도 고전해야 겨우 약간의 돈을 벌 수 있는 산업이 아니라 멍청한 사람들도 돈을 많이 벌 수 있는 산업을 찾아내라'는 것이다. 이것은 진정 중대하고 가치 있는 통찰이다. 어떤 분석이나 세부사항도 결코 이것을 대신할 수 없다. 버핏 자신은 산업분석 전담팀을 보유하고 있는데, 이 통찰은 가치 있는 큰 그림에 대해 현실을 직시할 수 있도록 도와준다.

빌 셔먼Bill Sahlman교수의 '피플 테스트'. 셔먼은 HBS의 스타 교수 중 한 명이다. 그는 내게 기업가 재무entrepreneur finance를 가르쳤다. 강의에서 논의된 케이스 중에 비즈니스 리서치 사Business Research Corp.에 관한 것이 있었다. 비즈니스 리서치는 월 스트리트의 조사 보고서를 기관 투자자들에게 온라인으로 제공하는 새로운 비즈니스에 진출하기 위해 더 많은 자금이 필요했다. 2시간의 논의 끝에 학생들은 이 새로운 기회에 투자해야 되는지 투표를 했다. 강의에 참여한 대부분의 학생들이 No에 표를 던졌다. 그리고 나서 셔먼 교수가 말했다. "나 또한 이 모든 분석에 근거하여 No에 투표했을지도 모르겠다. 그러나 한 가지 놓치고 있는 결정적인 포인트가 있다. 이 일을 하고 있는 사람은 제프리 파커Jeffrey Parker다. 파커는 지속적으로 성공을 이뤄온 기업가일 뿐만 아니라 그 시장을 잘 알고 있는 사람이다. 그 기업가는 여러 가지 것들이 불확실한 상황에서 기업가적 모험심으로 경쟁력을 발휘하고 있다."

중요한 것은 미래다. 프레임워크와 데이터를 분석하고 고려할 때, 가장 귀중한 것은 현재가 아닌 미래를 바라보는 훈련이다. 업계와 자신의 지위에 영향을 미칠 변화뿐만 아니라 목표에 유익한 것이 될 수 있는 달성 가능한 변화를 꿈꾸는 것이 중요하다. 이러한 변화에 대응하고 변화를 더 잘 활용하기 위해 필요한 공격적이고 수동적인 움직임에 대해 깊이 생각해봐야 한다. 애플Apple 컴퓨터를 창립하고 위기에서 구해낸 스티브 잡스는 변화의 흐름을 타는 데 명수다. 1998년 윈텔Wintel이 시장을 장악하고 있을 때 어떻게 애플을 선두주자로 만들 수 있을 것인지에 대한 질문에 그는 이렇게 답했다. "나는 다음의 큰 변화를 기다리겠습니다." 그는 나중에 기술의 큰 변화의 흐름을 타고 픽사Pixar와 아이팟iPod을 히트시켰다.

14

HARVARD BUSINESS SCHOOL CONFIDENTIAL

기억해야할 케이스(들)

면도기와 면도날

일부 고전적인 전략들은 HBS에서 항상 논의되고 있다. 이러한 전략들은 과거에 세상을 떠들썩하게 했을 만큼 대단히 큰 성공을 거두었으며, 새로운 비즈니스 상황에서도 잠재적으로 적용이 가능하다. 이러한 전략들은 도입하여 자신의 현안에 적용할 수 있다는 이점과 더불어 다른 회사의 전략 분석이나 노련한 비즈니스 관계자들과의 대화에도 매우 유용하다. 이 중 첫 번째로 살펴볼 전략은 '면도기와 면도날'이다. 그것은 또한 '미끼와 낚시 바늘' 전략으로도 불린다. 그 전략은 처음의 마스터 제품을 낮은 가격에 팔고나서, 그 마스터 제품을 계속 사용하기 위해 반복 구매를 해야만 하는 수익성 높은 소모품으로 돈을 버는 것이다.

　이 전략은 면도기 회사인 질레트가 맨 처음 시도한 것이다. 질레트는 이 전략을 써서 면도기를 매우 경쟁적인 가격에 팔고 나서, 면도기를 사용하면 계속 교체해야 하는 소모품인 면도날에서 수익을 창출했다. 이 전략은 소모품인 면도기 시장에서 오늘날까지도 계속 활용되고 있다.

　보스턴 컨설팅 그룹에서 일할 때 우리는 적자를 겪고 있던 전화장비 제조 회사를 흑자로 전환시키는 데 이 전략을 활용했다. 고객사는 전화교환기를 전화회사에 납품했다. 수익은 저조했고 교환기 가격 인상을 못하도록 정부와 시장으로부터 엄청난 압박을 받고 있었다.

　제품의 수익성을 연구하면서 우리는 그 회사가 케이블 가격을 인상하면 상당한 수익을 거둘 수 있음을 알게 되었다. 이 방법이 효과를 낼 수 있는 이유는 단위 케이블의 원가는 낮지만 판매량은 크기 때문이다. 전화회사는 매년 고작해야 몇 개의 새로운 교환기를 구입할 뿐이지만, 케이블은 새로운 교환기뿐만 아니라 기존에 보유하고 있던 모든 교환기들에 대해 구입해야 했다. 또한 케이블은 정부당국이나 그 당시 자본 비용을 중시하던 고객의 주요 관심사가 아니었다. 기존 교환기의 케이블 교체는 유지관리 비용으로 간주되었다. 전화회사는 교환기 이외에도 유지관리를 해야 할 장비가 다양하게 많았기 때문에 케이블 비용은 회사의 연간 유지관리 비용의 극히 작은 일부에 지나지 않았다.

　그 프로젝트를 통해 고객사에게 케이블 가격을 점진적으로 인상할 것을 권했다. 1년이 지난 바로 이듬해 그 고객사는 흑자로 전환할 수 있었다.

로스 리더 Loss Leader

로스 리더란 수익성이 좋은 다른 상품의 판매를 촉진하기 위해 원가 이하에 판매되는 상품이다. 슈퍼마켓이 때때로 이 기법을 사용하여 몇몇 상품의 원가 이하 판매를 내세워 고객을 유인하고 저가의 이미지를 구축한다. 슈퍼마켓은 일반적인 고객이라면 편의성이나 로스 리더로 구축된 '저가' 이미지로 인해 다른 상품들도 동시 구매할 것이므로, 다른 상품에서의 판매수익이 로스 리더 판매로 인한 손실을 상쇄하고도 훨씬 남게 된다.

사우스웨스트 항공사

사우스웨스트 항공사의 성공과 수익성에 기초한 이 전략 이면의 아이디어는 저가의 공격적이고 혁신적인 회사가 시장에 진입할 때, 그 회사는 성공적일 뿐만 아니라 자사와 시장의 엄청난 성장을 가져오며 전체적인 시장의 판도를 극적으로 바꾼다는 것이다.

    사우스웨스트 항공은 고작해야 약 40년 전에 미국에서 설립되었다. 첫 비행은 1971년에 있었다. 이 회사의 미션은 두 지점 간의 비행기 이용이 자동차 운전보다 비싸지 않게 하는 것이었다. 저가 전략의 핵심 구성요소는 기내식이나 비즈니스 클래스, 퍼스트 클래스와 같은 군더더기를 없앤 린Lean 오퍼레이션과 공항 도착 후 출발까지의 준비시간을 최소화한 빠른 턴어라운드 같은 높은 생산성이었다. 경쟁력 있는 고객 서비스와 마케팅이 결합된 이러한 결정으로 사우스웨스트는 세계적으로 가장 수익성 높은 항공사 중 하나가

되었고, 저가항공의 상품화로 시장의 폭발적인 성장을 견인했다. 사우스웨스트는 다른 항공사가 점유하던 시장을 빼앗았을 뿐만 아니라 전체적인 시장의 규모(전체 파이)를 키웠다. 대폭 낮아진 항공료 덕분에 자동차나 버스와 같은 다른 교통수단들과 경쟁할 수 있었고, 또한 더 많은 사람들의 여행을 부추기는 역할을 했기 때문이다. 오늘날 사우스웨스트 항공사의 모델은 전 세계 항공회사들의 전략에 활용되고 있을 뿐 아니라, 소매업과 금융을 포함한 다른 산업에서도 적용 가능한 전략이다.

합병과 인수

비즈니스에서 합병이란 보통 두 회사의 결합을 의미하지만 더 많은 회사들을 하나의 더 큰 회사로 통합하는 것을 뜻하기도 한다. 인수나 경영권 취득은 한 회사가 다른 회사를 사들이는 것이다.

합병과 인수(보통 M&A로 일컬어짐)는 잘 알려진 비즈니스 전략이다. M&A를 하는 핵심적인 이유는 보통 매출증대, 비용절감 또는 이 둘 다를 위해서다. 이것이 그 유명한 1+1 = 3이라는 시너지 효과이다. 성장을 목표로 한 M&A의 예로, 신기술과 인재 확보를 위해 마이크로소프트가 신생업체를 인수한 경우, 새로운 수익 창출을 위해 HSBC가 전 세계에 있는 은행들을 인수한 경우, 그리고 소프트웨어 장악을 통해 자사의 하드웨어 판매를 촉진하길 원했던 소니가 콜럼비아 픽쳐스Columbia Pictures를 인수한 경우를 들 수 있다. 합병으로 규모를 키우거나 효율성을 통한 비용절감을 목표로 했던 M&A의 예로, 각 나라에 있던 사무실을 통합했던 유니버셜 뮤직Universal Music과 폴리그램 뮤직 Polygram Music의 합병, 또는 수익성 좋은 회사가 누적결손이 있는 회사를 인수하여 결손액이 인수회사의 실제적 이익을 줄여줌으로써 세액을 감소시키는 경우를 들 수 있다.

그러나 M&A는 잘 알려져 있긴 하지만 제대로 실행하기는 어려운 전략이다. 많은 연구결과들은 1+1이 2 이상이기보다는 번번이 그 이하가 될 수 있음을 보여준다. 매킨지 앤 컴퍼니의 연구에 따르면, M&A 시도가 매도 회사나 매수 회사에게 언제나 성공적이지만은 않다는 사실이 밝혀졌다.

연구했던 회사들 중 24%는 인수되기 전에 업계 평균 이상의 성과를 내고 있었고, 53%는 업계 상위 25%에 속해 있었다. 그러나 인수된 후에는 각각 10%와 15%로 떨어졌다. 인수회사들 중 60%는 인수에 투자했던 자본비용에 대해 실제 수익을 내는 데 완전히 실패했다.

널리 인용되고 있는 또 다른 연구는 1983년 HBS의 마이클 C. 옌센 Michael C. Jensen에 의해 발표되었다. 합병 결과에 대해 11년에 걸쳐 연구한 결과, 그는 합병하고 나서 인수한 회사의 주주 평균수익률이 0%라는 것을 발견했다. 인수목표 회사의 주주들에게 신주발행을 포함하는 인수일 경우 수익률은 4%였다.

워렌 버핏은 인수에 대한 자신의 관점을 1981년 버크셔 헤더웨이 연간보고서에서 다소 유머 섞인 비유로 이렇게 표현했다. "많은 관리자들이 감수성이 충만한 유년시절에 잘 생긴 왕자가 아름다운 공주의 키스로 두꺼비 몸에서 풀려나는 이야기를 지나치게 많이 듣고 자란 것이 분명하다. 그들은 관리자의 키스가 목표 회사(잠재적 인수회사)의 수익성에 놀랄 만한 일을 해낼 것이라고 확신한다. 우리는 많은 키스를 지켜봐왔지만, 기적은 매우 극소수에 불과했다. 그럼에도 불구하고 여전히 많은 '공주'들이 자신의 키스가 가져올 긍정적 미래를 확신하고 있다. 그들 기업의 뒷마당은 두꺼비들로 무릎 높이까지 차 있는데도 말이다."

실패의 주요 이유 중 하나는 계획한 모든 시너지를 실현하기 위한 합병 후 통합과정PMI, post-merger integration 실행의 어려움이다. 그러한 어려움의 예로 권력다툼으로 인한 핵심 직원의 이탈, 문화충돌 또는 그 밖의 개인적인 이유들, 양립할 수 없는 정보시스템과 같은 기술적인 어려움, 시간이나 다른 압박으로 인한 비효과적인 PMI 실행, 또는 단순히 합병 전 특정 관계자들의 오류 섞인 설명 등이 포함된다.

나는 중국의 브랜드 인수를 고려하고 있는 다국적 가전제품 브랜드 회사의 의뢰로 기업실사를 맡은 적이 있다. 목표 회사는 내가 중국 광저우에 있는 본사를 방문할 수 있도록 실사 일정을 계획했다. 내가 그들의 사무실에서 모든 자료 조사를 마쳤을 때 그들은 나를 그 지역에서 가장 큰 백화점으로 데리고 갔다. 나는 그 회사의 가전제품을 구매하기 위해 긴 줄을 서 있는 고객들을 보았다. 나는 세계 어느 곳에서도 가전제품 때문에 그렇게 줄을 서 있는 것을 본 적이 없었다. 하지만 나는 미심쩍은 생각이 들어 나중에 백화점 내 하급 판매원에게 말을 걸었고, 그 결과 목표 회사가 돈으로 고객들을 매수하여 줄을 세웠음을 알게 되었다! 이 이야기는 내게 항상 기업 실사과정 동안에 눈속임을 당하기가 얼마나 쉬운지 상기시켜준다.

M&A를 성공적으로 실현하는 일은 어렵기 때문에 이 분야에서 전문성을 가질 수 있다면, 어떠한 회사나 개인이라도 상당한 성공을 거둘 수 있는 유리한 입장에 있다는 것을 기억하라. 그와 동시에 큰 규모의 M&A는 회의주의적 관점에서 검토되어야 한다. HBS 졸업생이면서 미국 최고의 사모투자 전문회사 중 하나를 공동 창립한 워렌 헬먼Warren Hellman은 이렇게 말했다. "너

무도 많은 기업합병이 실패로 끝난다. 실패에 대한 추정이 분명히 있을 것이다." 또 역사상 가장 유명한 차입매수거래(LBO, leveraged buyout, 차입자금을 이용해서 기업을 인수하는 방식) 전문가인 헨리 크라비스Henry Kravis도 이렇게 말했다. "우리가 회사를 사들일 때 우리를 축하해주지 마시고 그 회사를 되팔 때 축하해주세요. 어떤 멍청이가 비싼 값을 주고 회사를 사들일 수 있으니까요."

롤 업 Roll-Up

어떤 사람들은 이 전략을 '스테로이드 인수 acquisitions on steroids'라고 설명한다. 일반적인 프로세스는 다음과 같다. 투자그룹이 동일 시장 내 많은 독립 회사들을 사들여서 그것들을 하나의 새로운 기업으로 통합시킨다.

롤 업은 어떤 산업에 있어서는 강력한 전략이며 많은 사람들이 그것을 통해 엄청난 돈을 벌었다. 초기 롤 업의 사례로 1970년대 미국과 캐나다의 장례서비스 전문 업체들과 쓰레기 수거 회사들이 있다. 수백만 개의 회사들이 '롤 업'되었고, 모회사들은 유명한 성장주가 되었다. 양쪽 회사들은 1990년대에 문제점이 나타나기 전까지 폭발적으로 성장했다. 장례서비스 업체들의 경우 기대치보다 낮은 사망률과 화장(火葬)의 증가, 그리고 쓰레기 수거 회사들의 경우 재정적, 운영적인 문제들 때문이었다. 그들이 비록 최근 들어 고전하고는 있지만, 롤 업 개념이 이러한 회사들에게 효과적이었다는 사실은 변하지 않는다. 그 회사들의 주식은 경기침체가 오기 전까지 거의 20년 동안 꾸준히 올랐다. 그러나 성공하기 위해서는 많은 조건들이 맞아 떨어져야 한다.

- 시장 지배적인 강한 경쟁자가 없고, 새롭고 공격적인 주요 경쟁자들도 찾아볼 수 없을 것 같은 성숙 단계의 산업 분야
- 구매, 경영지원, 재무회계, 인사, 브랜딩, 그리고 마케팅과 같은 핵심 영역에 있어서 상당한 규모의 경제
- 베스트 프랙티스를 판매와 마케팅에 적용함으로써, 또는 고객에게 보다 광범위한 지역 서비스, 제품라인 또는 기타 유익을 제공함으로써 차별화 전략을 향상시킬 수 있는 기회
- 조직 내 업계와 재무 관련 지식을 갖추고 롤 업을 추진할 강력한 매니지먼트 팀 보유

준비, 발사, 조준

이 전략은 초기 인터넷 시대 이후에 보다 많은 인기를 얻었다. 이것은 보통 고객의 행동과 수요 예측이 불가능한 새로운 시장에 활용된다. 그 결과, 경쟁에서 이길 것으로 기대되는 제품 출시를 목표로 하여 세부적인 전략계획 수립과 완제품 개발을 하는 대신, 이 전략은 다양한 새로운 제품을 신속하게 출시하고 나서 그 중 한 개 이상이 성공하길 희망하는 것이다. 높은 실패율은 제품의 성공을 확신할 수 있을 때까지 일어날 수 있는 필연적인 결과로 받아들인다. 많은 시장 관측자들은 이것이 구글이 검색엔진 이외에 주요 매출 성장 동력을 개발하려고 했을 때 취했던 전략이라고 알고 있다.

기업의 관리자들은 일부 새로운 제품들이 인기를 얻지 못했다고 인정한다. 하지만 그들에 따르면, 높은 실패율은 충분히 고려된 것이라고 한다. 검

색상품과 유저 경험 담당 부사장인 마리사 메이어Marissa Mayer는 구글의 상품들 중 60~80%는 끝내 버려지는 것으로 추정한다. 그러나 그녀에 따르면, 위험 감수를 장려하고 살아남은 상품들이 실제적으로 성공할 수 있도록 도와주는 것이 기본 의도라고 한다. 메이어는 이렇게 말했다. "우리는 수많은 상품들을 내다버릴 각오를 하고 있어요. 하지만 (사람들은) 정말 중요한 것들과 이용 잠재성이 많은 것들을 기억하게 될 것입니다."

선도자

때로는 새로운 시장에 최초로, 또는 초기 주요 주자로 진입하면 상당히 유리한 고지를 차지할 수 있다. 이것은 선도자로서 경험과 규모의 경제, 그리고 경쟁사들이 따라잡기 힘든 브랜드 자산을 구축할 수 있기 때문이다. 대표적인 예로 이베이, 아마존, 그리고 구글과 같은 인터넷 주자들이 있다. 이베이를 예로 들어보자. 이베이는 온라인 경매의 선도자가 됨으로써 최고 인지도의 브랜드 네임, 주요 판매자와 구매자 정보, 그리고 거대한 등록 유저 집단의 거래와 피드백에 대한 데이터베이스를 개발했다. 경쟁사가 그 시장에 지금 진입하려고 하면 매우 힘들 것이다.

그러나 선도자 전략을 구사할 때에 반드시 주의가 필요하다. 초기 진입에는 자체의 위험요소와 비용이 따른다. 연구개발, 시장교육, 법률 비용, 그리고 다른 수만 가지의 것들. 또한 선도자들은 다른 이들의 성공과 실패 경험에서 얻는 이익이 없다. 예컨대 중국 시장이 처음 개방되었을 때, 중국으로 진출을 시도했던 많은 기업들이 한참 뒤떨어진 규제환경과 시장 메커니즘 때문에 큰 참패를 겪었다. 그들의 시행착오는 나중에 진출했던 다른 많은 회사들이 그 위험을 피하는 데 도움이 되었다.

또 다른 예로 잘 알려진 웹반Webvan의 실패 사례가 있다. 웹반은 미국의 인터넷 식품업체로서 노련한 경영진과 강력한 투자자들, 그리고 성공적인 나스닥 상장을 등에 업고 탄탄한 출발을 했다. 그러나 그 회사는 상장 후 2년 만에 파산신청을 했다. 주요 투자자 중 한 명은 이렇게 설명했다. "어느 한 도시에서 그 비즈니스의 개념을 실제로 테스트해보고 그것을 완전히 조정하고 개선하는 과정 없이, 그들은 선도자가 되어 세계를 점령하려고 했다. 게다가 그들은 첫날부터 능력 이상의 것을 과도하게 하려고 했다. 언젠가 새로 개업하는 아주 탁월한 온라인 식품업체와 고급 쇼핑업체를 틀림없이 보게 될 것이다."

번들링 bundling

번들링이란 관련 제품이나 서비스를 하나로 묶어 판매하는 전략으로, 총 가격이 항상은 아니지만 대개 그것들을 제각각 팔 때의 가격보다 더 싸다. 번들은 판매자의 매우 낮은 한계비용으로 고객에게 상품 경쟁력과 매력도를 증대시켜줄 수 있기 때문에, 낱개의 제품이나 서비스에 비해 판매가 더욱 수월하거나 수익성이 높다. 예를 들어 많은 호텔들이 방값에 아침식사 비용을 포함시킨다. 아침식사가 고객에게 제공하는 가치는 매우 크며 호텔의 아침식사는 보통 10달러나 그 이상이다. 그러나 호텔이 부담하는 한 끼 식사의 한계비용은 매우 낮다.

동시에 번들은 고객들에게 삶의 편의성을 증대시켜준다. 그러나 때때로 고객이 열등 상품들을 고를 수도 있다. 대표적인 예가 소프트웨어와 미디어 콘텐츠 번들링이다. 뉴욕대의 야니 바코스Yannis Bakos 교수와 슬로언 경영 스쿨의 에릭 브린졸프슨Erik Brynjolfsson 교수의 연구에 따르면, "번들링은 제로 한계비용에 가까운 디지털 정보제품(소프트웨어, 비디오, 그리고 뉴스 등)'에 매우 효과적이며 열등 제품이나 서비스를 하나로 묶은 번들이 최상의 제품들마저도 시장에서 퇴출시킬 수 있다."

15

마지막 조언

오직 편집광만이 살아 남는다

이 책을 마치기 전에 나는 HBS에서 수없이 들었고, 내 개인적인 삶과 컨설팅, 투자, 그리고 기업가로서의 경력에 엄청난 영감을 주었으며 실제로도 도움이 되었던 경구들을 독자들과 나누면 좋겠다는 생각을 했다.

스탠퍼드 교수이자 인텔의 최고경영자로서 인텔을 세계 최대의 칩 제조사로 이끌었던 앤디 그로브 Andy Grove 는 자신의 책 《승자의 법칙 Only the paranoid survive》의 시작 부분에서 인텔 경영 당시 자신이 무엇에 편집광적이었는지 설명하고 있다.

나는 제품을 망칠까봐 걱정하고 제품의 너무 이른 출시를 걱정한다. 나는 공장이 잘 가동되지 않을까봐 걱정한다. 나는 적합한 사람들을 채용하는 것에 대해 걱정하고, 직원들의 사기가 저하되는 것을 걱정한다. 나는 우리가 더 잘하거나 비용을 더 절감하는 비법을 다른 사람들이 알아낼까봐 걱정하고, 전략적 변곡점(비즈니스 본원적 요소들이 변하는 포인트를 의미)에 대해 걱정한다.

편집광만이 살아남는다는 것에 내포된 개념은 내가 앞에서 머피의 법칙을 이야기하며 플랜 B의 필요성을 논했던 것과 유사한 맥락이다. 하지만 이것은 단지 플랜 B를 가지는 것 이상이다.

올바른 방식으로 일하기

생존을 위한 하나의 수단으로 편집광이 된다는 것은 처음부터 플랜 A를 올바른 방식으로 완수한다는 것을 의미한다. 두 개의 사례가 있다.

- 몇 년 전 홍콩에서 신차 구입에 대한 세금 인상 발표가 있기 직전에, 홍콩 재무장관은 세금 인상을 피하기 위해 바로 그 시점에 차를 구입했다. 그 차를 판매한 영업점 직원은 그 사실을 지역 언론에 몰래 신고했고 그 결과 스캔들로 불거졌다. 결국 그 장관은 자리에서 물러나야 했다. 그 장관은 과거에 은행원이었고 상당한 재력가였다. 그래서 그가 그렇게 했을 때 신차 구입으로 인한 세금을 아낄 수 있다 할지라도, 그는 공적인 스캔들 가능성에 대해 조금만 더 편집광적이었다면, 그는 그런 실수를 저지르지 않았을 것이다.
- 앤디 그로브는 자신의 책에서 1994년에 인텔에 닥친 큰 위기에 대해 적

고 있다. 회사는 새로운 주력 상품인 플래티넘 프로세서 칩에 있는 버그에 대해 알고 있었다. 하지만 보통의 스프레드시트 사용자는 이 버그를 27,000년에 한 번 마주칠 것이라는 분석 결과가 나왔다. 이것은 반도체에서 흔히 볼 수 있는 다른 문제들이 발생하는 경우의 수보다 훨씬 더 작았다. 그래서 회사는 버그가 있지만 플래티넘 칩을 출시하기로 결정했고, 동시에 그 결함을 바로잡을 방법을 찾으려고 했다. 불행히도 그 버그는 어느 수학 교수에 의해 발견되었고, 인터넷을 떠들썩하게 하며 논의가 확산되었다. 끝내는 CNN과 주요 신문들을 포함한 대중 매체의 관심을 받게 되었다. 인텔에 대한 비난이 쏟아졌을 뿐만 아니라, 거의 5억 달러에 가까운 돈을 피해방지 비용으로 투입하여 버그 자체로 인한 문제를 절대로 겪지 않았을 소비자들에게까지 칩을 교환해주었다. 다시 말해 만약 인텔이 버그 때문에 일어날 수 있는 결과에 대해 좀 더 편집광적이었다면, 처음부터 신중한 전략을 선택했을 것이다.

변화관리

살아남기 위해 편집광이 되는 것은 또한 변화관리 전문가가 되는 것을 의미한다. 변화는 쉽지 않다. 나는 몇 개의 프로세스 엔지니어링과 변화관리 프로젝트를 수행해본 경험이 있는데, 이러한 프로젝트를 통해 변화는 말하기는 쉽지만 실천하기는 어렵다는 것을 인정하게 되었다. 다음은 내가 목격했던 장벽들이다.

- 변화해야 할 그룹 내부로부터 끌어당김Pull 부족. 대부분의 사람들은 천성적으로 변화에 저항한다. 단기 목표 달성에 대한 압박, 큰 그림을 보는

능력 부족 또는 변화를 이해하기 위한 분석 스킬의 부족, 현재의 관행에 대한 암묵적 동의, 더 높은 투명성에 대한 두려움과 그로 인해 더욱 엄격해지는 상사의 통제, 권력 상실이나 새로운 스킬에 대한 두려움, 또는 단순히 타성에 젖음 등이 포함된다.

- 권한을 가진 상부조직에서 밀고나가기Push 부족. 때때로 고위 경영진들은 변화를 이끄는 데 필요한 상의하달식의 압박을 충분히 행사하지 못한다. 이것은 경영진의 결단이 확고하지 않거나 힘의 기반이 너무 약해 변화를 추진할 수 없기 때문이다.

- 변화하기 위한 스킬, 도구, 또는 자원의 부족. 가끔 사람들은 변화를 원하지만 변화할 능력이나 권한이 없는 경우도 있다. 한 예로 균형성과관리BSC를 실행하려고 하는 가족 기업이 있다고 하자. 회사 내부에는 변화에 대한 끌어당김과 밀고나가기 노력이 충분해 보였지만 그들에게는 단순히 그 프로젝트를 수행할 인적자원이 충분치 않았다. 그 프로젝트에는 BSC, 분석, 프로젝트 관리, 그리고 그 회사가 보유하지 않았고 고용할 여력도 없는 다른 영역들에 대한 기술적인 전문성이 요구되었다.

조직에서의 직위가 어떠하든 누구에게나 이 철칙을 고수하라고 권하고 싶다. 편집광적인 최고경영자가 되면 외부시장과 내부조직 개발에 대해 높은 수위의 주의를 계속 기울일 수 있다. 적시에 정확한 정보를 얻기 위해서는 회사 내외부의 전 계층에 있는 사람들, 특히 고객, 제품, 그리고 핵심 프로세스들을 직접 접하는 낮은 직급의 직원들에게 적극적으로 귀를 기울여야 한다. 변화를 가로막는 불필요한 직원들을 못 기다려줄 테니, 변화를 가속시킬 문화와 조직, 그리고 권력 기반을 구축할 것이다. 변화를 위한 모든 시도들을 적극적으로 관리하며, 변화 도구들과 교육, 그리고 자원들이 적합한지 확인할 것이다.

이 철칙은 또한 중간 관리자의 위치에 있는 사람들에게 매우 강력하다. 내가 수행했던 모든 리엔지니어링과 변화관리 프로젝트에는 몇몇의 불필요한 사람들이 항상 있었다. 불필요한 직원들은 주로 중년의 중간 관리자 계층에 속한 사람들이며, 그들은 과거에 다소 성공적이었으나 변화하는 시장과 경쟁의 요구에 발맞춰 자신들의 스킬과 도구, 그리고 방법론을 새롭게 개발하는 데 실패한 사람들이었다. 대개 이러한 현상은 내가 앞서 설명했던 변화를 회피하는 이유들 때문에 일어난다. 불필요한 사람이 되면 입지가 심하게 흔들리게 된다. 궁극적으로 쓸모없는 사람이 되든지, 아니면 변화에 실패한 회사가 쓸모없게 될 것이다. '오직 편집광만이 살아남는다'는 것에 대한 믿음은 우리 모두가 불필요한 사람이 되지 않도록 지켜줄 것이다.

아직 신입 단계에 있는 사람이라면 이 철칙으로부터 질문하는 힘을 키울 수 있다. 모든 비효율성, 비효과성, 시장변화, 또는 변화의 필요성을 감지해주는 새로운 기술에 대해 눈을 크게 떠라. 작은 개선을 이루어내면 중간 관리자들의 눈에 띌 것이다. 큰 발견을 하면 안식년을 얻을 수도 있다.

포스트 잇 노트Post-it Note 이야기는 우리에게 영감을 준다. 접착성이 떨어지는 접착제는 1968년 3M의 스펜서 실버Spencer Silver 박사에 의해 발명되었다. 처음 5년 간 실버는 사내 세미나를 포함한 다양한 채널을 통해 자신의 발명품을 홍보했지만 아무런 성과가 없었다. 1974년 실버의 세미나에 한 차례 참석한 적이 있던 3M 직원 아트 프라이Art Fry는 그 기술의 가능한 사용처를 알아챘다. 자신의 성가대 찬송집의 책갈피로 부착하는 것. 아트 프라이는 그 후로 포스트 잇 노트 개발을 이끌었다. 신기술을 예의주시하고(다른 일들 가운데 세미나 참석을 함으로써) 비효율성에 대해 끊임없이 경계한 결과, 아트 프라이는 유명인사가 되었고 포스트 잇의 상품화를 성공시켰다.

그러나 특히 신입 직원으로서 어떤 큰 변화를 경영진에게 제안할 때에는 반드시 신중을 기해야 한다. 사전에 주의 깊게 변화에 대해 숙고하고 아이디어를 테스트하며 동료들의 피드백도 들어봐야 한다. 그리고 힘의 구조, 특히 회사 내 높은 직위의 쓸모없는 인물에 대해 인지하고 있어야 한다. 만일 기업가적인 아이디어가 떠오른다면, 그 관측은 또한 주요 비즈니스 아이디어가 될 수도 있다는 점을 기억하라. 만약 그 접착제가 회사의 지적 자산이 아니었더라면 그것으로 뛰어난 벤처 창업이 이루어졌을 것이다.

탭댄스를 추면서 출근할 수 있는가?

워렌 버핏은 이렇게 말했다. "나는 매일 아침 침대에서 뛰쳐나와 탭댄스를 춘다. 나는 내 인생에 주어진 시간을 즐긴다."

숱한 유명 인사들이 인생과 비즈니스에서의 결정적인 성공요인은 자신이 정말 좋아하는 어떤 일을 하는 것이라고 말한다. 자신의 일에 열정적이라면 성공 가능성도 훨씬 높아질 것이다. 여기에는 많은 이유가 있다. 첫째, 그것을 좋아하기 때문에 거기에 대한 지식이 깊어진다. 둘째, 거기에 들이는 시간과 노력을 즐기게 될 것이다. 그 열정은 지칠 줄 모르는 에너지의 근원이 될 것이다. 셋째, 좋아하지 않는 어떤 것에 시간을 낭비하기엔 인생이 너무나 짧다.

나는 이 이야기를 자주 들어왔고 이런 말을 해준 사람들은 모두 엄청난 성공을 거뒀기 때문에 그것이 사실이라고 믿는다. 그러나 이런 격언에 대해 두 가지 짚고 넘어갈 것이 있다.

첫째, 내게 이런 말을 해주었던 사람들은 대부분 기업가이거나 최고 경영진들이다. 그들은 자신이 하고 있는 일에 대해 상당한 통제권을 갖고 있다. 그들은 막강한 지위에 있으면서 영향력이 큰 의사결정을 한다. 그들은 중간관리자와 신입 직원들보다도 쉽게 자신의 일에서 만족감을 얻는다.

둘째, 물론 나 자신도 나의 일을 즐긴다. 나는 기업가로서 그리고 최고경영자들과 이사회 임원들의 고문으로 일해 왔다. 하지만 아직까지는 '탭댄스를 추며 출근한' 적은 없다. 2008년에 HBS 동창회에 참석했을 때였다. 나는 자신이 하고 있는 일을 즐거워하는 꽤 많은 사람들과 대화를 나눴는데, 그들도 역시 탭댄스를 추며 출근할 정도는 아니라고 말했다. 나는 나와 같은 사람들에겐 오직 두 가지의 가능성만 있다고 생각한다. 궁극적으로 자신이 열정적으로 반응하는 직업을 발견하든지, 아니면 어떠한 일에도 열정을 가질 수 없어서 (비록 자신의 일을 좋아하긴 하지만) 결국 충분한 투자 소득이 확보되면 일찌감치 은퇴할 결심을 하든지 둘 중 하나일 것이다. 그러므로 아직 자신의 열정을 발견하고 싶다면 낙담하기엔 이르다.

우표처럼 살아라

미국의 19세기 유머작가 조쉬 빌링스Josh Billings는 이런 말을 남겼다. "우표처럼 살아라. 목적지에 도달할 때까지 한 가지에 끈기 있게 전념하라."

내가 좋아하는 한 이야기가 있다. 새로 들어온 판매원이 자신의 매니저에게 잠재 고객에게 얼마나 많은 전화를 하고나서야 포기해도 되는지를 물었을 때, 그 매니저는 이렇게 답했다. "둘 중 어느 한 쪽이 포기할 때까지." 결단력과 인내야말로 비즈니스 현장에서 진정한 핵심 성공 요인이라 할 수 있다. 사업을 꾸준히 잘해내기란 쉽지 않다. 고객확보, 현금흐름 관리, 운영조직 구성, 직원들의 사기 진작, 치열한 경쟁, 매출 증대, 다른 회사 인수, 투자자 모집……. 성공하려면 결단력이 필요하다.

결단력이 있는 사람들은 실패, 비난, 조소, 또는 호의적이지 않은 환경에도 불구하고 자신의 포부대로 밀고나가는 에너지와 용기를 소유하고 있다. 역사 속의 위대한 인물들은 확고한 결단력이라는 동일한 특성을 공유하고 있다. 아래에 나열되어 있는 내용은 누구에 대한 것인지 알겠는가?

이 남자는 21살에 사업을 실패했다.
22살에 국회의원 선거에서 낙선했다.
24살에 사업에 또 실패했다.
26살에 아내의 죽음을 겪었다.
34살에 국회의원 선거에서 낙선했다.
36살에 국회의원 선거에서 낙선했다.
45살에 상원의원 선거에서 낙선했다.
47살에 부통령이 되기 위한 시도가 좌절되었다.
49살에 상원의원 선거에서 낙선했다.
52살에 미국 대통령에 당선되었다.

이 남자는 바로 미국의 16대 대통령 에이브러햄 링컨이다.